VIAGEM AO
REDOR DA GARRAFA

Olivia Laing

VIAGEM AO REDOR DA GARRAFA

Um ensaio sobre escritores e a bebida

Tradução de Hugo Langone

ANFITEATRO

Título original
THE TRIP TO ECHO SPRING
Why Writers Drink

Copyright © Olivia Laing, 2013

Todos os direitos reservados.
O direito moral da autora foi assegurado.

Agradecimentos pelas autorizações, veja, por favor, página 317.
Copyright do mapa © Norah Perkins, 2013.

Trechos de terceiros reproduzidos neste livro foram usados
com base no Art. 46 da Lei Brasileira do Direito Autoral.

ANFITEATRO
O selo de ideias e debates da Editora Rocco Ltda.

Direitos para a língua portuguesa reservados
com exclusividade para o Brasil à
EDITORA ROCCO LTDA.
Av. Presidente Wilson, 231 – 8º andar
20030-021 – Rio de Janeiro – RJ
Tel.: (21) 3525-2000 – Fax: (21) 3525-2001
rocco@rocco.com.br
www.rocco.com.br

Printed in Brazil/Impresso no Brasil

preparação de originais
CARLOS NOUGUÉ

CIP-Brasil. Catalogação na fonte.
Sindicato Nacional dos Editores de Livros, RJ.

L186v	Laing, Olivia
	Viagem ao redor da garrafa: um ensaio sobre escritores e a bebida/Olivia Laing; tradução de Hugo Langone. – 1ª ed. – Rio de Janeiro: Anfiteatro, 2016.
	Tradução de: The trip to echo spring: why writers drink ISBN 978-85-69474-03-6
	1. Alcoolismo. 2. Alcoólatras. I. Título.
15-24977	CDD-394.1309 CDU-392.86(09)

À minha mãe, Denise Laing,
com todo o meu amor

Os alcoólatras, quando bebem, acabam na maioria das vezes embriagados, e é essa embriaguez recorrente o que leva sua vida à ruína. Amigos se vão, a saúde se deteriora, casamentos acabam, crianças são violadas e empregos são perdidos. A despeito dessas consequências, porém, o alcoólatra continua a beber. Muitos experimentam uma "mudança de personalidade": indivíduos respeitáveis talvez se vejam mentindo, enganando, roubando e praticando toda sorte de fraudes no intuito de proteger ou dissimular a bebedeira. Na manhã seguinte, a vergonha e o remorso podem ser intensos; muitos alcoólatras se isolam cada vez mais para poder beber sem ser importunados. O alcoólatra pode se trancafiar num motel por dias ou semanas a fio, bebendo sem parar. A maioria se torna mais irritável, e aumenta sua sensibilidade a tudo o que seja vagamente crítico. Muitos alcoólatras parecem magnânimos, mas ao vê-los de perto percebemos que sua autoestima se esvaiu.

Handbook of Medical Psychiatry, org. David P. Moore e James W. Jefferson

Easy, easy, Mr. Bones. I is on your side
"Canção do Sonho 36", John Berryman

SUMÁRIO

Mapa 10
1 Echo Spring 11
2 O truque do caixão 24
3 Pescando no escuro 66
4 Uma casa em chamas 104
5 Os papéis malditos 133
6 Rumo ao sul 168
7 As confissões do sr. Bones 209
8 Metade dele 249

Datas dos autores 286
Os doze passos dos Alcoólicos Anônimos 287
Notas 289
Bibliografia 307
Agradecimentos 317

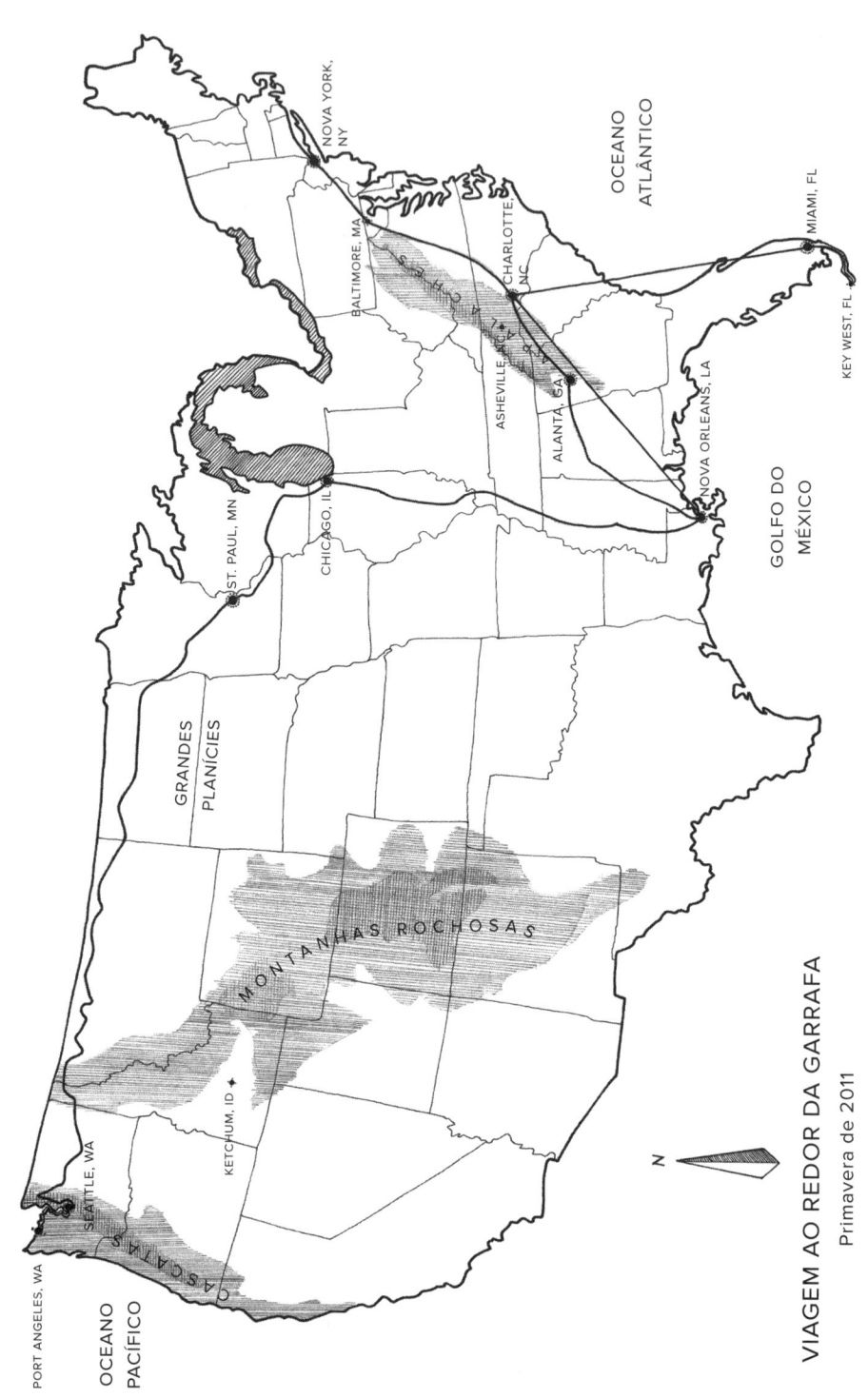

1
ECHO SPRING

É o seguinte. Cidade de Iowa, 1973. Dois homens num carro – um Ford Falcon conversível que já viu dias melhores. É inverno, o tipo de frio que fere ossos e pulmões, que deixa vermelha a junta dos dedos, que faz o nariz escorrer. Se conseguíssemos, com grande esforço, espiar pela janela enquanto os dois passam, veríamos que o mais velho, aquele que está sentado no banco do carona, se esqueceu de calçar as meias. Está usando mocassins com os pés descalços, ignorando o frio tal qual um ginasiano num passeio de verão. Com efeito, é possível tomá-lo por um garoto: é pequeno, veste um *tweed* da Brooks Brothers e uma calça de flanela, tem o cabelo imaculadamente penteado. Apenas seu rosto o trai, com suas carquilhas pendendo em aparência abatida.

O outro homem é maior e mais robusto, 35 anos. Costeletas, dentes podres, suéter surrado com um furo no ombro. Ainda não são nem nove da manhã. Os dois saem da estrada e ingressam no estacionamento da loja de bebidas. O vendedor está do lado de fora, com as chaves brilhando na mão. Ao vê-lo, o homem no banco do carona empurra a porta e se lança para fora, sem ligar para o carro em movimento. "Quando entrei na loja", escreveria o outro muito tempo depois, "ele já estava no caixa com meio galão de uísque."

Os dois continuam a dirigir, passando a garrafa de um lado para outro. Dentro de algumas horas, estarão mais uma vez na Universidade de Iowa, caminhando para lá e para cá diante de suas turmas. Ambos – como se não fosse óbvio – têm problemas com o álcool. Ambos são também escritores: um deles é muito famoso, enquanto o outro começa agora a conhecer o sucesso.

John Cheever, o mais velho, é autor de três romances – *A crônica dos Wapshot*, *O escândalo dos Wapshot* e *Bullet Park* –, bem como de alguns dos contos mais miraculosos e distintos já escritos. Está com 61 anos. Em maio, uma cardiomiopatia dilatada levou-o às pressas para o hospital, dando mostras da poderosa destruição que o álcool inflige ao coração. Após três dias na Unidade de Terapia Intensiva, ele passou a apresentar *delirium tremens*, inquietando-se com tal violência, que teve de ser contido com uma camisa de força de couro. Seu trabalho em Iowa – um semestre lecionando na famosa Oficina de Escritores – devia lhe ter parecido o passaporte para uma vida melhor, ainda que não venha se mostrando assim. Por inúmeras razões, ele deixou sua família para trás e passou a viver como solteirão num quarto simples do Iowa House Hotel.

Raymond Carver, o mais novo, também acabou de ingressar no corpo docente. Seu quarto é idêntico ao de Cheever e se encontra logo abaixo. Na parede de ambos pende o mesmo quadro. Também ele veio para cá sozinho, deixando a esposa e os filhos adolescentes na Califórnia. Durante toda a vida quis tornar-se escritor, e durante toda a vida achou que as circunstâncias o impediam de sê-lo. A bebedeira começou há um bom tempo, mas, não obstante seus estragos, Carver conseguiu escrever dois volumes de poesia e reunir um bom punhado de contos, muitos deles publicados em pequenas revistas.

À primeira vista, esses dois homens parecem diametralmente opostos. Cheever se assemelha em aparência e expressão ao protestante branco e endinheirado, ainda que uma análise mais demorada revele que isso não passa de uma complexa espécie de subterfúgio. Carver, por sua vez, é filho de um operário de serraria de Clatskanie, Oregon, e passou anos financiando sua escrita por meio de trabalhos subalternos, como o de zelador, o de estoquista e o de faxineiro.

Os dois se conheceram na noite de 30 de agosto de 1973. Cheever bateu à porta do quarto 240 com um copo na mão e, segundo Jon Jackson, aluno que se fazia presente na ocasião, anunciou: "Desculpe-me. Meu nome é John Cheever. Você teria um pouco de uísque?" Carver, exultante ao conhecer um de seus heróis, entregou-lhe hesitantemente uma enorme garrafa de Smirnoff. Cheever aceitou um gole, ainda que desdenhasse do gelo ou do suco oferecidos como adorno.

Notando ali uma convergência de interesses, os dois logo estreitaram laços. Grande parte de seu tempo juntos eles passavam falando sobre literatura e sobre mulheres no Mill, bar que só servia cerveja. Duas vezes por semana, levavam o Falcon de Carver à loja de bebidas em busca de uma garrafa de uísque para ser consumida no quarto de Cheever. "Ele e eu não fazíamos nada *senão* beber", diria Carver na *Paris Review*. "Quer dizer, de certa forma nós dávamos nossas aulas, mas durante todo o tempo em que estivemos lá (...) não acho que nenhum de nós tenha jamais tirado a capa de nossa máquina de escrever."

O que causa estranheza nesse ano destrutivo, para não falarmos em todos os desastres que vieram em seu encalço, é que Cheever de certa forma o tinha previsto. Uma década antes, ele publicara um conto na edição da *New Yorker* de 18 de julho de 1964. "O nadador" versa sobre o álcool e sobre aquilo que ele é capaz de fazer a um homem – sobre quão definitivamente ele pode acabar com uma vida. O texto tem início com uma frase que bem caracteriza o estilo do autor: "Era um daqueles domingos de verão em que todo o mundo fica sentado dizendo: 'Ontem à noite eu bebi demais.'"

Uma dessas pessoas é Neddy Merrill, homem magro e pueril que exala um ar de encantadora vitalidade. Sob o sol para um mergulho matinal na piscina de seu anfitrião, ocorre-lhe uma ideia aprazível: ele voltará para casa através de "uma sequência de piscinas, aquele fluxo quase subterrâneo que descrevia uma grande curva por todo o condado". Essa secreta via de águas mistas ele batiza de *Lucinda*, em homenagem à sua esposa. Todavia, há outro caminho líquido que Neddy também percorre: a sucessão de bebidas degustadas nos terraços e quintais da vizinhança. É essa rota mais perigosa o que ocasiona sua gradual derrocada, culminando no fim trágico e inquietante da história.

Empolgado com seu maravilhoso plano, Neddy nada pelos jardins dos Graham e dos Hammer, dos Howland, dos Crosscup e dos Bunker. À medida que percorre o caminho que escolhera para si, abastecem-no de gim os "nativos", cujos costumes, pensa ele ardilosamente, "terão de ser tratados com diplomacia caso deseje chegar a seu destino". A casa que alcança em seguida está deserta, e após ter cruzado a piscina ele se esgueira até o gazebo e serve-se de uma dose: sua quarta, calcula vagamente, talvez a quinta. Uma grande cidadela de nuvens estivera se acumulando ao longo do dia, e agora a tempestade vem abaixo – um batuque rápido de chuva sobre os carvalhos, ao que se segue um agradável aroma de cordite.

Neddy gosta de tempestades, mas algo naquele aguaceiro muda o rumo de seu dia. Encontrando abrigo no gazebo, ele nota a presença de uma lanterna japonesa que a sra. Levy comprara em Quioto "no ano retrasado, ou seria no anterior?". Qualquer um pode tropeçar no tempo, dar um ou dois passos em falso na cronologia. Entretanto, logo tem lugar outro bruxuleio temporal misterioso. A chuva desnudara o bordo, e agora as folhas vermelhas e amarelas se espalham pela grama. Estamos em pleno verão, pensa Neddy com firmeza, e portanto a árvore deve apenas ter ressecado; esse indício do outono, porém, suscita nele uma desagradável dose de melancolia.

A sensação de distanciamento se intensifica. Na casa dos Lindley, o picadeiro está coberto de mato e os cavalos parecem ter sido vendidos. Para piorar, a piscina dos Welcher fora drenada. Lucinda, aquele rio mágico e abundante, estava seco. Neddy fica desconcertado e passa a duvidar seriamente de seu domínio temporal. "Falhava sua memória ou a havia de tal maneira disciplinado na repressão de fatos desagradáveis que acabara por prejudicar seu juízo da verdade?" Ele se recupera, porém, e se anima o suficiente para atravessar a Rota 424, trecho que o penou e expôs mais do que esperava.

Em seguida, ele encara as piscinas públicas, com seus apitos e sua água turvejada. Não sente ali prazer nenhum: logo está de pé do lado de fora, atravessando o bosque da propriedade dos Halloran rumo à sua piscina fosca e dourada, alimentada por uma nascente. Mais uma vez, porém, algo de estranho lhe sucede – uma sensação de que o mundo que atravessava lhe era estranho ou de que ele era estranho àquele mundo. A sra. Halloran pergunta solicitamente pelos pobrezinhos de seus filhos, murmurando também algo sobre a perda de sua casa. Quando Neddy então se afasta, nota que seus shorts estão frouxos na cintura: seria possível, indaga, que houvesse emagrecido em uma só tarde? O tempo revolvia como o gim revolve no interior de um copo. Trata-se sem dúvida do mesmo dia, mas agora o calor do verão se dissipara e o odor de lenha queimada se pronunciava no ar.

Dos Halloran, Neddy se dirige à casa da filha do casal na esperança de conseguir uma dose de uísque. Helen o recebe com grande cordialidade, mas em seu lar não entrava bebidas havia três anos. Desnorteado e tremendo até os ossos, ele atravessa arfante a piscina e cruza alguns gramados até alcançar o lar dos Biswanger. Pelo ressoar das vozes, há ali uma festa a todo vapor. Ainda quase nu, Neddy entra; misteriosamente, sobrevém agora o crepúsculo, e a água na piscina ostenta um "brilho brumoso". A sra. Biswanger, que durante anos tentara ter Ned como convidado, aparentemente mudara de opinião. Ela o cumprimenta de maneira rude, e quando ele dá as costas é possível ouvi-la: "Perderam tudo da noite para o dia. Não restou nada senão o salário, e num domingo desses ele apareceu bêbado e nos pediu um empréstimo de cinco mil dólares." Então o *bartender* o repele, confirmando a sorrateira sensação de que havia ocorrido perda de prestígio social, a qual era agora recordada e registrada.

Com muito esforço, Ned atravessa o jardim de uma antiga amante, embora não consiga lembrar-se ao certo de quando ou de como terminara com ela. A mulher também não fica muito feliz em vê-lo, mostrando-se igualmente irritada ante a possibilidade de ele querer dinheiro. Ao sair, Ned nota no ar resfriado um aroma outonal; é quase irreconhecível, mas "intenso como gasolina". Calêndulas? Crisântemos? Olhando para cima, vê as constelações de inverno que vão ocupando seus lugares no céu noturno. Repleto de incertezas, ele desata, pela primeira vez na vida, a chorar.

Restam apenas duas piscinas. Debatendo-se e arfando, perfaz as voltas finais antes de avançar, com o calção de banho encharcado, até a própria casa. Agora, porém, as suspeitas de sua desventura começam a se esclarecer, pois as luzes estão apagadas, as portas estão trancadas, as salas estão vazias, e ninguém, claro está, esteve morando ali há um bom tempo.

"O nadador" me veio à mente enquanto eu percorria o céu que paira sobre Nova York, onde a terra se divide num amontoado de ilhas e de pântanos. Há temas de que não podemos tratar em casa, e assim, no início do ano, eu havia trocado a Inglaterra pelos Estados Unidos, país que desconhecia quase completamente. Eu queria ter tempo para pensar, e era o álcool o objeto de minha reflexão. Agora que a primavera chegara, e após ter passado o inverno numa casa de campo em New Hampshire, eu estava a caminho do sul.

Quando passei por aqui da última vez, o chão se estendia branco até o Ártico, e o rio Connecticut assumia, por entre os escuros obstáculos de floresta congelada, o azul acinzentado e metálico do cano de uma arma. Agora o gelo havia derretido e toda a paisagem incandescia; recordava-me a frase de Cheever segundo a qual viver "num mundo tão generosamente munido de água parece uma espécie de clemência, de caridade".

"O nadador", que para mim figura entre os melhores contos já escritos, captura, em suas estranhas compressões, toda a extensão da vida de um alcoólatra, e era dessa mesma trajetória obscura que eu desejava ir atrás. Eu queria descobrir o que levava uma pessoa a beber e o que a bebida fazia com ela. De modo particular, queria descobrir por que os escritores bebem e que efeito essa mistura de bebidas teve sobre o corpo da própria literatura.

John Cheever e Raymond Carver estão longe de ser os únicos escritores cuja vida foi destruída pelo álcool. A seu lado estão Ernest Hemingway, William Faulkner, Tennessee Williams, Jean Rhys, Patricia Highsmith, Truman Capote, Dylan Thomas, Marguerite Duras, Hart Crane, John Berryman, Jack London, Elizabeth Bishop, Raymond Chandler... E a lista continua. Como observa Lewis Hyde no ensaio que leva como título "Alcohol and Poetry", "quatro dos seis americanos que venceram o Prêmio Nobel de Literatura eram alcoólatras. Cerca de metade de nossos escritores alcoólatras acabou por dar fim à própria vida".

O alcoolismo não é condição simples de definir. Segundo a Sociedade Americana de Medicina do Vício, seus traços essenciais são "o reduzido controle sobre a bebida, a preocupação com o álcool, o uso do álcool a despeito de consequências adversas e o pensamento distorcido, de modo particular a negação". Em 1980, o *Manual diagnóstico e estatístico de distúrbios mentais* descartou o termo "alcoolismo" e substituiu-o por dois distúrbios inter-relacionados: abuso de álcool (definido como o "uso repetido a despeito de consequências adversas") e dependência de álcool ("*abuso de álcool* acompanhado de tolerância, retraimento e uma necessidade incontrolável de beber").

No que diz respeito à sua causa, ninguém jamais bateu o martelo. Com efeito, meu velho *Manual Merck* de 1992 declara grosseiramente, sob o título "Etiologia", que "a causa do alcoolismo é desconhecida". Nos anos que se seguiram, milhares de pesquisas e de estudos acadêmicos foram realizados, mas continua a ser consenso que o alcoolismo é fruto de uma constelação misteriosa de fatores, entre os quais os traços da personalidade, as experiências de infância, as influências sociais, a predisposição genética e as anormalidades químicas do cérebro. Ao listar todas essas causas possíveis, a edição atual do *Manual Merck* conclui, com certo desalento: "Entretanto, generalizações assim não devem obscurecer o fato de que os distúrbios causados pelo uso do álcool podem acometer qualquer um, independentemente de idade, sexo, passado, etnia ou circunstância social."

Não surpreende que aquilo que os escritores costumam oferecer como teoria se aproxime mais do simbólico que do sociológico ou do científico. Examinando Poe, Baudelaire certa feita observou que o álcool se tornara arma "para matar algo dentro dele mesmo, um verme que não queria morrer". Em sua introdução a *Recuperação*, romance póstumo do poeta John Berryman, Saul Bellow comentou: "A inspiração continha uma ameaça de morte. Ao escrever as coisas pelas quais esperara e rezara, ele sucumbia. Beber era um estabilizador; reduzia um tanto a intensidade fatal."

Tanto nessas respostas quanto nas diferentes motivações que elas revelam, há algo que parece tocar um aspecto do alcoolismo que é mais profundo e ressonante que as explicações sociogenéticas hoje em voga. Foi por essa razão que quis me voltar para *escritores* que bebiam, embora Deus saiba muito bem que não há um segmento sequer da sociedade que esteja imune aos encantos do álcool. Afinal, são os escritores os que, em virtude de sua própria natureza, melhor descrevem a aflição. Eles com frequência escreveram sobre suas experiências ou sobre as experiências de seus contemporâneos – fosse transpondo-as para a ficção, fosse nas cartas, nas memórias e nos diários que usavam para mitificar ou interrogar sua vida.

Tão logo comecei a devorar esses maços de papéis, notei algo mais. Esses homens e mulheres se relacionavam tanto fisicamente quanto por meio de uma série de padrões recorrentes. Eles eram amigos e aliados uns dos outros, bem como mentores, alunos e fontes de inspiração. Além de Raymond Carver e de John Cheever em Iowa, estabeleceram-se outras parcerias de copo, outras alianças controversas. Hemingway e Fitzgerald tomaram umas juntos nos cafés da Paris da década de 1920, enquanto o poeta John Berryman foi o primeiro a estar ao lado da cama de Dylan Thomas quando de sua morte.

Então havia os ecos. Eu tinha me interessado por seis escritores, nomes cujas experiências pareciam complementar-se e refletir-se umas às outras. (Muitas eram as escritoras que eu também poderia ter escolhido, mas, por motivos que se tornarão manifestos, sua história em muito se aproximava de minha casa.) Grande parte desses seis experimentara – ou acreditava ter experimentado – a mais freudiana de todas as uniões: uma mãe autoritária e um pai fraco. Todos se viram acometidos pelo autodesprezo e pela sensação de inadequação. Três foram profundamente promíscuos, e quase todos vivenciaram conflitos e insatisfações relacionados com a própria sexualidade. A maioria morreu na meia-idade; as mortes que não decorreram do suicídio provavelmente estiveram vinculadas a anos de vida dura e ativa. Por vezes, todos tentaram, em diferentes graus, abandonar o álcool, mas apenas dois, já ao final da vida, conseguiram manter-se permanentemente sóbrios.

Vidas assim parecem trágicas, parecem pertencer a pródigos e dissolutos. Não obstante, estes seis homens – F. Scott Fitzgerald, Ernest Hemingway, Tennessee Williams, John Cheever, John Berryman e Raymond Carver – escreveram algumas das obras mais belas já produzidas neste mundo. Como certa vez disse Jay McInerney em relação a Cheever: "Milhares foram os alcoólatras que experimentaram conflitos sexuais, mas apenas um escreveu 'O invasor de Shady Hill' e 'Os males do gim'."

Se me detinha por um instante, era possível imaginá-los um a um. Eu via Fitzgerald com sua gravata regimental, com seus cabelos louros penteados para trás, serenamente convicto dos méritos do *Grande Gatsby*: trata-se de um homem dócil, a não ser que a esteja arrastando para uma valsa ou fervendo seu relógio numa panela de sopa. Ernest Hemingway eu sempre imaginei ao leme de um barco ou caçando sob o ar limpo dos planaltos, inteiramente absorto na tarefa em questão. Mais tarde, de óculos e à sua mesinha, ele se põe a inventar a Michigan das histórias de Nick Adams, a criar touradas e cidades, riachos repletos de salmões e campos de batalha – um mundo que podemos quase farejar.

Tennessee Williams eu via de Ray-Ban e bermuda cargo, assistindo discretamente ao ensaio de uma de suas peças: *Um bonde chamado desejo* ou *De repente no último verão*. O texto ainda não está fechado, e assim ele retifica certos trechos quando julga necessário; nas falas mais tristes, sua risada de asno azurra pelo ar. Gosto de imaginar Cheever sobre uma bicicleta, praticando um hábito que adotara ao final da vida; Carver eu sempre vi com um cigarro em uma das mãos, caminhando delicadamente a despeito de seus ombros largos. Então havia John Berryman, poeta e professor meticuloso, dono de uma barba enorme, alguém em cujos óculos a luz fulgurava enquanto lia *Lycidas* diante de uma turma de Princeton ou da Universidade de Minnesota, fazendo enfim com que toda a classe percebesse quão *maravilhoso* aquele texto era.

Muitos são os livros e artigos que se regozijam ao descrever quão grotesco e vergonhoso pode ser o comportamento dos escritores alcoólatras. Não foi essa a minha intenção. Meu objetivo era descobrir como cada um desses homens – e, no caminho, alguns dos muitos outros que sofreram da doença – vivenciou seu vício e refletiu sobre ele. Quando muito, trata-se da expressão de minha fé na literatura e em sua capacidade de mapear as regiões mais difíceis da experiência e do conhecimento humanos.

Quanto às origens de meu interesse, posso admitir sem problemas que também eu cresci no seio de uma família alcoólatra. Entre os 8 e os 11 anos, vivi numa casa governada pelo álcool, e os efeitos desse período continuaram comigo desde então. Ao ler *Gata em teto de zinco quente*, de Tennessee Williams, aos 17 anos, vi pela primeira vez o comportamento com que eu crescera ser efetivamente confrontado, e não apenas nomeado e delineado. Desde então, conservei o interesse naquilo que os escritores tinham por dizer sobre o álcool e suas consequências. Se havia alguma chance de compreender os alcoólatras – e minha vida adulta parecia repleta deles –, seria pela investigação daquilo que eles tinham deixado para trás em seus livros.

Havia uma fala específica da *Gata* que permanecera comigo durante anos. Brick, o beberrão, fora chamado por seu pai. Big Daddy não para de falar, e depois de um tempo o filho pede sua muleta. "Aonde você vai?", indaga Big Daddy, ao que Brick responde: "Farei uma breve viagem a Echo Spring." Fisicamente, Echo Spring nada mais é que o apelido dado a um armário de bebidas, assim chamado em virtude da marca de *bourbon* que lá se encontra. Simbolicamente, contudo, refere-se a algo bastante distinto: a conquista do silêncio, talvez, ou então aquele apagar dos pensamentos inquietantes que acompanha, ao menos temporariamente, uma quantidade suficiente de birita.

Echo Spring. Que lugar adorável e reconfortante não parece ser... E também fez ressoar outro eco. Coincidência ou não, a maioria desses homens nutriu um amor profundo e enriquecedor pela água. John Cheever e Tennessee Williams foram nadadores fervorosos – quiçá até fanáticos –, enquanto Hemingway e Fitzgerald partilharam um contínuo afeto pelo mar. No caso de Raymond Carver, sua relação com a água – em especial com aqueles córregos congelados e de cor verde-garrafa que, repletos como eram de salmões, caíam das montanhas acima de Port Angeles – acabaria por substituir de maneira profunda sua venenosa ânsia pelo álcool. Num dos poemas escancarados do fim de sua vida, ele escreveu:

> Amo-os como alguns amam os cavalos,
> ou ainda às mulheres de encanto. Tenho uma queda
> por essa água fria e ligeira.
> Só de olhá-la já sinto o sangue correr
> e a pele formigar.

A palavra *viagem* também parecia relevante. Muitos alcoólatras, incluindo os autores em que estava interessada, foram viajantes incansáveis, atravessando como espírito inquieto tanto os países em que moravam quanto outras nações. A exemplo de Cheever, eu vislumbrava a possibilidade de delinear o curso de algumas dessas vidas irrequietas por meio de uma viagem física pelos Estados Unidos. Nas semanas que se seguiram, planejei aquilo que nos círculos do AA é conhecido como *geográfica*, isto é, uma viagem sem amarras por todo o país: primeiro rumo ao sul, passando por Nova York, por Nova Orleans e por Key West; seguindo para o noroeste via St. Paul, onde se deu a malograda recuperação de John Berryman; e chegando aos rios e riachos de Port Angeles, onde Raymond Carver passou, exultante, os últimos anos de sua vida.

Se visto no mapa, esse itinerário parece aleatório, quiçá até um pouco masoquista – de modo particular porque decidi percorrê-lo sobretudo de trem. Como muito do que está relacionado com o tema, entretanto, seu verdadeiro sentido estava codificado. Cada uma dessas localidades servira como parada ou estância em que as sucessivas fases do alcoolismo se traduziram na prática. Ao percorrê-las em sequência, eu julgava possível elaborar uma espécie de mapa topográfico do vício, bosquejando os contornos que se desenvolvem desde os prazeres da embriaguez até as duras realidades do processo de reabilitação. Além disso, ao trabalhar de um canto a outro do país e alternar entre livros e biografias, eu esperava, se não chegar mais perto de compreender o que o alcoolismo significa, ao menos descobrir o que significara o álcool para aqueles que haviam lutado contra ele e, às vezes, haviam sido por ele destruídos.

A primeira das cidades se aproximava rapidamente. Enquanto a contemplava da janela, a luz do cinto de segurança ficou verde. Tateando, encontrei a trava e voltei-me mais uma vez para o vidro. Do lado de fora, o chão se erguia ligeiramente através de quilômetros incolores de ar. Agora era possível ver Long Island e, além das águas ondulantes, as pistas de decolagem do JFK. Atrás, como limalhas de ferro em direção ao firmamento claro, subiam as silhuetas dos arranha-céus de Manhattan. "Essas histórias às vezes dão a impressão de pertencer a um mundo há muito perdido, quando a cidade de Nova York ainda estava repleta da luz dos rios", escreveu, certa feita, um saudoso John Cheever sobre a cidade que mais amava. De fato parecia resplandecer aquela cidadela insular limitada pelas águas, com o Atlântico rutilando como peltre à medida que nos aproximávamos por sobre as ondas.

2
O TRUQUE DO CAIXÃO

Meses atrás, quando, ainda na Inglaterra, começava a refletir sobre o álcool, decidi que qualquer viagem que viesse a fazer começaria num quarto de hotel da East 54th Street, a dez minutos a pé da Broadway. Não sei por quê, de todos os lugares possíveis, esse deveria ser o primeiro; no entanto, como sói acontecer com muitas histórias, a história do que ocorrera ali permaneceu na minha cabeça.

Nas primeiras horas do dia 25 de fevereiro de 1983, Tennessee Williams faleceu em sua suíte do Elysée, hotel pequenino e agradável nas redondezas do Theater District. Aos 71 anos, ele estava infeliz e um pouco magro; era viciado em drogas e em álcool, e suas paranoias às vezes chegavam ao ponto do delírio. Segundo o relatório do investigador, engasgara-o a tampa plástica e campanular de um frasco de colírio – tampa que ele costumava colocar sob ou sobre a língua ao aplicar o líquido sobre os olhos. Quando criança, um graveto lhe ferira o olho, e, quando na casa dos 20 anos, o dano se manifestou na forma de uma catarata acinzentada que cobriu sua pupila esquerda. A catarata veio a ser removida, mas a visão naquele olho jamais foi boa, e os colírios figuravam entre a enorme parafernália médica que ele levava consigo em todas as suas viagens.

No dia seguinte, o *New York Times* publicou um obituário que o descrevia como "o dramaturgo americano mais importante após Eugene O'Neill". Foram listados seus três prêmios Pulitzer – um por *Um bonde chamado desejo*, outro por *Gata em teto de zinco quente* e um terceiro por *A noite do iguana*. E acrescia: "Ele escrevia sobre os párias de nossa sociedade com enorme afeição e com um humor expansivo. Ainda que suas imagens fossem muitas vezes violentas, ele foi um poeta do coração humano."

Posteriormente, após ter realizado os exames químicos, o dr. Eliot M. Grosse, diretor médico da cidade, retificou o laudo da autópsia e acrescentou que o barbiturato secobarbital estava presente no sistema de Williams quando de sua morte. Muito tempo depois, vários amigos e conhecidos afirmaram que essa história desconcertante fora inventada para impedir que a imprensa se aprofundasse nos numerosos vícios de Tennessee, não obstante a causa oficial de sua morte continue a ser a asfixia.

De qualquer modo, essa não foi a morte pela qual ele ansiara. Em suas memórias – memórias divagantes e nada lúcidas –, o autor confessou o desejo de morrer num *letto matrimoniale*, um leito conjugal, cercado de *contadini* – agricultores – cada qual com rosto desconcertado e cheios de doçura, trazendo nas mãos trêmulas pequenas taças de *vino* ou de *liquore*. Ele queria que isso ocorresse na Sicília, onde vivenciara seus momentos mais felizes, mas estava disposto a contentar-se, caso aquilo não fosse possível, com a grande cama de latão da Dumaine Street, sua casa em Nova Orleans, sobre a qual as nuvens sempre pareciam pairar.

Nada deve haver de mais arbitrário que o lugar em que, no meio de nossos afazeres, a morte aparece; ao mesmo tempo, é também revelador que o homem que esteve sempre a viajar tenha partido quando num quarto de hotel, cercado de comprimidos e papéis, tendo duas garrafas de vinho abertas em seu criado-mudo. Nós morremos do modo como vivemos: desordenados; e, embora sua morte tenha sido acidental quase ao ponto do grotesco, o local em que ela se deu revela aquela nota de vagabundagem que, embora seja engraçado dizê-lo, era uma das coisas mais certas a seu respeito.

Tennessee morou nos mais diversos tipos de alojamento em Nova York, muito embora jamais permanecesse neles por muito tempo. Durante anos, dividiu um apartamento na East 58th Street com seu parceiro Frank Merlo – Frank, com seu rosto de cavalo triste e seu encanto fácil, o Frank protetor, o *aide-de-camp*, aquele que morreu de câncer no pulmão em 1963 e deu início ao pior período da era chapada de Williams. Em seguida, Williams se mudou para um apartamento no Manhattan Plaza, complexo residencial destinado a artistas cênicos. Ele se sentira atraído pela promessa de uma piscina, mas a atmosfera festeira do local não o satisfez, e mesmo antes de dar fim ao aluguel ele costumava ficar numa suíte do Elysée.

O hotel lhe era útil por ser próximo dos teatros, mas à época de sua morte já fazia três anos que uma peça sua fora encenada na Great White Way. A última havia sido *Roupas para um hotel de verão*, reformulação confusa do difícil casamento de Zelda e de Scott Fitzgerald. "Nenhum crescimento, nenhuma mudança, nenhum fluxo de vida que possamos recompor", escreveu Walter Kerr no *New York Times*, ao que acrescentou de maneira um tanto rabugenta, como se o fracasso fosse deliberado: "*Roupas para um hotel de verão* é Tennessee Williams refreando a própria língua."

Essa está longe de ser a pior coisa que ele ouviu de um crítico. Em 1969, a revista *Life* o chamara de Anão Branco, prosseguindo: "Nós continuamos a receber suas mensagens, mas hoje é óbvio que elas vêm de um borralho." Imagine como é escrever uma peça depois disso; imagine, ademais, como é continuar por mais 14 anos, sentando-se a cada manhã à máquina de escrever a despeito da devastação das drogas e do álcool, da solidão e da saúde decadente. "Galante", escreveu Elia Kazan, diretor que o conheceu melhor que qualquer outro, "é a palavra que descreve Tennessee ao fim de sua vida."

É possível perceber essa coragem, essa infatigável ética do trabalho, numa entrevista que ele concedeu em 1981 à *Paris Review*. Metade dela foi realizada nos quartos do Elysée que Tennessee ocupava. Ele fala sobre suas peças e sobre as pessoas que conheceu, tocando também, de maneira um pouco dissimulada, no papel do álcool em sua vida:

O'Neill teve problemas terríveis com o álcool. A maioria dos escritores sofre desse mal. Quase todos os escritores americanos têm problemas com o álcool porque há na escrita uma tensão enorme, você sabe. Tudo vai bem até certa idade, quando então você começa a precisar de certo amparo nervoso que o álcool lhe dá. Hoje tenho de beber com moderação. Veja o tanto de manchas senis que tenho!

Você sabe. Certo amparo nervoso. Tenho de beber com moderação. O entrevistador tem o cuidado de observar que ele estava "cansado" porque ambos haviam passado a noite anterior no Rounds, bar com "uma decoração um tanto pretensiosa e uma clientela que consiste sobretudo em garotos de programa e em seus empregadores". Galante, de fato, mas também uma testemunha pouquíssimo confiável do trânsito de sua própria vida.

O Elysée não era o tipo de lugar que eu poderia pagar, mas um amigo da Condé Nast me arrumou um quarto. Havia um candelabro no saguão, e alguém pintara um jardim em *trompe l'oeil* na parede do fundo. Tive a impressão de ser vagamente italiano: limoeiros, ladinhos pretos e brancos, uma estradinha ladeada por buxos que se estreitava melancolicamente na direção de umas colinas cobertas de árvores. Enquanto me registrava, perguntei em que andar ficava a velha suíte de Tennessee. Eu planejava aparecer por lá na manhã seguinte e perguntar se uma camareira não me deixaria dar uma espiada. Porém a suíte Sunset já não existia. Para a minha surpresa, o garoto do balcão, cuja aparência era de alguém que poderia muito bem jogar hóquei sobre a grama, acrescentou: "Nós o dividimos para nos livrar dos maus espíritos."

As pessoas acreditam nas coisas mais estranhas. A adorada irmã de Tennessee, Rose Williams, mulher que se submetera a uma lobotomia pré-frontal aos 28 anos e mesmo assim sobreviveu a todos os seus parentes mais próximos, recusava-se a aceitar a morte quando ela dava as caras. Certa feita, porém, ao menos de acordo com o que seu irmão registrou nas *Memórias*, ela afirmou: "Choveu ontem à noite. Os mortos vieram com a chuva." Tennessee então perguntou, no delicado tom que quase sempre lhe destinava, se ela se referia a suas vozes, ao que ela respondeu: "Sim, a suas vozes, é."

Eu não acredito em fantasmas, mas me interesso pelas ausências, e o fato de o quarto ter deixado de existir me agradou. Eu começava a achar que beber poderia ser uma forma de desaparecer do mundo, ou ao menos de fugir do lugar predeterminado que nele ocupamos – ainda que, ao ver Tennessee cambalear bêbado pelo corredor, tropeçar nas próprias pernas, provavelmente viéssemos a pensar o contrário, isto é, que a bebida não permite que ninguém passe despercebido. De certa forma, parecia conveniente que o lugar que eu acreditara marcar o início de minha viagem fosse na verdade um não lugar, uma lacuna no mapa. Olhei mais uma vez para o jardim pintado em *trompe l'oeil*. Aquele era o caminho a ser seguido, rumo àquele ponto de fuga, para além das pinceladas tristes e vacilantes com que o artista indicara o limiar de seu conhecimento.

O tempo, escreveu Tennessee Williams em *O zoológico de vidro*, é a distância mais longa entre dois lugares. Eu estivera tentando descobrir quando havia sido a primeira vez em que ele viera a Nova York. Descobri, a partir de suas cartas, que deve ter sido no verão de 1928, quando ele ainda era um garoto tímido e protegido de 17 anos – mesma viagem, a propósito, em que experimentou o álcool pela primeira vez. Naquela época, ele ainda se chamava Tom e ainda vivia com sua família na detestável St. Louis.

Seu querido avô, o reverendo Walter Dakin, convidara-o para integrar um grupo viajante formado por vários paroquianos aventureiros. Eles viajariam de Nova York a Southampton num navio regular da White Star e seguiriam então para a França, para a Alemanha, para a Suíça e para a Itália. Tratava-se de uma versão democrática e novecentista da Grand Tour.

A viagem começou com uma festança de quatro dias no Biltmore, hotel próximo ao Grand Central Terminal em que Zelda e Scott Fitzgerald haviam passado a lua de mel, oito anos antes. "Acabamos de jantar com um multimilionário (...) em sua suíte de sete quartos, no final do corredor", escreveu, tomado pelo êxtase, aquele aspirante a homem sofisticado, em carta enviada para casa. "Eu estava sentado à mesma mesa, em sua suíte particular, a que o príncipe de Gales se sentara ao hospedar-se no Biltmore em 1921! Fiquei louco!!"

A vida a bordo do navio foi ainda mais agitada. À meia-noite, eles içaram as velas do *SS Homeric* com uma despedida que, muito tempo depois, ele recordaria ter sido de gala: ao som de uma banda de metais, uma grande quantidade de fitas coloridas era arremessada de um lado para o outro, entre a embarcação e os que lhes desejavam boa viagem no Píer 54. No dia seguinte, ele experimentou sua primeira bebida alcoólica: um *crème-de-menthe* verde; logo depois, foi acometido por uma náusea marítima violenta.

Sem sentir-se de todo persuadido por esse novo prazer adulto, ele relatou à mãe: "O vovô (...) mantém a língua bastante escorregadia com coquetéis Manhattan e com cervejas de centeio e gengibre. Experimentei tudo isso, mas nada prefiro ao bom e velho *ginger ale* e a Coca-Cola. Receio, pois, não estar curtindo este navio tanto quanto os outros." Em seis dias, quando no Hotel Rochambeau, ele mudaria seu tom, iniciando com esta exultante declaração a carta que enviava para casa:

> Acabei de virar uma taça inteira de champanhe francês, e por causa disso sou só alegria. É nossa última noite em Paris, o que justifica essa indulgência incomum. Champanhe francês é a única bebida que me agrada por aqui. Mas é de fato deliciosa.

Tennessee, porém, deixou de acrescentar algo em que se demoraria em suas memórias: o fato de ter começado subitamente a temer, nos bulevares de Paris, o que chamou de processo do pensamento, fobia que se intensificou de tal maneira nas semanas de viagem que ele esteve "a um passo de enlouquecer por completo". Posteriormente, o autor descreveria essa experiência como "a crise mais terrível e mais próxima da psicose que já tive em minha vida".

Essa não era a primeira vez que Tom sofria de ansiedade, não obstante tenha sido o ataque mais sério que o havia acometido até então. Ele sempre fora um menino assaz sensível, condição a que nada contribuíam os problemas de sua casa. Seus pais tinham se conhecido em 1906 e se casado no ano seguinte. Edwina Williams fora uma menina bonita, popular e faladeira que, na juventude, alimentara a fantasia de subir num palco. Seu marido, Cornelius Coffin Williams, trabalhava como caixeiro-viajante, vendendo primeiro roupas masculinas e, depois, também sapatos. Além disso, jogava pôquer, bebia em demasia e, em geral, fazia transparecer em cada um de seus hábitos sua inata inadequação à vida doméstica.

Após o casamento, os dois foram morar juntos, mas em 1909, quando engravidou de sua primeira filha, Edwina voltou para a casa dos pais, mudando-se com eles para uma série de presbitérios em Mississippi e no Tennessee. Tom chegou dois anos depois, em 26 de março de 1911, um Domingo de Ramos; era um bebê concentrado e atento. O sul combinava com ele. Sua companhia era Rose, sua irmã, e desse período ele se lembraria como uma época "alegremente ingênua", ainda que seu pai quase não se fizesse presente. Quando garotinho, mostrava-se ativo e robusto, mas na primeira série contraiu difteria e foi retirado da escola. Passou a maior parte do ano seguinte na cama, encenando cenas inventadas e usando um maço de cartas como atores. Quando retornou para junto de seus colegas de classe, ele havia mudado drasticamente, tornando-se alguém delicado e frágil.

Em 1918, esse idílio austral teve fim abrupto. Cornelius foi promovido a um cargo administrativo na International Shoe Company e quis fixar-se em St. Louis. Morando com os filhos pela primeira vez, tratou os dois mais velhos com desprezo, embora gostasse de Dakin, nascido poucos meses depois de desembarcarem na cidade. Além disso, o modelo de instabilidade geográfica estabelecido no sul não teve fim com a reunião dos Williams. Quando completou 15 anos, Tom já havia morado em 16 casas, ainda que só tenha percebido quão pobre sua família era quando de sua chegada a St. Louis. Os apartamentos que alugavam eram minúsculos; tinham, como viria a lembrar-se, cor de mostarda e de sangue seco. Confinados nesses espaços asquerosos, a incompatibilidade de seus pais ficou impiedosamente manifesta, e nesse ínterim Rose começou a trilhar seu íngreme declive rumo ao colapso mental.

"A vida em nossa casa era terrível, terrível mesmo", escreveu Dakin, décadas depois, em carta enviada a Donald Spoto, biógrafo de Williams. "No final da década de 1920, mamãe e papai travavam uma guerra declarada, e ambos eram bons combatentes. Ele chegava em casa bêbado (...) e se encolerizava (...); uma briga cruel se seguia, e minha mãe enfim encenava seu famoso desmaio." Para a delicada e perturbada Rose, essas brigas eram cada vez mais apavorantes; Tom, por sua vez, guardou no coração a amarga lembrança de ser chamado de *maricas* por causa de seu afeminado interesse por livros e por filmes, mencionando quando adulto que seu pai "era um homem amedrontador".

Durante a adolescência, Williams foi alguém patologicamente tímido, corando sempre que outro par de olhos cruzava com o seu. Portanto, não é de surpreender que em sua primeira viagem ao exterior ele fosse acometido por uma crise paralisante de ansiedade. Todavia, algo mais aconteceu no próprio *SS Homeric*, um encontro desconcertante que também pode ter contribuído para isso. Tom passou boa parte de seu tempo a bordo valsando com uma jovem instrutora de dança de 27 anos. "Naqueles dias, eu era um dançarino excelente, e nós, como diria Zelda, 'apenas deslizávamos pelo chão: nós deslizávamos e deslizávamos'." Posteriormente, ele entreouviu um amigo dela, homem que ostentava o barroco nome de Captain de Voe, fazer troça de sua sexualidade – incidente que para ele foi particularmente desconcertante, ainda que muito tempo se passasse até que descobrisse seu real significado. Eis o que o homem disse: "Você sabe qual vai ser o futuro dele, não sabe?", ao que a professora respondeu: "Não acho que seja possível ter certeza disso aos 17 anos."

Enquanto o grupo viajava de Paris a Veneza, a Milão e a Montreux, Tom continuou a enviar cartas alegres para casa, descrevendo montanhas, castelos, os lugares em que nadava. Seus medos, porém, ele jamais mencionou, não obstante estivesse certo de que andava enlouquecendo quando a viagem chegou ao Reno. À fobia, como viria a explicar depois, subjazia a sensação de que "o processo do pensamento era um mistério assustadoramente complexo da vida humana". As coisas chegaram ao auge na catedral de Colônia. Williams se ajoelhou e começou a rezar. O resto do grupo se foi. A luz atravessava os vitrais em feixes coloridos. Então, algo miraculoso aconteceu. Ele teve a estranha sensação de ser tocado por uma mão: "no momento daquele toque, a fobia se esvaiu com a leveza de um floco de neve, mesmo tendo pesado sobre minha cabeça como um bloco de ferro capaz de quebrar um crânio." Religioso como era, aquele garoto estava certo de que experimentara a mão de Cristo.

Por uma semana, ele viveu extremamente feliz, mas em Amsterdã a fobia retornou. Dessa vez, ele a afastou quase de imediato, escrevendo um poema sobre quão reconfortante é lembrar-se de que se é apenas um indivíduo numa multidão de seres igualmente complexos. O poema em si não passa de uma série de versos ruins ("Ouço-os rir e suspirosos / Vejo seus olhos numerosos"), mas a experiência lhe foi crucial. Em suas *Memórias*, ele refletiu sobre quão importante reconhecer-se parte de uma coletividade era não apenas para a sua mas também para qualquer tentativa de lograr equilíbrio espiritual: "O reconhecimento de ser membro de uma humanidade múltipla, dotada de necessidades, de problemas e de emoções igualmente múltiplas – não uma criatura única, mas apenas uma pessoa no meio de uma multidão de companheiros."

Essa foi uma descoberta útil. Tom Williams, então prestes a tornar-se Tennessee, sofreria crises de terror ao longo de toda a vida. Muitas das formas que ele encontrou para se medicar e se tranquilizar eram tóxicas, entre elas sua relação com o álcool. No entanto, descobrir que poderia suprimir a angústia ao olhar para fora não apenas resguardou sua sanidade, mas também o tornou ciente da importância da empatia, virtude cardeal do dramaturgo.

Passo acordada a maior parte de minha primeira noite no Elysée; numa pequena janela de sono, sonho com um gato que tem framboesas enroladas no pelo. Na manhã seguinte, tive dois compromissos sem precedentes. O primeiro era consultar um psiquiatra; o segundo, frequentar uma reunião do AA. Meu taxista também acabara de chegar à cidade, e juntos nós descobrimos um caminho para o St. Luke's-Roosevelt Hospital, na Décima Avenida com a 58th Street. O Addiction Institute ficava no nono andar, no final de uma série de corredores que pareciam espiralar como a concha de um caracol. Quando fui conduzida à sala do diretor, estava completamente desorientada. Tinha a impressão de que me encontrava bem no meio do edifício, e a presença de uma janela ali me deixou alarmada. Os livros haviam sido organizados de acordo com suas cores: de lavanda a violeta, de turquesa a verde – um contraforte construído em louvor à ordem.

À época, o Addiction Institute tinha como nome Smithers Alcohol Treatment and Training Center. Foi esse o lugar em que John Cheever e Truman Capote buscaram a sobriedade, embora apenas o primeiro tenha sido bem-sucedido em sua tentativa. Naquele momento, durante a primavera de 1975, o instituto se localizava no número 56 da East 93rd Street. "A casa é pomposa e está longe de parecer pobre", escreveu

Cheever em carta enviada durante sua reclusão voluntária. "Os moradores são 42 viciados em drogas e em álcool." Ele dividia o quarto com um trapaceiro, um bailarino, um marinheiro e o dono de uma malograda *delicatessen* alemã – este último, alguém que falava dormindo e passava a noite inteira perguntando: "*Focê* já foi *serfido*? *Focê* já foi atendido?" Ali, Cheever foi profundamente infeliz (aquele estava longe de ser o lugar adequado para um ianque tão distinto quanto um *Cheevah*), reclamando ferozmente durante todos os 28 dias de internação. Não obstante, ela não apenas o deixou sóbrio, mas muito provavelmente também salvou sua vida.

Para entendermos como um homem inteligente pode terminar num lugar como aquele, precisamos saber, primeiro, o que uma dose de Smirnoff ou de uísque faz com o corpo humano. O álcool, também conhecido como etanol, é tanto uma substância tóxica quanto um inibidor do sistema nervoso central, produzindo um efeito altamente complexo sobre o cérebro. Em poucas palavras, ele interfere na atividade dos neurotransmissores, aquelas substâncias químicas mediante as quais o sistema nervoso faz circular as informações pelo corpo. Seus efeitos podem ser divididos em duas categorias. O álcool ativa as reações de prazer e de recompensa por meio da dopamina e da serotonina. Em termos psicológicos, esse efeito é denominado *reforço positivo*, uma vez que a ingestão contínua da substância conduz ao prazer.

Entretanto, o álcool também age por meio do *reforço negativo*. No cérebro, são dois os tipos de neurotransmissores: os inibitórios e os excitatórios. Os neurotransmissores inibitórios reduzem a atividade no sistema nervoso central, enquanto os excitatórios a estimulam. Quando ingerido, o álcool interage com os pontos de recepção de um neurotransmissor inibitório chamado ácido gama-aminobutírico (ou GABA), imitando seus efeitos. O resultado é sedativo e reduz a atividade no cérebro. Além disso, o álcool bloqueia a recepção do neurotransmissor excitatório N-metil D-aspartato, ou NMDA (subconjunto do glutamato, o maior neurotransmissor excitatório), impedindo sua atividade. Isso também causa baixa na excitação, ainda que por outra via.

Esses efeitos sedativos são os responsáveis por fazer do álcool algo tão bom na redução da tensão e da ansiedade. Tanto o reforço positivo quanto o reforço negativo impulsionam o alcoolismo, mas com o progresso do vício é o reforço negativo o que tende a desempenhar o papel principal. "O clique", declara Brick em *Gata em teto de zinco quente*. "Esse clique que ouço em minha cabeça e que me faz ficar em paz. Tenho de beber até ouvi-lo. É uma coisa mecânica (...). Eu simplesmente não estou ainda com o nível certo de álcool no sangue."

A percepção de que o álcool é capaz de aliviar a ansiedade dá a entender que, aos suscetíveis, ele pode rapidamente se tornar o método preferido de lidar com o estresse. Há mais que mero indício disso numa carta que John Cheever escreveu acerca de uma velha experiência com a bebida. Sentindo-se acuado quando numa reunião social, ele descobriu a poderosa capacidade que o álcool tem de eliminar o nervosismo. "No próximo compromisso que ameaçava estimular minha timidez", escreveu, "comprei uma garrafa de gim e bebi quatro dedos purinhos. A companhia era brilhante, loquaz e afável, assim como eu." Em suas *Memórias*, Tennessee Williams segue a mesma linha, observando que, após *mezzo-litro* de Frascati, "você tem a sensação de que um novo tipo de sangue fora transferido para suas artérias, um sangue que por alguns instantes acabava com toda ansiedade e toda tensão e que, por alguns instantes, se tornava aquilo de que os sonhos são feitos".

Por alguns instantes. O problema é que, com o tempo, o cérebro começa a se adequar à presença do álcool e a contrabalançar os impactos da bebida sobre o sistema nervoso central. De modo especial, ele aumenta a produção dos neurotransmissores excitatórios a fim de conservar seu funcionamento normal. Essa neuroadaptação é o que estimula o vício, fazendo com que o bebedor venha a precisar do álcool para realizar qualquer atividade.

Na última edição do *Manual diagnóstico e estatístico de transtornos mentais* (conhecido mundialmente como *DSM-IV-TR*), a dependência do álcool é classificada como uma forma de dependência química, por sua vez definida como:

> Padrão mal-adaptativo de uso de substância, levando a prejuízo ou sofrimento clinicamente relevantes, manifestado por três (ou mais) dos seguintes fatores e ocorrendo a qualquer momento dentro do período de 12 meses:
>
> 1. Tolerância, definida por qualquer um dos seguintes fatores:
>   – Necessidade de quantidades cada vez maiores da substância a fim de conseguir a intoxicação ou o efeito desejado.
>   – Efeito acentuadamente reduzido com o uso contínuo da mesma quantidade de substância.
> 2. Abstinência, manifestada por qualquer dos seguintes fatores:
>   – Síndrome de abstinência característica da substância.
>   – A mesma substância (ou substância intimamente relacionada) é consumida para aliviar ou evitar os sintomas da abstinência.
> 3. A substância é muitas vezes consumida em quantidades maiores ou por período mais longo que o pretendido.
> 4. Há um desejo persistente ou tentativas malogradas de reduzir ou controlar o uso da substância.
> 5. Muito tempo é empregado em atividades necessárias para a obtenção da substância, em seu uso ou na recuperação de seus efeitos.
> 6. Atividades sociais, ocupacionais ou recreativas importantes são abandonadas ou reduzidas em virtude do uso da substância.
> 7. O uso da substância continua a despeito da ciência de que um problema físico ou psicológico persistente ou recorrente fora provavelmente ocasionado ou exacerbado pela substância (por exemplo, o uso persistente do álcool não obstante o reconhecimento de que uma úlcera se agravara em virtude do consumo de bebidas alcoólicas).

À medida que ganha força, o vício em álcool inevitavelmente afeta o lado físico e social de quem bebe, prejudicando de maneira visível a arquitetura de sua vida. Trabalhos se perdem. Relacionamentos se deterioram. Podem ocorrer acidentes, prisões e ferimentos, ou talvez o bebedor apenas passe a negligenciar cada vez mais suas responsabilidades e sua capacidade de cuidar de si mesmo. Entre as enfermidades associadas ao alcoolismo prolongado, encontram-se a hepatite, a cirrose, o fígado gorduroso, a gastrite, úlceras estomacais, hipertensão, doenças cardíacas, impotência, infertilidade, vários tipos de câncer, suscetibilidade elevada a infecções, distúrbios do sono, perda de memória e mudanças de personalidade ocasionadas pelos danos causados ao cérebro. Como escreveu, no *American Journal of Psychiatry* (1935), uma antiga pesquisadora do vício em álcool: "O que causa impressão desconcertante e inevitável ao lermos a descrição de uma intoxicação alcoólica aguda é a diversidade quase infinita de sintomas que a ação desse único agente tóxico pode suscitar."

Nem todos os que bebem, porém, se tornam alcoólatras. Essa doença, existente em todos os cantos do mundo, é causada por uma série de fatores, entre os quais a predisposição genética, as experiências de infância e as influências sociais. Num artigo de 2011 intitulado "O papel do estresse infantil como preditor da dependência do álcool e das drogas", Mary-Anne Enoch, antiga pesquisadora da área, escreveu:

> Está comprovado que a hereditariedade do alcoolismo gira em torno de 50%. (...) Por conseguinte, a influência que a genética e o ambiente exercem sobre o desenvolvimento dos distúrbios viciosos é igualmente importante, embora as proporções do risco possam variar de acordo com os grupos sociais.

Mais tarde, enquanto transcrevia a entrevista que me fora concedida pelo dr. Petros Levounis, diretor do Addiction Institute, eu percebi que lhe havia perguntado inúmeras vezes, e de várias formas, quais eram as causas do alcoolismo, recebendo em cada ocasião uma resposta levemente diferente. Isso não quer dizer que ele tenha sido impreciso. Pelo contrário: tratava-se de um homem de fala meticulosa. Seu entendimento do alcoolismo exigia que ele equilibrasse uma sucessão de modelos como se fossem os pratos de um malabarista. A doença era sobretudo genética, mas fatores sociais e psicológicos também desempenhavam papel importante. Ao contrário do que sugeriram os primeiros teóricos, não existe uma personalidade alcoólica *per se*; antes, o álcool traz consigo uma constelação de comportamentos (a mentira, o furto, a trapaça; a tradicional batida de carro) que muito provavelmente esmorecerão ou desaparecerão tão logo a sobriedade retorne – não obstante exista uma série de imbecis que se tornam alcoólatras e continuam idiotas quando abandonam o vício (e aqui ele riu um pouco).

No início da conversa, o doutor utilizou uma expressão que me me deixou intrigada. Ele mencionou um processo causado pelo que denominara interruptor cerebral. Se determinada pessoa é particularmente propensa ao alcoolismo – se os fatores genéticos, sociais e psicológicos lhe são desfavoráveis –, ela muito provavelmente experimentará uma alteração em sua função cerebral. Nas palavras do dr. Levounis, "parece que eles imprimem a dependência no sistema mesolímbico, a parte mais primitiva do cérebro, e doravante o vício tende a ter vida própria, em grande medida independentemente das forças que o haviam desencadeado". Ele primeiro chamou esse monstro livre e vigoroso de *o grande urso*; depois, de *a grande fera*. "Infelizmente", acrescentou, "a maioria das pessoas não percebe isso e nutre a falsa esperança de que, se voltar à raiz do problema e arrancar a sua causa, ficará livre do vício pelo resto da vida."

O interruptor cerebral não era um conceito com que eu havia deparado antes. Foi Alan Leshner quem, 15 anos antes, quando era diretor do National Institute on Drug Abuse, o formulou pela primeira vez. Ele sugeriu que as mudanças neurobiológicas se davam ao redor do núcleo *accumbens*, parte do sistema mesolímbico que lida com o prazer e a gratificação; é lá que o vício se fixa mais firmemente. Essas vias neurais, explicou o dr. Levounis, "não comunicam apenas o que é prazeroso e o que é doloroso, mas também o que é saliente. Em suma, elas nos revelam o que é importante e o que não é. Desse modo, em vez de possuirmos o que é prazeroso, gratificante e saliente em nossas vidas, todas essas coisas começam a se tornar cada vez menos importantes, e a única que nos resta é a droga. É o álcool".

A longevidade desse rapto se deve sobretudo à geografia dos sistemas de prazer e recompensa, à sua posição anatômica no interior do crânio humano. Ele a representou para mim com as mãos, demonstrando como o sistema mesolímbico está comprimido entre o hipocampo, centro mnemônico do cérebro, e o sistema límbico, que constitui seu núcleo emocional. Aquilo fazia sentido. Memória e emoção. De que forma nós tomamos nossas decisões, senão por meio da cognição, isto é, do emprego puro da razão? No entanto, aquela região do cérebro, a região dos lobos frontais, é anatomicamente afastada e mal conectada, de modo especial nos jovens. Não surpreende que o alcoolismo tenha sido caracterizado, no passado, como uma falha da vontade. Os lobos frontais ponderam o que é certo e o que é errado, calculam os riscos; o sistema límbico se resume a cobiça, apetite e impulso, enquanto o hipocampo acrescenta o murmurar da sereia: *como era gostoso, lembra?*

Troquei de posição sobre o assento. Podia agora ver *A linha da beleza* na estante à frente, encaixada entre os livros azuis. Do lado de fora havia pombos. A cidade martelava contra a janela, insistente como uma broca. O dr. Levounis falava agora sobre a situação a longo prazo: como as vias de prazer e recompensa continuam sequestradas mesmo nos momentos de sobriedade, de modo que faça com que o alcoólatra continue vulnerável ao vício mesmo quando para de beber. Por quanto tempo?, perguntei. E ele respondeu: "Embora muita gente consiga vencer a doença, os riscos do uso permanecem por muito, muito tempo, quiçá até pelo resto da vida."

Passamos, então, ao tratamento. O dr. Levounis descreveu as duas opções básicas de recuperação: o modelo baseado na abstinência e o modelo da redução de danos. No primeiro (versão escolhida pelos Alcoólicos Anônimos), o alcoólatra para de beber por completo e se concentra na manutenção da sobriedade; no segundo, o foco jaz na melhora de suas condições de vida, e não necessariamente na interrupção do consumo do álcool. Pragmaticamente, ele achava que os dois eram eficazes e dependiam das circunstâncias e necessidades do indivíduo.

Havia muito em que pensar naquela conversa, mas foi a grande fera o que permaneceu em minha cabeça enquanto eu caminhava pela rua. O que Tennessee Williams pensaria daquilo, da ideia de que o vício possui força própria, sua própria presença articulada no interior do crânio? Não estou certa de que ficaria surpreso. Ele sabia muito bem quanto as pessoas são motivadas por anseios irracionais. Pensei na pobre Blanche DuBois, tomando suas furtivas doses de uísque na casa da irmã em Nova Orleans; em Brick Pollitt, indo e voltando claudicante de Echo Spring, dizendo ao pai agonizante que era "incapaz de entender como alguém poderia se importar se ele vivia, se morria, se estava morrendo ou se lhe preocupava qualquer outra coisa além do fato de haver ou não bebida na garrafa". Williams talvez não conhecesse a localização dos lobos frontais (embora seja provável que sim, dado ter sido um hipocondríaco dedicado que herdara, da lobotomia da irmã, um medo vitalício do tratamento psiquiátrico), mas certamente compreendia como um ser humano pode seguir em frente sem o uso da razão. Não sei muito bem se *Gata em teto de zinco quente* diz respeito a algo para além das compulsões irracionais – álcool, dinheiro, sexo – e do modo como elas podem desfigurar a vida.

A reunião do AA seria no Upper West Side às 18h. Eu dormi um pouco no hotel e, então, atravessei o Central Park, parando para comer um cachorro-quente no caminho. Talvez ainda restassem umas duas semanas antes de as árvores folhearem, e enquanto caminhava vi um cardeal pousado num arbusto ao lado da via. Afora as mudanças no clima e na linguagem, nada comunica tão profundamente a sensação de que se está viajando como a diferença entre os pássaros. Uma semana depois, a caminho de Key West, eu veria abutres circular sobre Miami, águias-marinhas nos Everglades, um íbis ciscar num cemitério tropical. Passada mais uma semana, a milhares de quilômetros ao norte, nos arredores de Port Angeles, observaria também águias-americanas pescando num rio e nuvens de andorinhas violeta pululando sobre um barranco. No entanto, o cardeal foi a primeira ave puramente americana de minha viagem e me animou. Tudo o que acontece, acontece sempre aqui, na Terra povoada. Eu estava grata pela aula de ciências, mas não queria fazer separação entre o drama neural do alcoolismo e o mundo – este mundo rápido e sujo em que ele ocorre.

Não tinha como isso acontecer no AA. Sentei-me no fundo da sala ao lado de Andi, veterano que se oferecera para me acompanhar. As pessoas afluíam com copo de café nas mãos, com boné de beisebol e com paletó. Aquilo ali de fato parecia Nova York – inicialmente, de maneira quase cômica –, incluindo o casal na primeira fila que dava a impressão de ser formado por duas estrelas do rock: uma, ostentando óculos de sol enormes e short de couro; a outra, envolta num casaco de pele que ia até o chão.

Na parede, uma placa trazia os Doze Passos. Ao lado dela, outra anunciava: "Proibido cuspir. Proibido comer ao usar os computadores partilhados." Essa combinação certamente teria divertido John Cheever, que por muito tempo lutou com a democracia daquelas salas escuras – não obstante tenha reduzido, ao final da vida, o ódio que demonstrava pelo AA, tornando-se expressamente grato por seu papel em sua sobriedade. Passo os olhos em cada um daqueles passos pela enésima vez.

1. Admitimos que éramos impotentes perante o álcool – que tínhamos perdido o domínio sobre nossa vida.
2. Viemos a acreditar que um Poder Superior a nós mesmos poderia devolver-nos à sanidade.
3. Decidimos entregar nossa vontade e nossa vida aos cuidados de Deus, na forma em que O concebíamos.
4. Fizemos minucioso e destemido inventário moral de nós mesmos.
5. Admitimos perante Deus, perante nós mesmos e perante outro ser humano a natureza exata de nossas falhas.
6. Prontificamo-nos inteiramente a deixar que Deus removesse todos esses defeitos de caráter.
7. Humildemente rogamos a Ele que nos livrasse de nossas imperfeições.
8. Fizemos uma relação de todas as pessoas a quem tínhamos prejudicado e nos dispusemos a reparar os danos a elas causados.
9. Fizemos reparações diretas dos danos causados a tais pessoas, sempre que possível, a não ser quando fazê-las significasse prejudicá-las ou a outrem.
10. Continuamos a fazer o inventário pessoal e, quando estávamos errados, nós o admitíamos prontamente.
11. Procuramos, através da prece e da meditação, melhorar nosso contato consciente com Deus, na forma em que O concebíamos, rogando apenas o conhecimento de Sua vontade em relação a nós e forças para realizar essa vontade.
12. Tendo experimentado um despertar espiritual, graças a estes Passos, procuramos transmitir esta mensagem aos alcoólicos e praticar estes princípios em todas as nossas atividades.

Ninguém sabe ao certo como o AA funciona. Ele sempre foi uma aposta, um tiro no escuro. Sua fundação se deu na década de 1930 pelas mãos de um médico e de um corretor de títulos falido, o dr. Bob e Bill W., eles mesmos alcoólatras. Entre seus princípios centrais, está a certeza de que a recuperação depende de um despertar espiritual e de que os alcoólatras podem ajudar-se uns aos outros pela partilha de suas experiências – uma espécie de testemunho que desde o princípio se mostrou surpreendentemente poderosa. Nas palavras do Serviços Mundiais de AA: "Juntos, nós podemos fazer aquilo que nenhum de nós conseguiria sozinho. Podemos servir como uma fonte de experiência pessoal e formar um sistema de apoio contínuo aos alcoólatras em recuperação."

Eu estava numa reunião aberta. Naquela salinha, todos demos as mãos para entoar a Oração da Serenidade. *Concedei-me, Senhor, serenidade necessária para aceitar as coisas que não posso modificar, coragem para modificar as que posso e sabedoria para distinguir umas das outras.* Num instante brotou em mim aquela enervante relutância inglesa a fazer parte, a desconfiança das identidades coletivas.

O homem que tomou a palavra estava na casa dos 40; tinha cabelos negros e vistosos, um rosto belo e desfigurado. Falava de maneira fluida e elegante. O álcool era a doença da família. Seu pai o forçara a ser bem-sucedido. Ele era gay, tentara o suicídio quando adolescente e, num estágio avançado de seu problema com a bebida, deixara de sair por completo, refugiando-se em seu apartamento com algumas caixas de vinho tinto. Costumava também sofrer apagões. Enquanto explicava o período em que se escondera da sociedade, ele empregou mais uma daquelas imagens que se alojaram dolorosamente em minha cabeça. Eis o que disse: "Era como se minha vida fosse um pedaço de pano que eu havia rasgado para dar um laço, mas então retalhei as junções até não haver mais nada." Por fim, ele se registrou num programa de reabilitação e permaneceu sóbrio mesmo quando – e aqui, por apenas um instante, seu semblante pareceu exausto – seu companheiro deu fim à própria existência. Nenhum alcoólatra morre em vão, disse em seguida, pois a história de sua vida pode ser o catalisador da recuperação de outrem.

Depois de sua fala, que talvez tenha demorado meia hora, o grupo partilhou suas reações. Cada um dizia seu prenome, a natureza de seu vício e o tempo em que estava sóbrio, e o restante então entoava a uma só voz: "Oi, Angela...", "Oi, Joseph...". No início, tudo aquilo me parecia meio teatral. Havia sem dúvida uma panelinha lá na frente, e as respostas que aquela gente dava estavam incomodando um homem ao meu lado. "Ah, que HORROR", dizia a todo momento. "Amor pra lá, amor pra cá, que merda."

Eu concordava um pouco com ele, mas o estágio seguinte me fez mudar completamente de ideia. Alguém pediu que levantassem a mão aqueles cuja sobriedade estava fazendo aniversário. Alguns não ingeriam sequer uma gota de álcool havia anos; outros, décadas. Um indiano ficou de pé e disse: "Não posso acreditar que meu filho fará 18 anos nesta semana e que ele nunca viu a mim nem à minha esposa bêbados." Eu jamais tinha percebido como o AA é uma fraternidade e como ele depende de as pessoas quererem passar adiante a ajuda e a amizade que lhes foram oferecidas. Quando a oração final começou, eu estava prestes a chorar. "Tudo em cima?", perguntou Andi enquanto me cutucava, e eu assenti. Tudo.

Nós nos despedimos na calçada, e eu caminhei sozinha até o metrô. Tinha esquecido meu casaco, mas isso não importava. O ar estava quase quente, e a lua brilhava no alto do céu, clara como uma moeda, madura como um pêssego. Na esquina, passei por uma garotinha de uns 8 anos que patinava do lado de fora de um edifício. De mãos dadas com uma porto-riquenha que me pareceu ser sua babá, ela se movia em círculos e gritava, com voz imperiosa: "De novo! De novo! Só mais uma!" Mais uma. Vez ou outra, esse deve ter sido o grito de guerra de cada homem e de cada mulher que estivera naquela reunião. Enquanto me encaminhava para o Elysée, ainda conseguia ouvi-la gritando "Sete! Oito! Dez!" ao terminar, triunfante e insaciável, cada percurso.

Eu havia feito essas duas pequenas peregrinações a fim de entrar de cabeça no tema do alcoolismo (abordagem que, parando para pensar agora, não difere tanto do método que John Cheever privilegiava ao mergulhar em água fria: jogar-se de imediato e, se possível, completamente nu, sem ficar enrolando do lado de fora). O que eu, tola como sou, não havia imaginado era que passar um dia inteiro com pessoas falando sobre bebida poderia evocar minhas próprias lembranças sobre o tema.

Meu quarto no hotel era muito pomposo. As influências italianas do saguão haviam dado lugar a um *chateau* francês (depois, ao descer para o desjejum, encontrei a biblioteca de uma casa de campo inglesa, incluindo estampas de caça e um piano). Havia, acima de minha cama, um quadro em que contrabandistas se acotovelavam ao redor de uma fogueira. Eu me embrenhei nos lençóis e tentei organizar os pensamentos. Patos surgiam em minha cabeça, e eu sabia bem o porquê. Quando a companheira de minha mãe estava em tratamento, ela me enviou um cartão. Ela devia estar entre o passo oito, que exige "uma relação de todas as pessoas a quem tínhamos prejudicado" e disposição para "reparar os danos a elas causados", e o passo nove, que consiste em fazer "reparações diretas dos danos causados a tais pessoas, sempre que possível, a não ser quando fazê-las significasse prejudicá-las ou a outrem".

O que me vinha à mente ali, enquanto me estirava sobre a cama superestofada, eram as vezes em que havia me sentado junto às prateleiras do escritório de minha mãe e lido um cartão que trazia a estampa de um pato. Não era um cartum. Era um desenho sério e decente de um pato-real ou de uma marreca-arrebio, com penas marcadas por gradações de cor imaculadas. Eu me lembrava do pato e me lembrava de que ambos os lados do cartão estavam cobertos pela escrita densa e pequena de uma esferográfica preta, mas, além da vaga noção de que se tratava de um pedido de desculpas, eu não fazia agora a menor ideia do que dizia.

Só muito recentemente é que eu tinha notado essas lacunas em minha memória. Durante anos, evitei por completo o período em que o álcool se infiltrara em minha infância, passando por debaixo das portas e pelas frestas da janela num fluxo lento e contagioso. Eu tinha ciência dos vários objetos escondidos entre os cacarecos de minha cabeça; no hipocampo, imagino. O cartão com o pato, o rifle de ar comprimido, a noite com a polícia. Antes eu achava que poderia retirá-los para um escrutínio quando bem entendesse. Agora, porém, começava a perceber que eles não eram tão diferentes daquele laço destruído a que o homem se referira na reunião. Existe uma escola de pensamento que diz que a amnésia voluntária é uma maneira eficaz de lidar com o trauma, uma vez que as vias neurológicas criam limo, por assim dizer, pela falta de uso. Isso não cola comigo. Você jamais será humano por completo se não conseguir recordar seu passado. Coloco o pato de lado para voltar a ele à luz do dia.

Acordo ao som de buzinas e permaneço deitada naquela cama grande, deleitando-me com o calor. Eu pegaria o trem para Nova Orleans no dia seguinte, a fim de presenciar o Tennessee Williams Centenary Festival. Por causa disso, tinha mais ou menos trinta horas livres em Nova York. Eu não havia feito nenhum plano especial: as semanas seguintes seriam muito cheias, e eu queria um dia para me orientar antes de partir para o sul. No final, acabei fazendo o que sempre faço: caminhei. Peguei o metrô até East Broadway e andei até a orla da ilha, passando pelo caos que são Chinatown e o Lower East Side.

A cidade ficou gravada em minha memória graças à sua circulação de imagens, à cunhagem de táxis amarelos, de saídas de emergência, de casas de arenito vermelho de onde pendiam, atadas com faixas de tartã, grinaldas de coníferas e repolhos-ornamentais. *Delicatessens* repletas de pernis defumados e discos de queijo gigantes. Ameixas e mangas empilhadas em caixas. Peixes no gelo, amontoados em pilhas delicadas e escorregadias – coral, prata, sílex, cinza. Em Chinatown, passei por uma loja que vendia lagostas em tanques que transbordavam de água esverdeada, trazendo o vidro escurecido por depósitos de lodo e Deus sabe mais o quê. Olhei apenas por um segundo – o bastante, porém, para enjoar-me ao vislumbrar aqueles corpos encouraçados guinando uns por cima dos outros, com suas pinças sarapintadas tiquetaqueando no espaço insuficiente.

Comprei um sanduíche de pastrami no Katz's e caminhei Segunda Avenida acima. A cidade era suja e bela, e eu me sentia completamente seduzida. Andei quase até a Queensboro Bridge, onde John Cheever certa vez vira duas prostitutas pular amarelinha com a chave de um quarto de hotel. O rio East preguevava-se em pequenas dobras azuis e douradas, e eu me inclinei ao seu lado e observei os barcos movendo-se ruidosamente para lá e para cá.

Tendo voltado para St. Louis, o lar que odiava, após sua excursão europeia, Tom Williams só retornaria a Nova York em 1939, quando uma peça escrita para um concurso chamou a atenção de um agente. Na ocasião, ele já havia se despido de seu nome de batismo e fugido da família, que não tolerava. Em alguns anos, ele a colocaria no papel pela primeira vez em *O zoológico de vidro*, peça que construiu sua reputação. Por ora, no entanto, ele estava viajando: atravessava o país de carona e de bicicleta, escrevendo de manhã e nadando e se divertindo à tarde – modelo que conservaria ao longo de toda a sua vida errádia.

Naquele primeiro outono, Williams se hospedou sobretudo na ACM da West 63rd Street. "Nova York é assustadora", escreveu a um editor em Princeton. "Mesmo quando paradas, as pessoas parecem zunir pelo ar como balas." Na realidade, era ele quem corria. Nos primeiros 11 dias que passou apenas em Manhattan, Tennessee teve três diferentes endereços, e ao longo do ano seguinte as cartas que enviava da cidade eram intercaladas com outras enviadas de Missouri, Nova Orleans, Provincetown, Key West e Acapulco, em que encontrou um grupo desagradável de turistas alemães que viria a figurar, anos depois, em *A noite do iguana*.

Quando em casa, ele se acostumara a tratar com doses generosas de Mebral, brometo de sódio e soníferos os ataques de ansiedade, a insônia e a depressão agitada – por ele chamada de "demônios tristes" – de que sofria quase constantemente. A essa perigosa prescrição ele agora acrescia dois novos itens. Sua experiência nova-iorquina se resumia a "um suspense constante e uma excitação de dar nos nervos, dos quais eu me esquivava por meio da bebida e do sexo". Durante o resto de sua vida, esses continuaram a ser seus métodos favoritos de fugir de situações difíceis ou estressantes – de romances frustrados a problemas com a produção de suas peças.

A bebida também era seu antídoto contra a timidez, mal de que ainda padecia em grau quase patológico. "Eu ainda era muito tímido, menos quando bêbado", recordou ele em suas *Memórias*. "Ah, eu ficava o oposto disso quando tinha alguns drinques na barriga." Seu diário da época está repleto de referências a noites regadas a *applejacks* com cerveja ou a uísque em demasia – uma das quais terminou de maneira desalentadora, com ele tropeçando numa mesa e derrubando tudo quanto havia de bebida no chão. Ainda assim, as noites na cidade ainda eram melhores que as noites intermináveis e sufocantes de St. Louis, onde ele adentrava a madrugada escrevendo e experimentando ondas tão grandes de pânico, que às vezes se convencia de que estava prestes a sofrer um infarto. Às vezes, a própria tranquilidade lhe parecia intolerável, e ele se levantava e corria para fora de casa, marchando pelas ruas durante horas ou nadando freneticamente na piscina mais próxima.

A desvantagem do álcool como antídoto a esses estados desagradáveis vinha do fato de ele interferir em sua capacidade de trabalhar. No verão de 1940, o autor já falava da necessidade de restringir seu comportamento. Em carta enviada ao dançarino Joe Hazan, seu amigo, ele observou: "Dei início a um regime bastante rigoroso. Apenas um ou dois drinques ao dia, quando muito deprimido, e um sereno conformar-se com as mudanças de humor em vez de empreender uma fuga insana rumo à embriaguez e à distração social." Alguns parágrafos adiante, ao alertar Joe contra a "dissipação trivial", acrescentou ainda: "Eu tenho mais chances que (...) você de me envolver com essas coisas. Já o fiz muitas vezes no passado – mas sempre retornei enojado quando elas chegavam a um ponto perigoso."

Ainda assim, apesar de toda essa atividade distrativa e dissipada, Williams continuou a escrever e produziu uma torrente impressionante de poemas, contos e peças – uma massa de material que reorganizaria perpetuamente em diferentes combinações. Em 1941, numa de suas fugas insanas – dessa vez para a estância turística de Key West –, ele começou a escrever um "belo" conto que, aos poucos, se transformaria em *O zoológico de vidro*, a peça mais contida e mais vociferante que escreveu. Eu a li pela primeira vez quando adolescente, num volume verde-claro que também continha *Um bonde chamado desejo*. Na realidade, eu havia trazido o livro para os Estados Unidos. Ele estava agora no Elysée, em meu quarto: surrado e cheio de anotações constrangedoras nas margens, feitas numa caligrafia há muito abandonada.

Todas as peças de Williams são claustrofóbicas, mas essa produz seus efeitos de maneira extremamente simples, sem recorrer aos artifícios melodramáticos do estupro, das turbas linchadoras, da castração e do canibalismo. Trata-se da história de um jovem que se vê numa situação intolerável, e como tal a obra nos toca mais que qualquer outra saída das mãos de Tennessee, a despeito de estar povoada de versões em miniatura de sua mãe e de sua irmã, sem falar num Tom quase idêntico ao menino nervoso e bem-comportado que ele tentara deixar para trás em St. Louis. Esse Tom – o Tom cópia, esse eu-espelho – está confinado num pequeno apartamento com as duas artistas que restam do quarteto familiar: Laura e Amanda Wingfield. Seu pai havia desaparecido algum tempo antes. A exemplo tanto do Tom real quanto de Cornelius, Tom trabalha numa fábrica de sapatos (há muito mais tempo, porém, e com maior diligência) e passa o pouco tempo livre que lhe resta no cinema, não obstante a intensa oposição de sua mãe.

Um dos meus momentos favoritos se encontra no final da quarta cena. Completamente embriagado, Tom chega tarde a casa e deixa a chave cair na escada de incêndio. Williams, cumpre observar, era obcecado pela metáfora do fogo. Muitas de suas peças incluem ou terminam com uma conflagração, entre elas a remota *Batalha dos anjos* e a tardia *Roupas para um hotel de verão*, ambas sobre um pirofóbico que acaba queimado vivo. Nesta segunda peça, o personagem é Zelda Fitzgerald, em muitos aspectos a heroína arquetípica de Williams, alguém que de fato morreu, em 1948, após um incêndio se ter alastrado pelo hospital psiquiátrico em que estava encerrada, matando todas as 13 mulheres na ala fechada do andar superior. Quanto à saída de incêndio de *O zoológico de vidro*, trata-se, segundo as instruções de palco, de "uma estrutura cujo nome traz um toque acidental de veracidade poética, pois todos esses edifícios enormes estão ardendo com o incêndio lento e implacável do desespero humano".

Laura, a irmã doce e aleijada de Tom, abre a porta antes de ele acordar sua mãe. Inquieto sob o ar da noite fria, o homem lhe conta com entusiasmo sobre os filmes que acabara de ver: uma película de Garbo, um Mickey Mouse e, no final, a ótima apresentação de um mágico que tinha a feliz habilidade de transformar água em vinho e, depois, em *bourbon* de Kentucky. "Eu sabia que aquilo se tinha mudado em uísque", explica, "porque ele precisava de alguém da plateia para ajudá-lo e eu fui... nos dois espetáculos!" – fala esta que é sempre recebida com uma grande gargalhada. "Mas o melhor de todos", continua, claudicando pelo palco como uma truta fisgada, "era o truque do caixão. Nós o fechamos num caixão, e ele saiu de lá sem tirar um só prego. Esse é um truque que me seria muito útil – me tiraria desse aperto!"

Na verdade, nenhuma dessa tolices constava no manuscrito original. No inverno de 1944, durante a primeira leva de ensaios em Chicago, o diretor Eddie Dowling, que também representava o papel de Tom, improvisou uma cena de embriaguez muito mais rude. Williams ficou aterrorizado, mas por fim concordou em produzir uma versão mais branda.

Intencionalmente ou não, o truque do caixão serve como uma elegante metáfora para as preocupações mais abrangentes da obra – para o pesadelo que são a pobreza requintada e a codependência. *Coffin*,[1] pode-se acrescentar, era também o nome do meio do pai de Williams, Cornelius, homem de cuja influência opressiva ele acabara de escapar.

O público nunca chega a testemunhar a versão do truque do caixão realizada pelo Tom-espelho. Antes, ele a narra num daqueles apartes líricos que, junto com a extraordinária atuação de Laurette Taylor no papel de Amanda, devem ter ajudado a seduzir os espectadores de Chicago e, em seguida, também os de Nova York. "Eu não fui à Lua", anuncia ele da saída de incêndio enquanto, numa janela iluminada às suas costas, sua mãe conforta a irmã consternada:

Fui muito além – pois o tempo é a distância mais longa entre dois lugares...

Pouco depois fui demitido por escrever um poema na tampa de uma caixa de sapatos.

Fui embora de Saint Louis. Desci os degraus da escada de incêndio pela última vez e segui, desse momento em diante, os passos de meu pai, tentando encontrar no movimento o que se perdeu no espaço – eu viajei por aí um bocado. As cidades voavam por mim como folhas mortas, folhas de cores vibrantes, mas arrancadas dos galhos.

Eu teria parado, mas algo me perseguia. Alcançava-me sempre de repente, pegando-me sem que eu esperasse...

No momento em que, no mês de abril de 1945, essas linhas ecoaram pela primeira vez na Playhouse, em Nova York, Tennessee foi catapultado para um mundo diferente. Ele se tornou uma figura pública, com toda a oportunidade, todo o escrutínio e toda a pressão que a fama

---
1 "Caixão", em inglês. (N. do T.)

traz. Essa estava longe de ser uma mudança confortável, ainda que ele tenha ansiado por ela desde os tempos em que era um garotinho frágil, deitado na casa de seu avô em Columbus, Mississippi, enquanto representava a queda de Troia sem nenhum público ou ator além de um baralho – o preto contra o vermelho.

Ao olhar para trás, décadas depois, na entrevista que concedeu à *Paris Review* de 1981, ele fez dois comentários contraditórios sobre essa súbita mudança em seu destino. Primeiro, declarou que o sucesso da peça fora "terrível". Embora a cortina se abrisse e fechasse 24 vezes na noite de abertura, e embora ele fosse arrancado de seu assento para receber aplausos calorosos, Tennessee afirma que nas fotografias tiradas na manhã seguinte fica claro que ele estava deprimido. Algumas linhas adiante, contudo, ele se contradiz a si mesmo – ou parece fazê-lo – quando diz: "Antes do sucesso de *O zoológico*, eu havia chegado ao fundo do poço. Eu teria morrido sem aquele dinheiro. (...) Portanto, se não tivesse recebido essa súbita dádiva da Providência com *O zoológico*, acho que não teria sobrevivido mais um ano."

Por sorte, a Providência colocou algo mais em seu caminho – caso contrário, sabe lá Deus como ele teria suportado a crescente tensão dos anos que estavam por vir. No verão de 1947, Tennessee passou uma hora deliciosa nas dunas de Provincetown com um belo sículo-americano chamado Frank Merlo. Eles se gostaram de cara, mas não mantiveram contato porque Tennessee estava envolvido com outra pessoa na época. Um ano se passou, e, no outono, já tarde da noite, Tennessee viu o jovem numa *delicatessen* da Lexington Avenue. "Acidental e maravilhoso", escreveu sobre o reencontro quase três décadas depois, quando os muros já haviam desmoronado sobre sua vida.

Frank retornou ao apartamento de Tennessee na East 58th Street para um festim noturno: rosbife no pão de centeio com picles e salada de batatas. "Frankie e eu ficávamos olhando um para o outro", registrou o autor em suas *Memórias*, espreitando nostalgicamente aqueles dois jovens de olhos brilhantes, cabelos lustrosos e coração – imagino

– batendo acelerado. O apartamento, que pertencia a um escultor, era todo branco por dentro, com um jardim exótico além das paredes de vidro fosco. O quarto estava decorado qual a caverna de um tritão, ostentando um aquário iluminado e uma trança feita de conchas marítimas, madeiras flutuantes e redes de pesca. "Um encanto", escreveu; e em seguida: "o tapete mágico do quarto grande."

Quanto a ficar apaixonado, isso demorou um pouco mais. Foi apenas quando estava em St. Louis, sob o teto de sua mãe, que Tennessee percebeu o quanto sentia saudades de Frank, a quem apelidara de Cavalinho em virtude de seu rosto alongado. Ele enviou um telegrama pedindo-lhe que o esperasse no apartamento, mas quando chegou a casa ela parecia deserta. "Eu me senti bastante desolado", recordaria o velho Tennessee, que então entrou no quarto encantado e viu, profundamente adormecido sobre a cama grande, o pequeno Frankie, seu companheiro e guardião durante os próximos 14 anos.

Estava ficando tarde. Caminhei de volta para o hotel pela Sutton Place, tomei um banho, coloquei um vestido, um salto alto, e saí novamente sob o crepúsculo. Estava na hora do *happy hour*, aquele momento adorável que o cinema chama de tempo mágico, de hora do lobo. Em seu caminho rumo à escuridão, o céu havia assumido um azul impressionante e profundo, inundando-se tão abruptamente de cor que era como se alguém tivesse aberto uma barragem. Naquele momento, a cidade parecia um aquário enorme; os arranha-céus se erguiam sob a luz oscilante como se fossem plantas subaquáticas, os táxis relampejavam pelas ruas como cardumes, acelerando norte acima enquanto os semáforos ficavam verdes até o Central Park.

Caminhei pela 55th Street até o King Cole, bar na St. Regis em que, entre dezenas de milhares de outros eventos ilustres, a festa de estreia de *Gata em teto de zinco quente* foi realizada. Se quiser encontrar o encanto nova-iorquino de outrora, ou você vem para cá, ou vai para o Plaza, ou vai para o Bemelman's, no Carlyle, onde as paredes foram pintadas com lebres serelepes fazendo travessuras, numa versão fantástica do parque.

O lugar tinha pouca iluminação e um brilho sutil. Pedi um King's Passion e me sentei numa banqueta perto da porta, tendo na diagonal oposta uma russa que vestia uma blusa branca delicada. Eu estava agora no território de John Cheever, não havia dúvidas. Cheever: aquele pequeno Tchekhov dos Subúrbios, um homem imaculadamente desalinhado, alguém que, não obstante seu antigo vínculo com a rica cidade de Ossining, ao norte, viveu em Manhattan dos 22 até a manhã seguinte de seu aniversário de 39 anos.

Sua última residência ficava ali perto, na East 59th Street, e o St. Regis estava entre seus lugares favoritos. Ele gostava de tudo o que cheirava a aristocracia. Em 1968, muito depois de ter deixado a cidade, seus editores o colocaram no hotel para passar dois dias atendendo a imprensa, tempo durante o qual impressionou um repórter ao pedir duas *garrafas* de uísque e gim. ("Adivinhe quanto deu a conta?", perguntou alegremente quando chegaram. "Vinte e nove dólares! Espere só até Alfred Knopf ver isso!") Mil novecentos e sessenta e oito: cinco anos antes de ele correr pela cidade de Iowa com Raymond Carver e sete antes de encontrar-se no Smithers, dividindo um quarto com o fracassado dono de uma *delicatessen* e aprendendo a viver sem os sofrimentos ou as consolações do gim.

Cheever me fascinava porque, a exemplo de muitos alcoólatras, era uma mistura incorrigível de fraudulência e de honestidade. Embora afetasse origens patrícias, sua educação em Quincy, Massachusetts, foi insegura tanto do ponto de vista financeiro quanto do ponto de vista emocional, e, ainda que viesse a conquistar todos os adornos do homem bem-sucedido e cheio de posses, ele jamais conseguiu se livrar do doloroso sentimento de vergonha e autorrepulsa. Foi contemporâneo quase exato de Tennessee, e, embora não fossem amigos, seus mundos na Nova York dos anos 1930 e 1940 muitas vezes se sobrepuseram.

Com efeito, Mary Cheever percebeu pela primeira vez que seu marido não era de todo heterossexual enquanto ambos assistiam à primeira encenação, na Broadway, de *Um bonde chamado desejo*.

Segundo *Cheever*, a bela biografia assinada por Blake Bailey, um *Leitmotiv* associado ao finado marido homossexual de Blanche, ficou na cabeça de Mary e a conduziu a uma espécie de percepção subterrânea de que a sexualidade de seu marido não era a que ela até então imaginara ser. Mary nada disse ao esposo. "Não, meu Deus, nada disso", confessou a Bailey. "Meu Deus, não. Ele mesmo ficou aterrorizado com aquilo." Quanto a Cheever, ele observou em seu diário: "Mais decadente, creio, que qualquer outra coisa que já vi num palco." Ele adorou a peça, acrescentando com entusiasmo:

> Há muito mais; a maravilhosa sensação de estar preso num apartamento sórdido e a beleza da noite, não obstante a maioria dos pontos em que tocava parecesse beirar a insanidade. A angústia, quero dizer... o confinamento etc. Além disso, ele evita não somente os clichês, mas também o incomum, no qual muitas vezes tropeço. Também trabalha de uma forma que tem poucas inibições e escreveu suas próprias leis.

A entrada tem fim com uma prescrição: "ser menos inibido, mais cordial (...) escrever, amar" – as mesmas arenas em que ele lutaria pelas três décadas seguintes. John Cheever foi concebido após um banquete de negócios em Boston e nasceu em Quincy, Massachusetts, no dia 27 de maio de 1912. A exemplo de Tennessee Williams, era o segundo filho de um casal profundamente desajustado – e, embora adorasse o irmão Fred, tinha ciência de que não era o filho favorito de seu pai. Com efeito, ao descobrir a gravidez da esposa, a primeira coisa que fez o velho Frederick foi convidar o aborteiro local para jantar. Ele já tinha um filho que muito amava: por que necessitava de outro? Cheever nunca teve a impressão de que recebia afeto suficiente de Frederick, e um pouco desse sentimento de negligência e carência vem à tona no conto "O passatempo nacional", em que um garotinho tenta convencer o pai a ensiná-lo como se joga beisebol, essa imperiosa herança da masculinidade americana. Frederick era vendedor de sapatos e, quando a Crise fez seu negócio sucumbir, refugiou-se na excentricidade e na depressão. Ele bebia exageradamente, e parece que seu pai fora também alcoólatra, tendo morrido de *delirium tremens*.

Por sorte, a mãe de Cheever, Mary Liley, era mulher imensamente capaz, ainda que pouquíssimo afetuosa e dona de um temperamento neurótico e autoritário. Sofria de claustrofobia, e quando adulto Cheever recordar-se-ia, com enorme irritação, de seu comportamento no teatro. Muitas vezes ela teve de pegar sua bolsa e suas luvas e sair correndo, oprimida pelo confinamento da plateia. Financeiramente, porém, nos negros meados da década de 1920, foi ela quem impediu a família de afundar. Antes da ruína de seu marido, Mary canalizara suas energias frias e extraordinárias para uma grande quantidade de boas obras, e agora administrava, em Quincy, uma loja de suvenires, cuja existência enchia de vergonha o esnobe de seu filho.

Quanto a Cheever, ele foi um menino franzino e solitário, uma criança um pouco afeminada e calamitosamente ruim nos esportes. Seu verdadeiro dom era contar histórias, narrar maravilhas criativas e exuberantes. Fora um breve período na Quincy High, ele estudou sobretudo em escolas privadas, onde não conseguiu brilhar academicamente a despeito de seu evidente talento para o inglês. Sua carreira acadêmica se encerrou de vez quando Cheever largou voluntariamente sua última escola, a Thayer Academy, aos 17 anos. Demonstrando possuir um quê do espírito empreendedor de sua mãe, ele escreveu uma história sobre aquilo que astuciosamente transformou em expulsão e enviou-a para a *New Republic*.

Malcolm Cowley, o editor que comprou o texto, era velho amigo de F. Scott Fitzgerald. Ele gostou de Cheever de cara e, além de dar início à sua carreira literária, foi também o responsável por proporcionar-lhe aquela que provavelmente foi sua primeira experiência com a embriaguez ao estilo nova-iorquino. Cowley organizou uma festa vespertina e convidou seu protegido, que cinquenta anos depois se recordaria com desconforto:

> Ofereceram-me dois tipos de drinque. Um era esverdeado. O outro, marrom. Acredito que ambos tivessem sido feitos numa banheira. Disseram-me que um era um Manhattan e o outro, um Pernod. Meu único objetivo era parecer incrivelmente sofisticado, e então pedi um Manhattan. Malcolm, muito gentil, apresentou-me a seus convidados. Continuei a beber Manhattans para que ninguém achasse que eu vinha de uma cidadezinha como Quincy, Massachusetts. Depois de quatro ou cinco Manhattans, logo percebi que ia vomitar. Corri até a sra. Cowley, agradeci-lhe a festa e cheguei ao saguão do edifício, onde vomitei em todo o papel de parede. Malcolm jamais mencionou os estragos.

Talvez percebendo a necessidade de certo refinamento urbano, Cheever se mudou para Manhattan no verão de 1934, alugando, pela generosa soma de três dólares por semana, um apartamento no quarto andar de um edifício sem elevador localizado na 633 Hudson Street. Seus vizinhos eram estivadores e cozinheiros de navio, e seu quarto de tal maneira resumia a pobreza do período que foi fotografado por Walker Evans (com quem Cheever teve breve romance) como parte de uma série que documentava a Grande Depressão. A imagem figura periodicamente em reportagens do período: uma cela claustrofóbica de teto baixo, mobiliada com uma cama de solteiro que fedia intensamente a veneno contra piolhos; as paredes cobertas de gesso empelotado, com um par de cortinas demasiadamente curtas fechadas em oposição à noite.

    O primeiro inverno ali foi intoleravelmente frio. Cheever vivia à base de leite, de pão velho e de uvas secas, passando os dias com os sem-teto e os pé-rapados na Washington Square, todos agasalhados para proteger-se do frio e conversando obsessivamente sobre comida. Trabalhou como redator em empregos estranhos, publicando uma história ou outra e resumindo romances para a MGM; nenhum desses esforços, porém, gerou algo que se assemelhasse a uma renda estável. O socorro veio, mais uma vez, na forma de Malcolm Cowley. Durante um jantar, ele sugeriu ao jovem amigo que parasse de perder tempo com seu malfadado romance e, em vez disso, se dedicasse a histórias bem mais curtas; acrescentou, ademais, que, se quatro delas surgissem nos próximos quatro dias, ele tentaria arrumar um lugar em que publicá-las. O desafio deu retorno. Poucas semanas depois, Cheever recebeu seu primeiro cheque da *New Yorker* por "Búfalo", dando início, assim, a uma das parcerias mais constantes de sua vida.

Apesar de sua crescente reputação como escritor, por muito tempo a vida de Cheever na cidade permaneceu fundamentalmente a mesma. Então, numa tarde chuvosa de novembro de 1939, ele foi visitar seu agente literário e encontrou, no elevador, uma moça bonita, refinada e de cabelos negros. "É mais ou menos do que eu gostaria", pensou, casando-se com Mary Winternitz pouco antes do início da Segunda Guerra Mundial. Ao longo da década seguinte, eles se mudaram de Greenwhich Village para Chelsea e, depois, para o esplendor burguês de Sutton Place, onde alugaram, no nono andar, um apartamento com sala de estar rebaixada e vista para todo o rio East.

Foi durante esse período no Sutton Place que Cheever começou a escrever algumas de suas melhores histórias, entre elas "O enorme rádio", "O dia em que o porco caiu no poço", "O dia comum" e "Adeus, meu irmão". Essas histórias possuem dois tipos de magia. O primeiro está na invocação superficial da luz, do clima, de coquetéis e das ilhas presentes ao largo da costa de Massachusetts. "A escuridão invadiria o ar suave espessa como o lodo." "O mar naquela manhã possuía uma cor sólida, tal qual uma esmeralda." "Havia uma centena de nuvens ao oeste – nuvens de ouro, nuvens de prata, nuvens como osso e maravalhas e sujeira sob a cama." Segue-se então uma sensação mais profunda e inquietante, que resulta da forma como essas superfícies radiantes são solapadas. Em seus melhores trabalhos, encontramos uma ambiguidade quase perpétua, um movimento entre ironia e encanto puro com que apenas Scott Fitzgerald conseguiu de fato rivalizar. Veja-se, por exemplo:

> Naquela altura da estação, a lua partia rapidamente. Num minuto estava ensolarado e no outro, escuro. Macabit e sua cadeia de montanhas se inclinavam contra o arrebol, e por um tempo parecia inimaginável que pudesse haver algo além das montanhas, que aquele não era o fim do mundo. O muro de luz pura e brônzea parecia incidir desde o infinito. Então chegaram as estrelas, a Terra seguiu adiante, a ilusão do abismo se perdeu. A sra. Nudd olhou ao redor, e então o tempo e o lugar lhe pareceram estranhamente importantes. Isso não é uma imitação, pensou ela, nem o fruto de um hábito, e sim um lugar único, um ar único em que meus filhos viveram seus melhores momentos. Dar-se conta de que nenhum deles tivera sucesso fê-la afundar novamente na poltrona. Apertou então os olhos para evitar as lágrimas. O que fizera o verão se tornar sempre uma ilha?, pensou; o que o fizera se tornar uma ilha tão pequena? Que erros haviam cometido? O que haviam feito de errado? Eles haviam amado o próximo, respeitado a força da modéstia, posto a honra acima do lucro. Onde, então, tinham perdido sua competência, sua liberdade, sua grandeza? Por que aquela gente boa e gentil que a circundava lhe parecia semelhante às figuras de uma tragédia?
> – Lembram-se do dia em que o porco caiu no poço? – perguntou.

Embora seja muitas vezes descrito como um escritor realista, Cheever é mais estranho e subversivo do que sugerem os cenários cada vez mais grã-finos de suas obras. Às vezes um "eu" inexplicável assume o controle da narrativa, ou antes um "nós" estranho e conspiratório. As histórias avançam temporalmente num só golpe, ou então contêm finais falsos, inícios falsos, desvios no meio do caminho e pontos em que o fio da narrativa se rompe abruptamente. Ele parece sentir enorme prazer em abdicar da responsabilidade por seus personagens apenas para se intrometer, fração de segundo antes da colisão, e colocá-los em movimento mais uma vez.

Em "O pote de ouro", conto de 1950, há um trecho descritivo que muitas vezes me veio à mente enquanto estive em Manhattan. Duas mulheres se encontram regularmente no Central Park para conversar. "Ficavam sentadas com os filhos durante os entardeceres fuliginosos, quando a cidade queima ao sul como uma fornalha de Bessemer, o ar recende a carvão, as rochas molhadas brilham como escória e o próprio parque parece uma faixa de árvores junto a uma cidade carvoeira." Era agradável repetir em voz alta: *quando a cidade queima ao sul como uma fornalha de Bessemer*. Não consigo pensar em nenhum outro escritor capaz de recondicionar de tal maneira o mundo sem nenhum esforço.

O problema, como terá descoberto todo aquele que leu os diários de Cheever, é que essa lacuna entre aparência e interior que torna suas histórias tão envolventes também se fazia presente em sua vida, embora aqui seus efeitos tenham sido menos agradáveis. Mesmo representando cada vez melhor seu papel de membro respeitável da burguesia, Cheever não conseguia se livrar da sensação de que não passava de um impostor infiltrado na classe média. Parte disso se devia ao dinheiro. Mesmo colocando toda manhã a filha no táxi que a levava para a escola particular, ele tinha a dolorosa ciência de que continuava a ser pobre demais para dar gorjeta ao porteiro ou para pagar suas contas em dia. "O aluguel não foi pago", registrou desesperadamente no diário de 1948. "Temos pouquíssimo para comer, relativamente pouco para comer: língua enlatada e ovos."

Repetida com frequência, uma anedota dos anos de Sutton Place traz Cheever tomando o elevador todo dia de manhã: uma figura asseada de terno e gravata, indistinguível dos outros homens laboriosos e engomados que se espremiam a cada andar. Enquanto estes deixam o saguão, porém, seguindo com pressa para escritórios em toda a cidade, ele desce para o porão, fica só de cueca e senta-se à máquina de escrever, subindo, novamente de terno, a tempo dos drinques que antecedem o almoço. Saber-se falsificador e falsificação poderia ser emocionante, mas em seu diário Cheever acrescenta com tristeza: "É um refrigério para meu respeito próprio deixar o porão."

Os escritores, mesmo os que têm mais destreza e reconhecimento do ponto de vista social, devem ser meio forasteiros, ainda que apenas pelo fato de seu trabalho ser o trabalho de um escrutador e de uma testemunha. Não obstante, a sensação de duplicidade parece ter sido extraordinariamente profunda em Cheever. Após passar o Ano-Novo com alguns amigos abastados no norte do estado, ele registrou com uma fúria desnorteada um pensamento que, por incrível que pareça, lhe ocorrera enquanto dobrava uma toalha ornada com um monograma:

> Bem cedo na vida, decidi insinuar-me na classe média tal qual um espião, de modo que pudesse desfrutar de uma posição de ataque vantajosa. Todavia, pareço agora ter esquecido qual é a minha missão e ter levado meus disfarces demasiadamente a sério.

O fardo da fraudulência, de ter de conservar um eu secreto e pesado debaixo dos panos, não era apenas uma questão de angústia de classe. Cheever vivia sob a dolorosa ciência de que seus desejos eróticos envolviam homens; de que esses desejos eram contrários, e até fatais, à segurança social por que também ansiava; e de que "todo homem belo, todo caixa de banco e todo entregador apontavam para minha vida como uma pistola carregada". Durante esse período, seu sentimento de fracasso e autorrepulsa poderia chegar a níveis tão agonizantes que ele por vezes cogitou, em seus diários, a possibilidade do suicídio.

Quem, numa situação como essa, não beberia para diminuir a pressão que é conservar uma vida dupla tão complexamente dissimulada?

Ele estivera exagerando desde o final da adolescência: inicialmente, a exemplo de Tennessee Williams, a fim de vencer sua grave angústia social. Na boêmia Village das décadas de 1930 e 1940, o álcool ainda era o lubrificante onipresente das interações sociais, e mesmo na mais profunda pobreza ele conseguia financiar noites em que punha para dentro uma dúzia de Manhattans ou um litro de uísque. Cheever bebia em casa e no apartamento de amigos; no Treetops, propriedade da família de sua abastada esposa em New Hampshire; no Breevort Hotel; no quarto dos fundos do Plaza; ou no Menemsha Bar, na 57th Street, onde aparecia depois de buscar a filha na escola e a deixava comer cereja marrasquino enquanto satisfazia suas necessidades.

Embora nem todos esses cenários fossem propriamente cultos, o álcool era um ingrediente essencial de seu modelo de vida erudita, um daqueles rituais cuja adoção correta poderia protegê-lo das persistentes sombras da inferioridade e da vergonha. Numa entrada de seu diário redigida no verão anterior a seu casamento com Mary, ele registrou a seguinte fantasia:

> Eu me vi dirigindo até Treetops num carro grande, acabando com os Whitneys no tênis, jogo que jamais aprendi a jogar, dando cinco dólares ao *maître* do Charles e pedindo-lhe para pegar algumas flores e gelar uma garrafa de Bollinger, decidindo se pediria o *pot-au-feu* ou a truta *à meunière*, e posso também me ver esperando no bar num cheviote azul, experimentando um martíni, despejando uma garrafa de Vouvray numa garrafa térmica para levar para a Jones' Beach, voltando da praia queimado e salgado, (...) caminhando entre meus convidados encantadores, cumprimentando os retardatários à porta.

Nesse agradável devaneio, beber não é algo tão vulgar quanto a satisfação de um apetite, e sim parte de um código social complexo, no qual a coisa certa feita no momento certo gera uma sensação de pertencimento quase mágica. A garrafa é pedida e resfriada, não bebida; o martíni é tão somente experimentado; o Vouvray é transferido, e apenas isso, de determinado recipiente para outro mais adequado às exigências da estação e do horário.

A mesma nota ressoaria, em seu diário, numa entrada de setembro de 1941, quando Cheever desfrutava de uma licença de dez dias do exército. "Mary", escreve ele com alegria, "aguardava toda radiante e arrumada, o apartamento estava limpo e lustroso, havia garrafas de uísque, conhaque, vinho francês, gim e vermute na despensa, bem como lençóis limpos na cama. Além disso, carne assada, moluscos, verduras, etc. enchiam o refrigerador." Interessante nessa recordação, que lembra a contente reformulação do piquenique pelo Rato de *O vento nos salgueiros*, é a ênfase dada à limpeza e à abundância. *Radiante, limpo, lustroso, limpos* – talvez haja aí um antídoto contra as sórdidas privações da vida no acampamento. No entanto, em suas obsessivas repetições, ela se assemelha também a um encantamento, um feitiço que busca segurança e saúde (limpo, afinal, é palavra de hospital, sobretudo em "lençóis limpos"; do mesmo modo, o refrigerador usado para conservação também possui um quê hospitalar, quiçá até mortuário). Como tal, é difícil não interpretar aquelas garrafas enfileiradas como uma espécie de remédio, como um profiláctico contra a sensação de imundície e de desordem que continuava a perseguir Cheever de uma casa a outra, ano após ano.

Essa minha linha de raciocínio foi interrompida quando um homem no bar disse em claro e bom tom: *Ossining*. Estranho. Ossining é uma cidadezinha que fica no condado de Westchester, a 65 quilômetros de Manhattan, ao longo do rio Hudson. Anos após a sua morte, ela ainda é mais conhecida por ser o lar que Cheever um dia adotara (quando de seu falecimento, as bandeiras dos edifícios públicos foram hasteadas a meio mastro por dez dias). Coincidentemente, foi também lá que Rose, a irmã mentalmente enferma de Williams, passou a maior parte de sua vida adulta, internada numa instituição que ele escolhera e pagara. Esse é um daqueles lugares que existem no limbo da mente do leitor, estando inexoravelmente associado à melancolia e às histórias suburbanas que Cheever costumava escrever para a *New Yorker*.

Levantei os olhos. O tal homem estava sentado com a mulher cuja blusa eu havia cobiçado. Ele estava ficando calvo e usava um daqueles vistosos paletós azul-marinho com botões rutilantes, usados para conferir um ar náutico a quem os veste. Os dois claramente estavam no meio de uma briga espetacular.

– Então – disse ela –, e o seu casamento? É um casamento feliz? Como estão as coisas em sua casa?

– Feliz? Feliz é bem a palavra mesmo. Acho que tenho um casamento feliz. Só que me sinto atraído por você. Não tenho como controlar isso.

– Só fico me perguntando o que você anda fazendo desde a manhã.

– Na verdade eu fui para casa mais ou menos ao meio-dia. Disse no trabalho que tinha de recepcionar um cliente muito importante. Não fique magoada ou confusa porque eu disse que meu casamento é feliz. Olhe, se eu fosse feliz de verdade, não estaria aqui com você.

Céus. Por um segundo, fiquei me perguntando se não eram atores ensaiando para alguma novela ruim – embora também fosse possível que eu tivesse visto *Tootsie* mais do que deveria. O homem se levantou e contornou a mesa, deslizando para o lado dela. "Acho que a maioria dos homens pensa que consegue transar com uma russa se tiver a carteira na mão", disse. "As russas são loucas por dinheiro." Ela olhou apaticamente para ele, que acrescentou: "Ah, qual é, você já ouviu isso antes." Eu comecei a recolher as minhas coisas e, enquanto o fazia, pude ouvi-lo dizer também: "Aquele foi o momento mais importante da minha vida. Eu me lembro de cada segundo. E agora você acabou com ele."

Se aquilo fosse uma peça da lavra de Tennessee, a mulher perderia o controle e começaria a gritar, ou então o esmagaria como Alexandra del Lago em *O doce pássaro da juventude*, personagem a que ninguém jamais tratará como vítima, não obstante sua aparência seja decadente e ela tenha pavor da morte. Ao mesmo tempo, se se tratasse de uma história de John Cheever, o homem transaria com a russa e logo ia encontrar sua esposa e seus filhos em Ossining, onde alguém certamente estaria tocando piano. Ele então prepararia um martíni, caminharia até a varanda e olharia para o lago do outro lado do pomar, onde a família patina nos meses de inverno. Contemplando sonhadoramente a luz azul do anoitecer, veria um cão de nome Júpiter avançar rapidamente pelos tomateiros, "trazendo na boca generosa os restos de um pantufo. Então já é noite, uma noite em que reis de paletós dourados atravessam as montanhas sobre elefantes".

Eu havia roubado, é claro, a cena final de "O marido do campo", com seus movimentos para cima e para longe, para fora dos fossos e do solo animal, como se a gravidade não passasse de uma piada e a guinada e inclinação do voo nos fossem de alguma forma possíveis. Recentemente, eu começara a desconfiar desse quê de leveza na obra de Cheever, a vê-la como outra manifestação da ânsia escapista que havia alimentado sua bebedeira. Naquele momento, porém, o trecho me pareceu adorabilíssimo, como um antídoto contra a rispidez que se faz demasiadamente presente no mundo. Dobrei então alguns dólares, coloquei-os sobre a mesa e deixei o King Cole, atravessando a porta giratória e escapando, um pouco embriagada, na direção do ar frio e iluminado.

3

PESCANDO NO ESCURO

Quando disse a uma amiga americana que viajaria de trem de Nova York a Nova Orleans, ela me olhou incrédula. "A época de *Quanto mais quente melhor* já passou", disse, mas eu não liguei. Eu adoro trens. Eu adoro olhar pela janela enquanto as cidades passam deslizando, e não conseguia pensar em nada mais agradável que pegar um noturno e cruzar na escuridão as montanhas Blue Ridge, acordando com o amanhecer em Atlanta ou Tuscaloosa.

Pelo bem da parcimônia, eu havia decidido que não viajaria de cabine, uma vez que o trajeto só duraria trinta horas; dormiria, antes, no que era promissoramente descrito como um "vagão reservado, amplo e confortável". Antes de deixar o Elysée rumo à Penn Station, olhei mais uma vez para o mapa. Nova York, Nova Jersey, Pensilvânia, Delaware, Maryland, Virgínia, Carolina do Norte, Carolina do Sul, Geórgia, Alabama, Mississippi e Louisiana: 12 estados. Ainda assim, imaginei que aquela viagem seria menos árdua que a primeira ida de Tennessee Williams a Nova Orleans. Em dezembro de 1938, ele viajou de ônibus de Chicago, parando para visitar sua família em St. Louis e chegando ao sul bem a tempo de ver entrar o Ano-Novo. Em tempos de Depressão, Williams estava sem emprego e não tinha dinheiro quase nenhum, mas ainda assim se sentiu imediatamente em casa, escrevendo em seu diário três horas após desembarcar: "De todos os lugares deste mundo velho e engraçado, este é sem dúvida aquele para o qual eu fui *feito*."

Na estação havia gente correndo em todas as direções possíveis, mas, tão logo descobri para que guichê eu deveria ir, tudo se desenrolou com enorme eficiência. Um carregador uniformizado levou minhas bolsas para o trem e me desaconselhou os assentos que ficam em cima das rodas. Aquilo parecia um retorno a uma época mais civilizada, e por um instante tive a impressão de ser, se não como Sugar Kane, ao menos como a Daphne de Jack Lemmon, a saracotear pela plataforma sobre saltos do tamanho errado.

A primeira parada seria na Filadélfia. Peguei um assento à janela, guardei minha bolsa e organizei meus cacarecos ao alcance das mãos, seguindo aquele estranho impulso de organização doméstica que acomete os viajantes cujas jornadas atravessarão a noite. Um iPod, notebook, água, um saco de uvas pegajosas que eu tinha comprado depois de ouvir mais uma história de terror sobre a comida da Amtrak... Enquanto esticava meu cobertor de manta escocesa sobre os joelhos, uma grande onda de claustrofobia tomou conta de mim. Eu estava, à época, na fase final de um período de insônia crônica. Mal conseguia dormir na minha própria cama, com tampões de ouvido e máscara para os olhos. Meu apartamento fora invadido anos antes, e desde então meu sistema de ativação reticular matinha o alerta vermelho ligado.

Apenas aqueles que são frequentemente privados do sono compreendem o pânico que surge quando parece provável que as condições que ele exige não serão satisfeitas. A falta de sono, como diz Keats, gera muitas angústias. A carunchosa palavra *gera* é muito precisa: quem, afinal, estando acordado às três, quatro ou cinco da manhã, nunca teve a impressão de que os pensamentos assumiam uma vida insetiforme, ou não experimentou até um pequeno formigamento da pele? O sono é magicamente eficaz em desfazer os nós do dia, e sua privação nos deixa tão agitados que beiramos a loucura.

Como alguém que já bebeu demais saberá, o álcool possui uma relação complicada com o sono. Seu efeito inicial é sedativo: trata-se da pantanosa sonolência com que estamos acostumados. No entanto, o álcool também atrapalha os padrões do sono e reduz sua qualidade, limitando e adiando o tempo gasto nas águas restauradoras do REM, onde o corpo se revigora tanto física quanto psicologicamente. Isso explica por quê, depois de uma noite imoderada, o sono muitas vezes é superficial e fragmentado.

A bebedeira crônica causa distúrbios mais permanentes naquilo que é belamente conhecido como *circuito do sono* – danos que podem persistir muito depois de conquistada a sobriedade. Segundo um artigo de Kirk Brower intitulado "Os efeitos do álcool sobre o sono nos alcoólatras", problemas para dormir são mais comuns entre os alcoólatras do que entre a população em geral. Além disso, "os problemas com o sono podem predispor certas pessoas ao desenvolvimento de problemas com o álcool" e muitas vezes têm relação com as recaídas.

Tanto F. Scott Fitzgerald quanto Ernest Hemingway sofriam de insônia, e tudo o que ambos escreveram sobre o tema está repleto de referências ocultas à bebedeira. Os dois se conheceram em maio de 1925 no Dingo American Bar, localizado na rua Delambre, em Paris. Fitzgerald tinha 28 anos, e Hemingway, 25. À época, Fitzgerald era um dos contistas mais conhecidos e bem pagos dos Estados Unidos. Havia então assinado três romances: *Deste lado do paraíso*, *Os belos e malditos* e *O grande Gatsby*, este último publicado algumas semanas antes. Homem elegante, dotado de dentes pequenos e perfeitos, bem como de traços inequivocamente irlandeses, estivera percorrendo a Europa com sua esposa Zelda e com Scottie, sua filhinha. "Zelda pintando, eu bebendo", registrou no mês de abril de seu livro-razão, acrescentando em junho: "1.000 festas e nenhum trabalho."

De certa forma, essa farra toda não deveria fazer diferença alguma. Afinal, ele acabara de terminar *Gatsby*, um romance perfeitamente ponderado, cuja força vem de sua indelebilidade – pensemos no modo como o romance nos penetra, deixando um rastro de imagens que se assemelham a objetos vistos de um carro em movimento. A mão de Jordan, com a pele bronzeada levemente empoada. Gatsby retirando quantas camisas lhe é possível para mostrá-las a Daisy: uma pilha crescente de verde, de coral e de laranja-claro, com monogramas em azul. Pessoas entrando e saindo de festas ou partindo a cavalo, deixando para trás uma prolongada insinuação de desprezo. Um cachorrinho espirrando num cômodo fumegante, e uma mulher sangrando copiosamente sobre um sofá atapetado. O homem de olhos de coruja na biblioteca, a lista de autoaperfeiçoamento de Gatsby, Daisy morrendo de calor e dizendo, com sua adorável voz gutural, que espera que sua filha seja uma tolinha bonita, Gatsby chamando Nick de *meu velho*, Nick pensando em pegar o trem de volta para St. Paul e vendo a sombra das grinaldas de azevinho sobre a neve.

Um homem diferente poderia sobreviver a uma farra depois de produzir algo tão adorável e duradouro quanto isso, mas Fitzgerald não tinha base alguma para tolerar o ritmo de vida que escolhera. Durante anos, ele e Zelda estiveram perambulando freneticamente pelo mundo, ricocheteando de Nova York a St. Paul, a Great Neck, a Antibes e a Juan-les-Pins e deixando para trás um rastro de destruição. Pouco antes de ele chegar a Paris, os dois haviam passado por um período particularmente conturbado. Zelda tivera um caso com um aviador francês e andava cada vez mais estranha, enquanto Fitzgerald bebia exageradamente e se metia em brigas, chegando ao ponto de parar numa prisão romana – cenário que ele depois utilizaria para demarcar o descontrole definitivo de Dick Diver em *Suave é a noite*, romance que acabara de começar.

Quanto a Hemingway, o autor andava imerso no que recordaria como o período mais feliz de sua vida. Estava casado com Hadley Richardson, sua primeira esposa, e tinha um filhinho que apelidara de sr. Bumby. Há uma fotografia tirada mais ou menos nessa época em que ele aparece com um suéter pesado, de camisa e de gravata, parecendo um pouco gorducho. Ostenta ali um bigode novo, mas que não consegue disfarçar muito bem a suavidade pueril da face. Três anos antes, em 1922, Hadley perdera acidentalmente uma pasta que continha todos os seus manuscritos, e por isso *Em nosso tempo*, livro de contos que ele acabara de publicar, era algo completamente novo, ou ao menos uma versão nova dos originais perdidos.

Aqueles dois homens foram imediatamente com a cara um do outro. Percebemos isso mesmo num breve passar de olhos por suas cartas, repletas como são de insultos cordiais e declarações de um carinho tão sincero quanto: "Não sei dizer quanto sua amizade significa para mim" e "Meu Deus, como gostaria de vê-lo!" Além de ser uma boa companhia para Hemingway, naquele ano Fitzgerald lhe ofereceu também auxílio profissional. Antes mesmo de se conhecerem, ele recomendou a Max Perkins, seu editor na Scribner, que assinasse com aquele jovem promissor. Em carta datada de algumas semanas depois de os dois se conhecerem no Dingo, Hemingway disse a Perkins que encontrava Scott com frequência, acrescentando com entusiasmo: "Fizemos uma grande viagem juntos dirigindo seu carro desde Lyon."

No verão seguinte, Fitzgerald o ajudou mais uma vez, agora fazendo uma leitura crítica de seu novo romance: *O Sol também se levanta*. Numa carta tipicamente criteriosa e mal redigida, ele sugeriu que as primeiras 29 páginas (cheias de "desdém, superioridades e esnobadas gratuitas, (...) uma jocosidade elefantina") fossem cortadas, ainda que no final Hemingway só conseguisse prescindir de 15. "Você foi o primeiro americano que quis conhecer na Europa", acrescentou ele, a fim de aliviar o golpe, antes de confessar algumas linhas adiante: "Fico louco quando as pessoas não estão sempre em sua melhor forma."

Na época em que essa carta foi escrita, Hemingway estava em maus lençóis. Ele havia se apaixonado por Pauline Pfeiffer, uma americana rica e puerilmente atraente. Ao longo do verão (no qual ele, Hadley e Pauline passaram as férias juntos na velha chácara de Fitzgerald em Juan-les-Pins), tornou-se cada vez mais claro que seu casamento tinha acabado. "Nossa vida foi toda ela para o inferno", escreveu a Scott em 7 de setembro. Ele passou um outono desastroso em Paris, divorciou-se de Hadley em 27 de janeiro de 1927 e, na primavera, decidiu casar-se com Pauline.

Durante o término, Hemingway foi acometido por uma insônia severa. Na mesma carta de 7 de setembro, ele utilizou a palavra *inferno* mais uma vez, agora para descrever como se sentia desde que conhecera Pauline. E acrescentou:

> (...) com insônia o bastante para iluminar o caminho e permitir-me estudar o terreno, eu meio que me acostumei a ele e passei a apreciá-lo, e provavelmente me agradaria apresentá-lo às pessoas. Enquanto fazemos nosso inferno, isso certamente nos agrada.

A insônia como luz que permite ver um terreno infernal. Essa ideia claramente lhe agradou, uma vez que ressurge como base de um conto escrito em seguida. Durante a Primeira Guerra Mundial, quando não havia sequer conhecido Hadley, Hemingway trabalhara na Itália para a Cruz Vermelha como motorista de ambulância. Enquanto levava chocolate para os soldados na frente de batalha, ele foi atingido por um morteiro e, com uma perna gravemente ferida, passou longo tempo no hospital. Em novembro de 1926, não obstante possuísse um escopo muito mais amplo, Hemingway escreveu uma história inspirada nessa experiência.

"Agora me deito" começa com Nick Adams (não Hemingway propriamente dito, mas uma espécie de eu substituto ou avatar que partilha de vários elementos de sua infância e de seu histórico de guerra) deitado no chão de um quarto à noite, tentando não adormecer. Enquanto jaz ali, ouve o som dos bichos-da-seda se alimentando de folhas de amoreira. "Eu mesmo não queria dormir", explica, "porque havia muito tempo estivera vivendo com a certeza de que, se um dia fechasse os olhos no escuro e me entregasse, minha alma sairia do meu corpo. Eu já estava assim havia muito tempo, desde que fora atingido à noite e a sentira sair e retornar a mim."

Para impedir essa assustadora eventualidade, ele segue um ritual noturno. Deitado no escuro, atento aos pequenos ruídos de alimentação que vêm do alto, ele pesca muito cuidadosamente, em sua cabeça, nos rios que conhecera quando garoto – os rios de truta em Michigan, com suas piscinas profundas e seus trechos ligeiros e rasos. Às vezes encontra gafanhotos nos prados e os utiliza como isca; noutras ocasiões, recolhe carrapatos, besouros ou escaravelhos de cabeça marrom; certa feita, chegou ao ponto de utilizar uma salamandra, embora não seja essa uma experiência que repita. Por vezes, também os rios são imaginários – e estes podem ser muito empolgantes, conduzindo-o facilmente até o amanhecer. Essas aventuras pesqueiras são tão detalhadas, que muitas vezes é difícil lembrar que elas não são reais, que são fictícias mesmo no seio da ficção, que se trata de uma história que um homem está narrando para si mesmo em segredo, como um substituto forjado para os tipos de viagens noturnas e incertas que poderia estar realizando.

Naquela noite em particular, a noite dos bichos-da-seda nas folhas da amoreira, há apenas mais uma pessoa no quarto, e também ela não consegue dormir. Ambos são soldados na Itália da Primeira Guerra. Nick é americano; o outro, alguém que vivera em Chicago, embora seja italiano de nascimento. Deitados no escuro, os dois começam a conversar, e John pergunta a Nick por que ele nunca dorme (ainda que, na verdade, consiga fazê-lo muito bem quando há luz, ou então depois de o sol ter nascido). "Eu me machuquei bastante na primavera passada, e à noite isso me incomoda", responde casualmente, sendo essa toda a explicação oferecida (exceção feita à menção, no início da história, de que fora atingido à noite). Antes, o peso de seu ferimento é carregado por rios oníricos, e sua gravidade só é de fato mensurável graças aos enormes esforços que o personagem empreende para fugir dele. Nick decerto não revelará diretamente ao leitor quão ruim é ficar ali deitado, pensando que pode morrer a qualquer minuto.

A opinião de Fitzgerald sobre o inferno da falta de sono veio sete anos depois, num ensaio intitulado "Dormindo e acordando". O texto foi publicado pela *Esquire* em dezembro de 1934, quando o autor galopava rumo ao desmoronamento que viria a confessar 18 meses depois em "O colapso", trio de ensaios muito mais famoso que figurou na mesma revista. Quando de sua redação, Fitzgerald estava morando em Baltimore com a filha. Sua esposa vivia numa instituição psiquiátrica, ele bebia demais, e os dias despreocupados de Paris e Riviera haviam se esvaído de modo tão conclusivo quanto no caso do pobre Dick Diver, de *Suave é a noite* – embora pudéssemos afirmar que eles só foram despreocupados no mesmo sentido em que é despreocupado alguém que caminha sobre uma corda bamba, seguindo adiante sem o menor sinal de tensão ou esforço.

Ao elogiar Fitzgerald anos depois, John Cheever escreveu que sua genialidade jaz na provisão dos detalhes. Roupas, diálogos, bebidas, hotéis, música incidental – tudo é expresso com precisão, fazendo o leitor mergulhar no mundo perdido da Riviera, de West Egg, de Hollywood ou de qualquer outro lugar em que porventura estivermos. O mesmo se aplica ao ensaio em questão, embora o seu esteja longe de ser o mais glamoroso dos cenários. Fora uma breve visita a um quarto de hotel nova-iorquino, todo o drama se limita ao quarto da casa do próprio autor em Baltimore, com pequenas incursões no escritório e na varanda.

Nesse cômodo, ele sofre do que talvez possamos descrever como uma ruptura do tecido do sono, um intervalo prolongado de vigília entre o mergulho fácil e primeiro na inconsciência e o profundo descanso que advém quando o céu começa a clarear. É esse o momento, declara ele num majestoso latim não traduzido, a que os Salmos se referem quando dizem: "Scuto circumdabit te veritas eius: non timebis a timore nocturno, a sagitta volante in die, a negotio perambulante in tenebris" – o que quer dizer: "Sua verdade te cercará qual escudo: não temerás o terror da noite, a seta que de dia voa, nada que caminhe na treva."

Coisas que voam certamente são parte do problema. Se as dificuldades que Nick Adams sente para dormir resultam, como devemos presumir, de um trauma de guerra – motivo viril, e até heroico, para um distúrbio tão infantil quanto o medo do escuro –, Fitzgerald enfatiza a absurda pequenez do incidente que desencadeia o seu problema. Ao menos segundo seu testemunho, sua insônia começara num quarto de hotel em Nova York dois anos antes, quando fora atacado por um mosquito. A ridicularia do agressor, sua hilária insignificância, é enfatizada por uma anedota anterior acerca de um amigo cuja insônia crônica tivera início quando fora mordido por um camundongo. Talvez ambas sejam tão somente histórias verdadeiras, mas não consigo deixar de achar que representam uma estranha espécie de minimização que Fitzgerald parece forçado a repetir.

Se o incidente do mosquito data de 1932, então ele se deu durante um profundo revés na vida dos Fitzgeralds. Em fevereiro, Zelda teve seu segundo colapso (o primeiro ocorrera em 1930) e foi hospitalizada na Henry Phipps Clinic, em Baltimore. Lá, ela escreveu *Essa valsa é minha*, romance que utilizou tanto material de *Suave é a noite*, livro em que Fitzgerald estivera trabalhando cada vez mais freneticamente nos últimos sete anos, e que ele escreveu para o psiquiatra da esposa num ataque de fúria, exigindo supressões e revisões consideráveis.

Ainda naquela primavera, ele alugou o La Paix, casarão de dimensões irregulares que ficava um pouco fora da cidade e trazia um jardim repleto de cornisos e nissas. Zelda voltou para casa no verão – inicialmente, de licença –, mas as discussões entre os dois eram cada vez mais cáusticas. Então, em junho de 1933, ela acidentalmente pôs fogo na casa enquanto queimava roupas ou papéis numa lareira nova – incidente que Tennessee Williams curiosamente não utilizou em *Roupas para um hotel de verão*, peça sobre os Fitzgerald obcecada por portentos e incêndios. "O INCÊNDIO", escreveu Fitzgerald em seu livro-razão, ao que acrescentou: "1º empréstimo da Mamãe. Outros empréstimos."

Eles tiveram de se mudar, embora Scott insistisse em que permanecessem na casa defumada por mais alguns meses, até que enfim conseguisse terminar seu romance. De início, a obra teve como título *O menino que matou a mãe* e narrava a história de um homem, de nome

Francis, que se envolve com um grupo brilhante de expatriados e acaba por sucumbir e assassinar aquela que o dera à luz. Por alguma razão, Fitzgerald foi incapaz de fazer essa ideia fascinante decolar, e os duros fracassos que experimentou foram, ao menos em parte, responsáveis pela insuportável maldade de seu comportamento à época.

Depois, ele percebeu que a história que de fato queria narrar era muito menos fantástica. Ele virou o romance do avesso e fez com que dissesse respeito a Dick e Nicole Diver, bem como à forma pela qual Dick salvou sua esposa da loucura enquanto se destruía a si mesmo. A obra é estruturada como uma gangorra: Nicole se eleva com seus olhos brancos de trapaceira, ao passo que Dick afunda no alcoolismo e no esgotamento nervoso (ainda que certa feita se gabasse de ser o único americano vivo a ter descanso).

O pior de tudo acontece em Roma, onde ele enche a cara depois de enterrar o pai. Dick se envolve com Rosemary, jovem estrela de cinema que acreditava amar, e os dois acabam se aproximando demais e decepcionando um ao outro. Amargo e confuso, ele sai para se embebedar e passa, numa imaculada progressão de cenas, de danças e de conversas a discussões, a brigas e, por fim, à prisão. *Suave é a noite* está longe de ser tão coerente e tão fluido quanto *Gatsby*, mas para mim são pouquíssimos os livros que coreografam uma espiral para baixo com precisão tão elegante e tão assustadora.

Quando terminou, Fitzgerald foi com Scottie, sua filha de 13 anos, para uma casa de cidade na 1307 Park Avenue, enquanto Zelda voltou a ser internada – dessa vez, no Sepherd Pratt Hospital, onde tentou tirar a própria vida pelo menos duas vezes. Pouco surpreende que, em seu livro-razão, o autor tenha descrito o período como "um ano estranho de trabalho e bebedeira. Cada vez mais infeliz". A isso acrescentou a lápis, numa folha de rascunho separada: "Fim da verdadeira autoconfiança." A aguardada publicação de *Suave é a noite*, em abril de 1934, não melhorou as coisas. O livro vendeu mais do que hoje se costuma imaginar, mas o décimo lugar na lista de mais vendidos da *Publisher's*

Weekly estava longe de ser a concretização de sonhos havia muito cultivados.

Em novembro de 1934, mais ou menos na época em que foi escrito "Dormindo e acordando", Fitzgerald admitiu com aparente franqueza a seu editor, o sempre leal Max Perkins: "Ando bebendo demais, e isso certamente tem diminuído o meu ritmo. Por outro lado, sem beber eu acho que não teria sobrevivido dessa vez." Essa ambivalência, que poderia ser interpretada como uma recusa a ver o álcool não como sintoma, mas como causa de seus problemas, reverbera várias vezes no próprio ensaio. De início, ele declara que sua insônia é resultado de "um período de extrema exaustão – muitos trabalhos prometidos, circunstâncias que tornaram o trabalho duas vezes mais árduo, doenças dentro e fora... A velha história de que os problemas nunca vêm sozinhos". Um ou dois parágrafos adiante, com uma frase casual, a bebida é de passagem integrada à equação: "Eu andava bebendo de modo intermitente, mas também generoso."

De modo intermitente dá a entender que é possível parar; *generoso*, que há prazer no ato, talvez até liberalidade. Nada disso, porém, era verdadeiro. Para começar, à época Scott não tratava a cerveja como bebida alcoólica. Não beber talvez significasse evitar o gim mas consumir, em seu lugar, vinte garrafas de cerveja por dia. ("Dei um basta", teria dito ele, no verão de 1935, segundo as memórias não tão confiáveis de Tony Buttita. "Nada de álcool. Só cerveja. Quando fico cheio, passo para as Cocas.") Quanto aos destilados, H. L. Mencken, romancista de Baltimore e amigo seu à época, recordou-se de que faziam Scott ficar indômito, capaz de derrubar mesas de jantar ou de bater o carro contra os edifícios da cidade.

Algumas frases adiante, encontramos outro indício, agora mais dissimulado, de quão problemática havia se tornado a bebedeira. Ele observa que o álcool é capaz de dar fim à insônia que o apavorava ("nas noites em que não bebia nada, saber se o sono viria ou não viria era algo que me atormentava muito antes da hora de ir para a cama"), o que por sua vez nos leva a perguntar por que Scott simplesmente não recorria a ele, uma vez que a falta de sono lhe é claramente agonizante. A resposta vem alguns parágrafos abaixo: porque beber significa sentir-se "mal" no dia seguinte. *Mal* é uma palavra estranhamente insípida para ser usada num ambiente tão rico em detalhes. Assim como na história de Hemingway nós medimos a intensidade do sofrimento a partir dos esforços feitos para evitá-lo, também aqui essa palavrinha opaca deve pesar mais do que o horror enorme e meticulosamente descrito da insônia: não fosse assim, afinal, a equação certamente estaria invertida.

Em vez disso, quando acorda no amargo meado da noite, Fitzgerald retira um pequeno comprimido de Luminal do pote que guarda no criado-mudo. Enquanto espera o efeito, ele caminha pela casa, faz alguma leitura ou contempla a cidade de Baltimore, que no momento se oculta por trás da neblina acinzentada. Passado um tempo, quando o comprimido enfim começa a surtir efeito, ele volta para a cama, escora o travesseiro contra o pescoço e tenta, como Hemingway, forjar para si mesmo um sonho falso, uma trilha rumo ao sono.

No primeiro – e Deus sabe como me contorci de tanta compaixão ao ler isto –, ele imagina algo que tem imaginado desde que era um garoto nada popular no internato, pequeno demais para ser bom nos esportes e imaginativo demais para deixar de criar uma fantasia que o compensasse. A equipe está sem um *quarterback*. Ele está arremessando passes ao lado do campo quando o treinador o avista. É o dia do jogo contra Yale. Ele pesa apenas sessenta quilos, mas no terceiro quarto, quando o placar está...

Nada feito. O sonho já se esgotara e já não possuía sua magia consoladora. Então ele se volta para uma fantasia de guerra, mas também esta lhe é desagradável, terminando com a extraordinária frase: "Na calada da noite, sou apenas mais um dos sombrios milhões que seguem, em ônibus negros, rumo ao desconhecido." Que raios isso quer dizer? Ele ainda está falando sobre soldados ou trata-se de uma visão da própria morte, tão sinistra e democrática quanto aquelas frotas de ônibus negros? Essa é uma das imagens mais niilistas que ele já esboçou, e olha que se trata de um escritor que sempre teve um olhar aguçado para o horror.

Ambas as fantasias tinham raízes nos fracassos da juventude do autor, período em que Fitzgerald não jogou como *quarterback*, nem se distinguiu no exército, nem combateu na França, nem sequer atuou como protagonista da comédia musical que escrevera para o Triangle Club, principal razão a levá-lo para Princeton. Agora, naquela noite interminável, a não satisfação de seu desejo inconsciente o conduzia de maneira inexorável a uma contemplação do próprio fracasso.

Uma sensação de terror acumulado começa a jorrar incontrolavelmente sobre a página. Ao caminhar inquieto pela casa, ele ouve mais uma vez as mesmas crueldades e tolices que dissera no passado, mas agora ampliadas pela câmara de ecos que é a noite.

> Vejo o verdadeiro horror crescer sobre as cumeeiras, bem como nas buzinas estridentes dos táxis noturnos e na monodia aguda dos farristas que chegam pela rua. Horror e desperdício...
>
> Desperdício e horror... o que eu poderia ter sido e feito que hoje está perdido, consumido, passado, dissipado, incapturável. Poderia ter agido assim, não ter feito assado, ousado onde fui tímido, cauteloso onde me precipitei.
>
> Não a deveria ter magoado daquela forma.
>
> Tampouco deveria ter dito aquilo a ele.
>
> Nem me quebrado tentando quebrar o inquebrantável.
>
> O horror agora chegou como uma tempestade – e como se esta noite prefigurasse a noite após a morte – e como se o além fosse um tremor eterno à beira de um abismo, com tudo o que há de vil e perverso em nós impelindo-nos para a frente e a vileza e perversidade do mundo estivesse logo à frente. Sem escolha, sem estrada, sem esperança – apenas a infindável repetição do sórdido e do semitrágico. Ou talvez ficar para sempre no limiar da vida, incapaz de

transpô-lo ou de voltar. Agora que o relógio bateu as quatro horas, eu sou um fantasma.

Então, com esse pensamento pavoroso e aniquilador – o pensamento de um católico não praticante que jamais perdera a aguda sensação de que as más ações eram somadas em ordem ao castigo –, ele pega abruptamente no sono. Enquanto dorme, sonha com meninas que parecem bonecas: assexuadas e bonitinhas, dotadas de cabelos verdadeiramente loiros e olhos castanhos enormes. Chega a seus ouvidos uma canção que talvez venha dos bailes frequentados quando em seus 20 anos, época na qual era um novo-rico recém-casado, alguém subitamente próspero, viajando no capô de um táxi pela Quinta Avenida ao amanhecer tal qual um homem que, nas palavras de Dorothy Parker, acabara de sair do sol. Ele está dormindo em sono profundo, e quando acorda é para proferir uma daquelas falas casuais que Tchekhov também adorava: uma interpolação vinda do irrelevante mundo exterior que Fitzgerald sempre soube mais poderoso que qualquer indivíduo, por mais rico ou encantador que este fosse.

"... Sim, Essie, sim. Meu Deus, está bem, vou atender o telefone."

Estávamos chegando à Filadélfia. Um trem de carga passou na direção oposta, com seus vagões tingidos de marrom forte, marrom ferruginoso, vermelho férrico, cada qual trazendo estampada a legenda HERZOG. A mulher ao meu lado comia um cachorro-quente. "Não sei como você o chamará", disse ao telefone. Eu estava ouvindo Patti Smith cantar "Break It Up", música que ouvira da última vez enquanto alvejava garrafas de cerveja sob a neve, do lado de fora do chalé de um amigo em New Hampshire.

Quando levantei os olhos mais uma vez, estávamos atravessando uma floresta em que apenas uma espécie de árvore florescia. "Olaias", arrisquei. A flor mesclava o rosa com um vermelho rosáceo, num antegozo absurdamente efervescente da primavera. Passamos por um lago circundado por alguns cais e casas de madeira. Três pessoas pescavam a bordo de um bote verde. Numa granja, alguém fazia churrasco. "Estava frio e eu fiquei, tipo: 'Ai, Meu Deus!'", disse a mulher. Mais uma floresta; agora, separada por uma borda fulva de grama e capim-limão, trazendo as mesmas árvores de ponta rosa e vermelha tingidas de dourado pelo poente. Um gavião voava em círculos. De cauda vermelha? Não dava para ver direito contra a luz – somente a silhueta de suas asas alongadas.

Quando chegamos a Baltimore, o sol estava muito baixo. Havia montanhas de folhelhos, agregados, depósitos de chapas onduladas com painéis queimados e defumados. Tremulamos ao passar por uma fileira de casas abandonadas, com seus tijolos escavados assemelhando-se a dentes. As lojas estavam cobertas por tapumes. Vi cortinas rasgadas nas janelas, e entre os edifícios as cerejeiras começavam a florescer.

A casa em que Fitzgerald escrevera "Dormindo e acordando", na 1307 Park Avenue, estava localizada a apenas duas quadras da estação; sua última residência na cidade, um apartamento no sétimo andar de um prédio que hoje funciona como dormitório da Johns Hopkins University, talvez ficasse um quilômetro e meio ao norte. Em dezembro de 1935, Hemingway enviou duas cartas a esse endereço. Na década que transcorrera desde o primeiro encontro dos dois, sua relação passara por uma transformação profunda. Enquanto Fitzgerald apagava incêndios e tentava colocar um ponto final em *Suave é a noite*, Hemingway publicou o best-seller *Adeus às armas*; duas compilações de contos, *Homens sem mulheres* e *O vencedor não leva nada*; e dois livros de não ficção: *Morte à tarde* e *As verdes colinas da África*. Também havia se divorciado de sua primeira esposa, casado com a segunda, se mudado para Key West e tido mais dois filhos.

Mais rico, mais bem-sucedido, mais produtivo e com uma vida familiar mais feliz e estabelecida, Hemingway sentia-se menos inclinado a ser babá que a procurar briga. Na primeira das cartas de dezembro, ele arengou Scott pela forma como este parecia forçado a "feder a álcool e fazer o possível para humilhar a si mesmo e seus amigos" – muito embora não fique nada claro se ele ainda figurava como um deles ("Sinto saudades de vê-lo e de conversar com você", acrescenta, a fim de suavizar um pouco as coisas).

Hemingway provavelmente se referia a uma refeição partilhada com Edmund Wilson em Nova York dois anos antes, quando Fitzgerald ficou tão bêbado que se deitou no chão do restaurante e fingiu dormir, às vezes fazendo pequenos comentários irritantes e às vezes arrastando-se até o banheiro para vomitar. Mais tarde, Wilson o escoltou até seu quarto no Plaza, onde Fitzgerald foi para a cama e permaneceu em silêncio, observando seu velho amigo de Princeton com "olhos de pássaro sem nenhuma expressão". O Plaza, no mundo especular que Scott criara, é o lugar em que, numa tarde escaldante de verão, Gatsby, Daisy, Nick e Tom ocuparam uma suíte a fim de beber julepos de menta e abeirar uma briga que destruiria a rica tapeçaria do romance.

Na segunda carta de Hemingway, escrita alguns dias depois, ele toca no assunto da própria insônia, aparentemente (a carta de Scott se perdeu) em resposta a uma queixa ou colocação semelhante:

> Ficar sem dormir também é uma maldição dos infernos. Também eu tenho experimentado uma grande dose disso ultimamente. Não importa a que horas vou dormir: eu acordo e ouço o relógio bater uma ou duas horas, e então fico deitado e desperto e batem as três, quatro, cinco. Porém, desde que deixei de dar importância a tudo o que tem que ver com o passado, isso não me incomoda tanto, e eu apenas fico ali, deitado, inteiramente quieto, descansando. Assim parece que você repousa tanto quanto se tivesse dormido. Talvez isso não sirva para você, mas comigo dá certo.

A postura é característica: primeiro o rude reconhecimento da dor (*uma maldição dos infernos*), depois a estoica recusa em ser afetado por ela (*isso não me incomoda tanto*). É claro que Hemingway sabia muito bem como tratar a insônia, do mesmo modo como conhecia a técnica certa para uma série de atividades físicas, do boxe à pesca e à arte de atirar. É claro que ele não ia ficar choramingando sobre isso: era porventura um cão covarde? Fitzgerald, por sua vez, gostava bastante de humilhar-se. Com efeito, ele mesmo tinha iniciado seu "Dormindo e acordando" com a poltrona declaração: "Quando li, alguns anos atrás, um texto de Ernest Hemingway intitulado 'Agora me deito', pensei que não havia nada mais a ser dito sobre a insônia" – o que é o mais próximo do chão que se pode chegar sem rolar para debaixo da bota de alguém. Além disso, é possível lê-la também como um solapamento, um ataque dissimulado, pois o que de fato está dizendo é que Hemingway não tem, nem de perto, a palavra final.

Eu me recostei no assento, remoendo na cabeça aqueles depoimentos à medida que o trem seguia do dia para a noite. Conto, ensaio, carta – todos cobrindo aquele mesmo solo espinhoso. Nenhum deles era confiável, ao menos não no sentido em que costumamos usar a palavra. Ainda na segunda carta, Hemingway convida Scott a subir em seu barco e se matar. Ele está brincando, é claro. Todavia, as piadas são imunes aos olhos alheios. É inteiramente possível ler a brincadeira e achar que se está diante de um psicopata ("nós podemos extrair seu fígado e doá-lo ao Princeton Museum, podemos doar seu coração ao Plaza Hotel").

Parte do problema estava na corriqueira questão da biografia literária, isto é, no fato de que, embora possa recorrer muito amplamente a acontecimentos que experimentaram ou sentiram na pele, o que cada autor faz com eles jamais é puramente factual e não pode ser tratado como tal. Até os ensaios – incluído o confessional "Dormindo e acordando", de Scott – são escritos mediante pagamento, estando sujeitos às adaptações de sempre, àqueles recortes e modelagens por meio dos quais a vida real se converte em arte. Quanto às cartas, elas são escritas para públicos ainda mais específicos, e raras são as vezes em que fornecem um retrato neutro da pessoa como um todo. Na entrevista concedida à *Paris Review*, Tennessee Williams tocou de modo um tanto embaraçoso nesse tema, explicando que as cartas que enviara a Donald Windham e que tinham sido há pouco publicadas "continham uma grande dose de humor malicioso. Eu sabia que ele gostava daquilo. E, como estava escrevendo para alguém que gostava dessas coisas, tentei diverti-lo com elas".

Quando, porém, o escritor é também um alcoólatra, essa migração da experiência vivida se mescla a outro processo evasivo: o hábito da negação. Segundo o *DSM-IV*, guia-padrão de todos os distúrbios psiquiátricos, "a negação é ubíqua no alcoolismo. Quase todos os alcoólatras negam que têm problemas com a bebida ou os racionalizam de uma forma ou de outra. Eles muitas vezes põem a culpa em situações ou em outras pessoas (...). Os principais obstáculos ao diagnóstico do alcoolismo são a negação observada nos alcoólatras e o baixo índice de suspeição por parte da maioria dos médicos".

O desejo de beber, bem como suas repercussões no lado físico, emocional e social do bebedor, é encoberto por desculpas, por omissões e por mentiras descaradas. Poder-se-ia dizer que o alcoólatra vive na verdade duas vidas, das quais uma se oculta sob a outra tal qual um rio subterrâneo que serpenteia por baixo de uma estrada. Há a vida da superfície – a matéria de capa, por assim dizer – e há a vida de viciado, na qual a prioridade é sempre descolar mais uma bebida. Não é à toa que o primeiro dos Doze Passos se resume a admitir "que éramos impotentes perante o álcool – que tínhamos perdido o domínio sobre nossa vida". Esse mero passo pode exigir uma vida inteira, e é possível que nem sequer seja alcançado.

No caso do escritor que bebe, o modo como o material autobiográfico é utilizado requer mais que o escrutínio convencional, uma vez que, na prática, a negação se resume a uma massa inconsistente de material que se desloca confusamente entre a exposição honesta, a automitificação e a ilusão. *De modo intermitente. Generoso. Isso não me inco-*

moda tanto. Mal. Nenhuma dessas palavras pode ser tomada à letra. Elas desempenhavam uma função secreta, às vezes diametralmente oposta ao que parecia estar sendo dito. Talvez esteja nisto o motivo de "Agora me deito" ser tão encantador – a sensação de que o anzol está preso a algo que se encontra muito abaixo das águas reluzentes da superfície.

Certa feita, deparei com uma declaração que captava tão bem essa tendência à dissimulação, que me fez vacilar. Eu estava lendo *A profissão impossível*, livro breve e incisivo de Janet Malcolm sobre a psicanálise. Durante um exame dos princípios fundamentais da profissão, ela citou uma passagem em que Sigmund Freud trata da relutância aparentemente universal dos homens em ser claros acerca da sexualidade.

> Em vez de nos informarem de bom grado sobre sua vida sexual, eles tentam escondê-la de todas as formas possíveis. As pessoas, em geral, não são francas acerca de questões sexuais. Elas não expõem livremente a sua sexualidade, e para ocultá-la trajam um casaco pesado, feito de um tecido de mentiras, dando a impressão de que, no mundo da sexualidade, as condições meteorológicas são ruins.

Ao que parece, as condições meteorológicas também não são boas no mundo do alcoolismo, e os casacos pesados são trajados por quase todos os que nele habitam. Ainda assim, sem cair demais na armadilha do romantismo, eu também tinha ciência de que existe, em cada um desses autores, um desejo correspondente de autoexaminar-se com uma coragem que me parecia quase anormal. Imagine só a sensação de colocar a fantasia do *quarterback* no papel, quanto mais a de enviá-la para ser publicada! Deve ter sido como tirar a roupa em público – ainda que isso seja outra coisa que Fitzgerald estivera inclinado a fazer. Certa feita, na década de 1920, ele ficou só de cueca ao assistir a uma peça. Noutra ocasião, ainda segundo Mencken, ele chocou os participantes de um jantar em Baltimore "ao chegar à mesa e tirar as calças, deixando a flauta à mostra". Até o ato de despir-se, porém, pode ser uma forma de ocultamento. Você pode muito bem abaixar as calças para mostrar a flauta e continuar a ser alguém que padece de um medo mortal de revelar quem é.

―⬥―

Chegamos à capital quando eram 18h. Os alto-falantes bradavam: "Parada para fumantes. Parada para descanso" – e as pessoas começavam a se levantar e a remexer sua bolsa. Eu estava morrendo de fome. Esperei até deixarmos a estação mais uma vez e me dirigi ao vagão-restaurante. Era o fim dos mitos urbanos: a comida estava maravilhosa – bife com batata cozida e creme azedo, acompanhados de uma torta feita com manteiga de amendoim achocolatada. Após o jantar, tirei um cochilo rápido, sendo acordada às dez e meia pelo meu telefone. A mulher ao meu lado ainda estava falando. "Putz, estou no viva voz? Não, não, de jeito nenhum. Ela me pediu que acabasse com aquilo e eu disse que não, de jeito nenhum." Ela era forte e estava toda de preto, com o capuz de sua jaqueta de couro sobre a cabeça. Apesar de seu corpanzil, sua voz era muito suave e ameninada, e mesmo depois de ligar o iPod ainda era possível ouvi-la dizer, de tempos em tempos: *Aham, aham, aham.*

Durante muito tempo, permaneci apenas sob a superfície do sono, quando então mergulhei num pesadelo como se adentrasse uma daquelas piscinas profundas e repletas de trutas que encontramos nos rios imaginários de Hemingway. Um ex-namorado meu – só para constar, outro alcoólatra – estava prestes a se enforcar. Eu acordei de repente, com o coração na boca. Era tarde. Olhei pela janela: estávamos atravessando uma região montanhosa. As montanhas Blue Ridge, talvez? Pela hora, imaginei que estivéssemos nos aproximando de Clemson, lar, segundo o guia que eu praticamente decorara, de um dos dois homens que abdicaram do cargo de vice-presidente. Meu Deus, como eu estava cansada... Tinha a sensação de que não vestira a pele direito, de que a tinha posto do lado errado ou pelo avesso.

Por fim, levantei-me e fui ao banheiro. O vagão estava cheio de corpos dormentes, contorcidos debaixo de casacos e lençóis. Casais se aconchegavam com seus rostos quase grudados, e pude ver também uma mulher alimentando um bebezinho, única pessoa além de mim que ainda estava acordada por ali. Não é sempre, ao menos no privilegiado mundo ocidental, que nos encontramos num cômodo repleto de adormecidos. Hospitais, internatos, abrigos para sem-teto – eu não costumava frequentar muito esses lugares. Havia algo quase assustador naquilo, como um daqueles desenhos do Henry Moore em que há pessoas abrigando-se no metrô de Londres durante a Blitz. Eles estão deitados em fileiras e poderiam estar dormindo, ainda que aquela imobilidade desvigorada nos leve a indagar se a plataforma não fora transformada num necrotério improvisado.

Voltei para meu assento e olhei mais uma vez para a escuridão. O trem estava seguindo o mesmo itinerário da derrocada de Fitzgerald. Depois de Baltimore, ele foi em 1935 para Asheville, na Carolina do Norte, a fim de recuperar-se do que lhe disseram ser uma crise de tuberculose. Hospedou-se no Grove Park Inn, um *resort* enorme e desproporcionado que devia ficar em algum lugar no meio daquela massa de montanhas, sob o ar puro e fino que supostamente faria bem para seus pulmões danificados. Naquele verão, Fitzgerald fez amizade com Laura Guthrie, quiromante do hotel que usou como meio-termo entre companheira e secretária. Durante a estação, ela conservou consigo um diário, e muito do que foi nele escrito veio parar, por meio de um ensaio publicado na *Esquire*, em *Scott Fitzgerald*, biografia compassiva e zelosa assinada por Andrew Turnbull.

Turnbull era filho do senhorio de Fitzgerald na La Paix. Tendo mais ou menos a mesma idade de Scott, ele saiu na frente dos outros biógrafos não apenas por ter conhecido Fitzgerald, mas também por ter visto quão doce aquele homem poderia ser, quão compassivo e honrado, quão talentoso e trabalhador. As pessoas costumam falar do refinamento que o sofrimento pode suscitar, e é essa a sensação que temos ao ler o relato de Turnbull. Ao contrário de seu tema, ele também parece ser uma testemunha especialmente confiável, reconhecendo os fracassos sem jamais mostrar-se satisfeito com isso.

Ele descreve Fitzgerald fazendo, em seu quarto do Grove Park Inn, listas intermináveis "de oficiais de cavalaria, de atletas, de canções populares. Depois, percebeu que estivera testemunhando a desintegração de sua própria personalidade e comparou a sensação àquela do homem que, no crepúsculo, se vê numa área deserta com um rifle nas mãos e todos os alvos abatidos". Essas imagens foram retiradas do que diz o próprio Fitzgerald em "O colapso", mas por alguma razão têm aqui maior peso. Nesse meio-tempo, Scott tentou escrever histórias para manter sua família livre de apuros, muito embora sua velha facilidade tivesse desaparecido havia tempos. Não era barato ter uma esposa no hospital e uma filha matriculada numa escola particular. Fitzgerald também tentava parar de beber, ainda que apenas pelo bem de seus pulmões. Na prática, contudo, isso não excluía a épica ingestão de cerveja que lhe era habitual.

Após certo tempo ele teve uma recaída e voltou aos destilados. Certo dia, Laura o encontrou trabalhando no quarto com um pesado suéter de lã sobre o pijama, trazendo os olhos muito vermelhos e as pernas tremendo. Ele queria suar o gim, disse-lhe; no entanto, como ainda o bebia, seu método parecia fadado ao fracasso. Quando Fitzgerald lhe revelou que estivera cuspindo sangue, ela chamou um médico e o viu ser levado ao hospital local para se reabilitar, algo que já acontecera diversas vezes em Baltimore. Ele ficou por lá durante cinco dias e – eis um detalhe típico de Turnbull – concluiu a história no refúgio de sua cama.

Em determinado momento daquele verão, Fitzgerald disse a Laura: "A bebida aumenta o sentir. Quando bebo, minhas emoções crescem, e eu as ponho no conto. Só que logo fica difícil manter o equilíbrio entre razão e emoção. As histórias que escrevo quando sóbrio são estúpidas – como aquela da vidente. Foi tudo muito ponderado, e não sentido."

Não é difícil interpretar isso como uma justificativa, de modo especial porque ele já começava a se arrepender amargamente da necessidade de escrever grande parte de *Suave é a noite* embriagado. Posteriormente, ao retornar do Chimney Rock ao lado dela, caminhando pelos montes que dão para Asheville, ele mudou de ideia e disse: "Beber é uma fuga. É por isso que tanta gente bebe hoje. Temos essa *weltschmerz* – essa incerteza quanto ao mundo atual. Todos os espíritos sensíveis a experimentam. A velha ordem se vai, e nos perguntamos o que haverá para nós na nova – se é que haverá algo."

Eu bebo porque melhora meu trabalho. Bebo porque sou sensível demais para viver no mundo sem beber. Há centenas e mais centenas de desculpas como essas, mas a que mais ficou em minha cabeça não foi dada por Fitzgerald. Ela se encontra numa carta que Hemingway redigiu em 1950, quase uma década depois de Scott morrer em Hollywood por causa de um ataque cardíaco, no meio do caminho – como a morte nos expõe! – entre comer uma barra de chocolate e ler o informativo de Princeton. Hemingway estava escrevendo para Arthur Mizener, o primeiro biógrafo de Fitzgerald, e à sua maneira egoísta disse algo ao mesmo tempo desconcertante e veraz. Ele estava tentando chegar à raiz das dificuldades de seu velho amigo quando observou, quase como um pós-escrito: "E há também o álcool, que usamos como Matador de Gigantes e sem o qual muitas vezes não me seria possível viver. Ou ao menos me faria falta não tê-lo; Scott encontrou nele, e não na comida, um veneno purinho."

Que declaração bizarra e confusa! Um alimento que mata gigantes; um veneno sem o qual é impossível viver. Vem-me à mente o mesmo tom ambíguo e enigmático do discurso do porteiro de *Macbeth*, que termina com: "Pode-se dizer, portanto, que talvez tergiverse a bebida com a lascívia; dá-lhe esperança e faz fracassar; persuade-o e desanima; põe de pé e derriba; em suma, fá-lo dormir com circunlóquios e, mentindo, deixa-o a sós consigo mesmo."

Devo ter caído no sono novamente, ninada pelo balançar do trem. Quando acordei, o céu estava ficando rosa. Prédios se erguiam a distância, um deles coroado pelo onipresente logo da Wells Fargo. Atlanta. Como era de esperar, o alto-falante voltou à vida e anunciou: "Parada: Atlanta, Geórgia. Caso desejem sair do trem e tomar um pouco de ar fresco, fiquem à vontade para fazê-lo. Pede-se, porém, que não deixem a plataforma. Parada: Atlanta, Geórgia." O relógio da plataforma marcava 7:50, não obstante a sensação de que tínhamos cruzado um fuso horário durante a noite. Dura e faminta, caminhei de um lado para o outro farejando o ar, que já me parecia mais suave e tranquilizante que o de Nova York.

Uma hora depois, quando partimos de novo, o rosa já tinha dado lugar ao dourado, e todas as árvores por que passávamos estavam verdes. Verdes! Eu saltara o inverno durante a noite e aterrissara na primavera. Pombos voavam desordenadamente, trazendo as asas estendidas para trás numa espécie de exibição jubilosa. Abaixo deles, as cercanias da cidade pareciam abandonadas. Tirei foto de uma fábrica de tijolos em ruínas. Seu telhado já não existia; as janelas inferiores tinham tapumes; as superiores estavam abertas para o céu. Próximo a ela havia uma estufa que fora sistematicamente estraçalhada. Em certos lugares, já não havia vidro nenhum, somente vigas de ferro cobertas de *kudzu*, trepadeira insidiosa que, não obstante suas origens estrangeiras, se tornou um dos sinais visuais mais óbvios do sul. Mais tarde, eu veria colinas inteiras tomadas por um *kudzu* castanho como o feno – apenas isso e alguns pinheiros semissufocados.

A mulher atrás de mim estava brincando com o condutor. "Ainda não passamos pela capital?", perguntou ela. "Porque nós dormimos um bocado por aqui." Ao que ele respondeu: "Nessa você me pegou. Agora você me pegou!" Alguns minutos depois, ele avistou um garoto com uma camisa dos Yankees. "Yankees!? No sul? Ah, mas em que o senhor está pensando? Disfarce e ponha uma dos Rebels ou algo parecido, que aí você consegue se enturmar." Fui para o vagão-restaurante e peguei à revelia o que comeria no café da manhã: café e suco de laranja, cereais e um naco de pão de milho. Havia um cravo-vermelho em minha mesa, e pela janela era possível ver florestas e terras cultivadas, casas brancas com pórticos e bandeiras americanas, ruas principais estendendo-se paralelamente aos trilhos. Nós atravessamos um pinhal repleto de regatos de um azul-celeste turvo, bem como daquelas mesmas árvores de ponta vermelha que eu tinha visto em Washington.

Eu ainda estava pensando no que Hemingway havia dito. *Scott encontrou no álcool, e não na comida, um veneno purinho*. Ele vinha batendo na tecla da comida há muito tempo. Numa carta escrita em Key West em agosto de 1935, pouco meses antes de sua mordaz censura a Scott por *feder*, ele articulou o que nada mais é que um credo dos benefícios do álcool.

> Eu bebo desde os 15 anos, e poucas coisas me deram mais prazer. Quando você passa o dia trabalhando duro com a cabeça e sabe que deve trabalhar de novo no dia seguinte, o que mais além do uísque pode modificar suas ideias e fazê-las correr num plano diferente? (...) Beber só não é bom quando você está escrevendo ou brigando. Isso você tem de fazer de cara limpa. No entanto, sempre me ajuda a atirar. Também a vida moderna é uma opressão mecânica, e o álcool é o único alívio mecânico que existe.

Até o fim da vida, quando sucumbia ao peso da depressão, do alcoolismo e de uma série de feridas na cabeça – complexa herança de uma vida a todo vapor –, ele conservou a inabalável crença nos efeitos positivos do álcool, em sua capacidade de acalentar e estimular. Todos os seus escritos estão cheios disso até a borda, o que, porém, fica especialmente claro em dois de seus últimos livros: *Do outro lado do rio, entre as árvores* e *Paris é uma festa*. O primeiro é um romance de 1950 acerca de um coronel americano que está na Itália (mais uma vez) e, após a guerra, vai para Veneza caçar patos e visitar a mulher que ama, uma condessa de 19 anos por ele apelidada de "Filha", nome pelo qual Hemingway tratava todas as mulheres por quem nutria apreço ou desejo. A história é tão glutona, possui tanta gente comendo e bebendo, que ao fim da leitura sentimos um pouco de má-digestão. Grapa. Valpolicella. Martínis "extremamente gelados", "Montgomerys autênticos" que "incandescem alegremente" tronco acima. O coronel tem obsessão pela veracidade das coisas, o que é o mesmo que dizer que se sente profundamente angustiado ante a possibilidade de serem ilusórias ou falsas, receando até mesmo verbalizar esse pensamento. Sua compulsão por aplicá-lo ao mais improvável dos objetos parece nascer de um profundo sentimento de ruptura atribuído à guerra, ainda que perpasse igualmente as cartas de Hemingway à época.

Paris é uma festa, publicado postumamente em 1964 e editado por sua viúva, é mais suave ao paladar, não obstante partilhe do mesmo desejo de desforra que caracteriza toda a obra tardia de Hemingway. O livro traz as memórias dos anos parisienses do autor, quando ainda era recém-casado e pai de um filho pequeno, passava os dias escrevendo nos cafés, comendo castanhas torradas, tangerinas ou salsichas, assistindo a corridas de bicicleta ou esquiando nas montanhas austríacas de Voralberg, onde tudo era extremamente simples e bom. Há, em determinado momento, um trecho que fala sobre uma visita ao apartamento de Gertrude Stein. Ela lhe serviu "licores de destilação natural feitos de ameixas-roxas, de ameixas-amarelas e de framboesas-selvagens. Eram bebidas perfumadas e incolores, armazenadas em jarros de vidro ornado e servidas em taças pequenas". Quão deliciosas essas bebidas não parecem ser! Quão comestíveis e revigorantes!

Não para Scott, porém. Alcoólatra de carteirinha, sua leitura do livro é titubeante. Esta versão funesta dos acontecimentos começa mais uma vez no Dingo Bar. Scott está bêbado e dá início a um discurso constrangedor sobre a escrita de Hemingway, que permanece retraído na cadeira enquanto faz uma avaliação silenciosa e rancorosa de sua aparência: o lábio superior alongado e perfeitamente irlandês, levemente salpicado de suor; as roupas da Brooks Brothers e sua falsa gravata regimental, cuja presença Scott negaria no futuro com furor. Hemingway chega até a comentar quão curtas são as pernas de Fitzgerald (mais cinco centímetros e seriam *normais*, palavra desagradável que sublinha suas tentativas persistentes, e cada vez mais rudes, de converter-se a si mesmo em parâmetro).

Os dois bebem uma ou duas garrafas de champanhe, e, depois de um tempo, algo estranho acontece. A pele do rosto de Scott, que estivera um pouco inflada, começa então a retesar-se. Seus olhos ficam fundos, e de repente ele assume "a cor da cera de uma vela usada. Eu não estava sonhando. Seu rosto se tornou uma verdadeira caveira, uma máscara mortuária, diante dos meus olhos". Hemingway quer chamar uma ambulância, mas outro homem no bar, que conhece Fitzgerald, não se mostra nem um pouco preocupado. É desse jeito que ele fica, diz, e assim o colocam num táxi, muito embora Hemingway continue desconcertado.

Alguns dias depois, ao anoitecer, os dois voltam a se encontrar num terraço, onde se sentam para observar os transeuntes passando. Dessa vez, Scott se mostra encantador, modesto e bem-humorado, e não há, ainda que venha a beber algumas doses de uísque com soda, nenhum sinal da "mudança química" que se apoderara dele no Dingo. Durante a conversa, ele propõe uma aventura mais substancial. Scott deixara um carro em Lyon. Porventura Hemingway gostaria de ir buscar o veículo com ele e trazê-lo de volta? Trata-se, é claro, da "grande viagem" que Hemingway descreveu a Perkins na carta de junho de 1925.

Segundo essa análise nova e retrospectiva, a viagem é um desastre completo. Scott perde o trem, o carro não tem teto, uma manhã inteira é perdida com comidas ridiculamente extravagantes e, no lento caminho rumo a Paris, os dois têm de esperar o fim de tempestades enquanto se refugiam sob as árvores, dividindo uma garrafa de Mâcon após a outra. Algumas horas depois, Scott conclui que está com pneumonia e insiste em ir para um hotel, onde faz uma excelente imitação de Baby Jane a fim de exigir que um termômetro lhe fosse comprado e que Hemingway tomasse conta de sua esposa e de sua filha quando de sua morte. Algumas doses de *whiskey sour* deram fim a essa tolice, e logo Fitzgerald estava se sentindo bem o suficiente para outro jantar delicioso, acompanhado de uma garrafa de Montagny – "vinho branco leve e agradável da região".

A história acima é engraçadíssima, mas deixa um gosto ruim na boca (ao lê-la, John Cheever comentou que era como se deparar com "um amigo de adolescência que costumava jogar bola de gude e não mudou"). Claro está que a intolerância de Fitzgerald ao álcool tanto desconcertava quanto repugnava Hemingway. No tom versado e levemente medicinal de quem tivera um médico como pai em Oak Park, Illinois, ele discorre:

> Era difícil reconhecê-lo como um beberrão, uma vez que era afetado por quantidades irrisórias de álcool. Na Europa, achávamos à época que o vinho era algo saudável e tão normal quanto a comida, bem como um grande rio de felicidade, bem-estar e deleite. (...) Eu sequer cogitava ter uma refeição sem vinho, cidra ou cerveja, (...) e jamais me ocorrera que dividir umas garrafas de Mâcon branco, bastante leve e seco, poderia suscitar em Scott as mudanças químicas que o transformavam num tolo. Ele tomara uísque com Perrier de manhã, mas, desconhecendo os alcoólatras como desconhecia, eu não tinha como saber que o uísque poderia fazer mal a alguém que estava dirigindo um carro aberto na chuva. O álcool deve ter oxidado em pouquíssimo tempo.

Tão normal quanto a comida. Alguns linhas adiante, ele acrescentou com irritação: "Tudo o que bebia parecia estimulá-lo demais e envenená-lo em seguida."

Há pouquíssima precisão nessa análise. Para começar, o álcool *é* um veneno. Uma unidade contém 7,9 gramas de etanol, depressor do sistema nervoso central que traz, tanto a longo quanto a curto prazo, consequências consideráveis para o corpo humano. O consumo rápido de grandes quantidades pode causar hipoventilação, coma e morte, ao passo que a ingestão crônica prejudica o fígado e muitos outros órgãos, entre os quais o sistema nervoso periférico, o coração, o pâncreas e o cérebro.

Hemingway também se equivocou em sua declaração pseudocientífica sobre a oxidação. O álcool tende a se acumular no sangue porque a absorção é mais rápida que a oxidação e a eliminação, realizadas sobretudo pelo fígado. O que de mais relevante ele disse, porém, se refere à sensibilidade de Fitzgerald ao álcool. O que Fitzgerald provavelmente experimentava era a perda de tolerância súbita, e muitas vezes profunda, que pode ocorrer nos estágios finais de certos casos de alcoolismo. Como Hemingway muito bem percebeu, aquele era um sinal sinistro, mas não significava, ao contrário do que claramente supôs, que uma tolerância elevada constituía algo saudável ou desejável.

A tolerância de Hemingway ao álcool era lendária. Numa carta escrita poucas semanas após a viagem a Lyon, ele se gabou de conseguir "beber qualquer quantidade de uísque sem ficar bêbado". O que não sabia, porém, ao menos naquela época, é que a tolerância é um dos sintomas característicos do alcoolismo e que um nível de resistência elevado tende a vir acompanhado de uma profunda dependência física. Além disso, pesquisas recentes sugerem que tanto uma sensibilidade baixa quanto uma tolerância naturalmente elevada ao álcool contribuem para o desenvolvimento da doença.

Nas palavras do *Manual Merck*: "Há indícios de predisposição genética ou bioquímica, incluindo dados que sugerem que alguns daqueles que se tornam alcoólatras se embriagam com menos facilidade; isto quer dizer que neles é maior o limiar dos efeitos sobre o SNC." Ou tomemos, ainda, o que John Cheever diz sobre o tema ao gabar-se de superar até os autores russos famosos por serem bons de copo, figuras cujo nome ele jamais conseguiu soletrar direito: "Posso beber até deixar Yevtushenke no chão, e quando o *tamadan* pede *bruddershaft* no sudoeste da Rússia, eu posso secar um copo atrás do outro sem problema algum, enquanto meus companheiros às vezes sucumbem."

À luz de parâmetros tão intransigentes, fica claro que Hemingway, que estivera bêbado desde os 15 anos e colocava mais fé no rum do que no diálogo, travava com o álcool uma relação tão perigosa quanto a de Fitzgerald – e isso mesmo antes de levarmos em consideração a incrível quantidade que ele consumia de maneira regular. Se quisermos um exemplo de alguém que negava inequivocamente a própria doença, há lugares piores para começarmos que essa história amarga e cômica, em especial quando se têm em mente as circunstâncias em que foi escrita.

Diz a lenda que *Paris é uma festa* foi inspirada por uma descoberta fortuita. Em novembro de 1956, Hemingway e Mary, sua quarta esposa, se hospedaram no Ritz de Paris, onde a gerência apresentou ao autor duas malas mofadas que ele pedira para colocar no cofre em 1927 e se esquecera de resgatar. Segundo um dos vários relatos que Mary escreveu após a morte de Hemingway, ele recebeu "duas pequenas caixas retangulares e revestidas de tecido, ambas com a costura solta (...). Os carregadores destravaram os fechos enferrujados com facilidade, e então Hemingway se deparou com os cadernos de capa azul e amarela preenchidos a lápis, com maços de papel datilografado, com recortes de jornais velhos, aquarelas horrorosas feitas por amigos do passado, alguns livros rachados e desbotados, umas blusas de moletom mofadas e sandálias murchas".

Há variações sutis desse relato. A. E. Hotchner, amigo de Hemingway que se disse presente quando da abertura das travas, recorda-se apenas de uma mala "cheia de roupas amontoadas, cardápios, recibos, memorandos, parafernálias de caça e pesca, equipamentos de esqui, resultados de corridas, cartas e, no fundo, algo que fez Ernest reagir jubiloso: 'Os cadernos! Então era aí que estavam! Finalmente!'". Carlos

Baker, biógrafo lendariamente meticuloso, afirma que as malas na verdade foram guardadas em 1928, ano em que Ernest e a esposa de então, Pauline Pfeiffer, trocaram Paris pela Flórida. A despeito dessas objeções secundárias, no entanto, a maioria tende a achar que a descoberta dos cadernos inspirou a criação de *Paris é uma festa*.

Nem todos concordam, porém. Em ensaio publicado sob o fascinante título "O mistério dos papéis do Hotel Ritz", a pesquisadora Jacqueline Tavernier-Courbin pinça as discrepâncias da história da mala. À luz do que vem ali escrito, temos a impressão de que Hemingway, prodigioso autor de cartas, não deixou nenhum registro dessa descoberta magnífica – e isso nem na época nem depois do ocorrido. A autora desconfia de que se trata de uma fraude cujo objetivo é oferecer ao autor uma boa desculpa para escrever sobre seus ex-amigos. O ensaio tem fim com uma citação recuada extraída dos papéis do autor:

> Não é antinatural que os melhores autores sejam mentirosos. Parte considerável de sua ocupação se resume em mentir ou inventar, e quando bêbados eles mentirão ou para si mesmos, ou para estranhos. Muitas vezes, mentem inconscientemente e se recordam de suas mentiras com grande remorso. Se soubessem que todos os outros escritores são também mentirosos, ficariam animados.

Ignoro se as malas enferrujadas e podres existiram ou não, mas o que comecei a perceber era que a lenda dissimulava outra história acerca das condições em que *Paris é uma festa* foi concebida. No ensaio original sobre a descoberta, publicado no *New York Times*, Mary Hemingway mencionou que à época seu marido "seguia corajosamente uma dieta para reduzir o colesterol do sangue". Se cavarmos mais fundo, porém, claro fica que a redação do livro também ocorreu num período em que Hemingway se via cada vez mais perto de confrontar-se com o deletério impacto do álcool sobre seu corpo.

Poucas semanas antes de Hemingway chegar a Paris em 1956, o médico Juan Madinaveitia diagnosticara nele, em Madri, uma inflamação no fígado e níveis elevados de pressão sanguínea e de colesterol. Ao autor foi prescrita uma dieta com pouco álcool (150ml de uísque e uma taça de vinho por dia, segundo uma carta), mas os resultados obtidos não foram satisfatórios. Alguns meses depois, quando Hemingway desfrutava de sua casa cubana, seu médico receitou-lhe um regime ainda mais rigoroso. Segundo o que encontramos em sua correspondência, esse não foi um processo fácil. Em carta enviada a 28 de junho de 1957 ao amigo Archie MacLeish, ele diz:

> No que diz respeito ao corpo, os últimos exames não foram tão bons como o esperado. (...) Por isso estou restrito agora a apenas uma taça de vinho durante a refeição da noite. Deveria cortá-la por completo, mas parece que não querem violentar o sistema nervoso. Afinal, venho bebendo vinho durante as refeições desde os 17 anos, ou mesmo antes. De qualquer modo, não falemos disso. Deixa a gente bastante nervoso e com dificuldades de ficar na companhia de desconhecidos (...). O bom é que, se eu conseguir suportar (em 4 de julho vai completar quatro meses que não tomo uma bebida de verdade) e não ingerir nenhum vinho durante mais três meses, poderei beber vinho de novo e averiguar o quanto consigo consumir sem causar danos (...).
>
> O problema é que, durante toda a vida, quando as coisas estavam bem ruins, eu sempre conseguia tomar um trago, e logo as coisas ficavam bem melhores. Quando você não pode beber é diferente. Eu nunca achei que alguém poderia me tirar o vinho, mas acontece que podem. De qualquer forma, dentro de mais ou menos dez horas eu vou tomar uma agradável taça de Marqués de Riscal no jantar.

No final do verão, sua extraordinária forma física começara a se restabelecer, e ele já bebia novamente, ainda que com maior moderação. Não obstante, eu me perguntava o quanto a experiência de estar diante da própria dependência não contribuíra para o ataque desferido contra Fitzgerald, cujo grosso (trezentas páginas em espaço triplo segundo Mary, que as datilografara) foi escrito naquele ano de seca. Afinal, é infinitamente mais confortável estar na pele do médico que na do paciente. Como afirmara Fitzgerald anos antes, numa deplorável carta a Max Perkins, "eu sou o alcoólatra *dele*, do mesmo modo como Ring é o meu".

Algo mais, porém, andava me incomodando. Como era mesmo aquele trecho? "E também o álcool, que usamos como Matador de Gigantes e sem o qual muitas vezes não me seria possível viver. Ou ao menos me faria falta não tê-lo; Scott encontrou nele, e não na comida, um veneno purinho." O que ele queria dizer com Matador de Gigantes? Eu tinha lido um ensaio de Alfred Kazin, crítico que admirava, que dizia que o gigante era a América e o sucesso e que beber era uma forma de se tornar melhor que os outros. Eu não acreditava nisso – não quando imaginava Scott em seu quarto no Grove Park Inn, vestindo um suéter sobre o pijama, suando o álcool com a mesma velocidade com que o ingeria. No *Manual Merck*, a entrada dedicada ao alcoolismo traz:

> O padrão mal-adaptativo do consumo de bebidas que constitui abuso de álcool pode ter início com o desejo de sentir-se alto. Alguns usuários que julgam a sensação gratificante passam a concentrar-se, então, em alcançar repetidas vezes tal estado. Muitos dos que abusam cronicamente do álcool apresentam certos traços de personalidade: sensações de isolamento, solidão, timidez, depressão, dependência, impulsos hostis e autodestrutivos, imaturidade sexual.

Eu achava que o gigante era tudo isso, sobretudo o medo. Em *Papa*, livro doloroso e terno em que recorda seu pai, Gregory Hemingway lembra-se do verão de 1942, quando estava acamado em Havana sofrendo do que os médicos acreditavam ser pólio, doença que à época podia ser fatal. À noite, seu pai deitou-se ao seu lado e contou-lhe sobre pescas de truta nos rios de Michigan e sobre as vezes em que estivera apavorado quando garoto. Falou também sobre um pesadelo recorrente que tinha à época, no qual um monstro felpudo ficava mais alto a cada noite; "então, quando estava prestes a comê-lo, o monstro pulava a cerca. Ele dizia que o medo era algo perfeitamente natural e que não havia motivo para sentir vergonha. O truque para dominá-lo estava no controle da imaginação".

É engraçado: aquela profunda associação com os rios de truta servindo como antídoto contra o medo, como pensamento capaz de consolar uma criança que à noite poderia ficar apavorada. Controlar a imaginação é uma coisa, mas e se, além de contar a si próprio algumas histórias reconfortantes, você encontrasse também uma substância mágica capaz de fazer o mesmo, fornecendo-lhe o que poderia ser denominado *alívio mecânico* das *opressões mecânicas* da vida moderna? Essa é a prática que Petros Levounis denominou automedicação: o uso do álcool para esconder sentimentos que de outro modo seriam insuportáveis.

Eis o xis da questão. Como vimos, qualquer bebida, seja ela uma agradável taça de vinho, um copo de uísque ou um daqueles licorezinhos amarelos tomados na sala de estar parisiense de Gertrude Stein, afeta o sistema nervoso central e estimula a eufórica explosão daquilo que Hemingway descreveu como *bem-estar, felicidade e deleite*, a que se segue a redução do medo e da agitação. À medida, porém, que o indivíduo se torna dependente, o cérebro começa a compensar os efeitos inibitórios do álcool por meio da produção de neurotransmissores excitatórios. Ou seja, quando alguém para de beber – ainda que por apenas um ou dois dias –, a atividade elevada se manifesta na forma de irrupção de ansiedade mais severa que qualquer outra coisa que tenha acontecido antes. Nas elegantes palavras de um relatório da A.D.A.M:

> Quando um dependente para de beber, as respostas químicas, mediante a mudança do nível das substâncias que inibem a impulsividade, a tensão e a excitação, tanto superexcitam o sistema nervoso quanto geram agitação. O nível elevado de norepinefrina, substância que o cérebro produz em maior quantidade quando a ingestão de bebidas chega ao fim, pode desencadear sintomas de abstinência, como o aumento da pressão sanguínea e da frequência cardíaca. Essa hiperatividade no cérebro gera uma necessidade intensa de acalmar-se e consumir mais álcool.

Que confusão. Que caos. Imaginei então Hemingway em Paris naquele outono de 1926. Prostrado na cama, ouvindo o som da chuva; inventando um homem que inventa rios e que, às suas margens, se senta para pescar com sua vara – às vezes pegando trutas, às vezes perdendo-as – até o sol surgir e tornar-se seguro fechar os olhos.

―❦―

Em Alabama, o solo estava vermelho e havia glicínias nas árvores. Nos recônditos da zona rural, o trem fez uma parada no meio de uma floresta de pinheiros. A calmaria era completa. Uma folha em queda deslizou preguiçosamente pelo ar quente. A mulher a meu lado estava ao telefone mais uma vez. "Fizemos uma parada em Tuscaloosa. Acho que vamos chegar lá pela uma e quinze. Vejo você lá. Está bem, querido." Outro trem de cargas passou retumbante, seus vagões novamente tingidos de marrons e de vermelhos lodosos.

Entre Tuscaloosa e Meridian, atravessamos quilômetros e mais quilômetros de florestas. Troncos completamente cinza, rachados e gastos cobriam as colinas e assumiam formas fantásticas. Desembocávamos então em campo aberto, onde vacas pastavam, ou em clareiras preenchidas por casas de ferro corrugado pintadas de branco, de menta ou de zinco, com manchas crescentes de ferrugem que mais pareciam pratos.

Comecei a conversar com a garçonete. Ela era de Nova York e tinha mechas loiras no cabelo. "Quando entramos em Nova Orleans", disse, "saímos todos para comer uma caixa de frango." Mais trens de carga passaram chacoalhando. Vacas cor de areia dormiam sobre a grama cor de areia. O outro garçom, de nome Michael, deteve-se à minha mesa e sussurrou, com seriedade: "Fique de olho nos ursos." Continuei a ver casas que me causavam inveja – casas cobertas de glicínias, com cadeiras de balanço na varanda ou com cabanas de pesca sobre paus, como aquela de *Johnny e June*. Num campo, à sombra de um enorme carvalho, havia um cemitério; punhados de flores de seda se espalhavam, sujos, sobre as lápides.

Afastei o olhar, olhei para trás. Uma clareira, melancólica como um cemitério de baleias. Ela se estendia quase até onde os olhos podiam ver, tendo atrás de si uma fileira de árvores de Natal. Na próxima vez em que me virei, havia uma série de casas de madeira ao lado dos trilhos. Cada qual possuía uma varanda na frente e fora pintada com cores litorâneas – branco, creme, tangerina, azul-celeste. Uma delas tinha um carpete verde pregado nos degraus; outra, uma coroa de flores rosas artificiais pendurada na porta da frente.

Às 18:30, chegamos a Picayune, Mississippi. O sol raiava por trás de castelos d'água e de postos de gasolina; um trem parou na via oposta. Depois disso, o terreno começou a mudar. Estávamos a caminho do interior pantanoso. As árvores nasciam em poças e riachos estagnados, lançando sombras sobre uma superfície em que refulgiam o prata, o azul e o ouro-claro, dando a impressão de que havia manchas de luz por todo o solo da floresta.

As meninas atrás de mim estavam tagarelando, animadas agora que a viagem chegava ao fim. "Conheço um monte de homens que preferem desodorante de mulher", disse uma. Mais tarde, elas passaram a conversar com um garotinho de cabelos escuros. "Você gosta de pescar? O que o senhorzinho pesca? E qual foi o maior de todos? Três quilos? Uau!" De repente, havia água do lado de fora da janela. Estávamos atravessando o que de início pensei ser o Golfo do México, embora dias depois tenha notado que provavelmente se tratava do lago Pontchartain, cujas ribanceiras haviam se rompido, cataclismicamente, nos dias que se seguiram ao Katrina.

A ponte era longuíssima. O sol estava agora se pondo, e por estar eu do lado direito desfrutei de uma visão privilegiada. Vara em punho, dois homens de óculos escuros pescavam debaixo dos trilhos. A distância, avistei fumaça e, no mar, o que me pareceu ser uma plataforma petrolífera – uma mancha cinza no horizonte rosado. Talvez se tratasse da costa oposta, pois, quando olhei para lá novamente, havia três ou quatro delas: domos ou palácios de recreação. Quão adoráveis não pareciam quando vistas dali, semelhantes a dois postos de observação de uma cidade flutuante. Precisei de uns bons dez minutos para perceber que estava olhando para Nova Orleans, que afinal das contas é uma cidade quase marinha, surgindo do delta do Mississippi, no pantanal entre o lago, o rio e o Golfo.

Quando chegamos à praia, o céu estava um espetáculo. A parte de cima das nuvens assumira uma cor roxa; a de baixo, um laranja matizado. As sombras possuíam um tom violeta, enquanto as palmeiras se estampavam com muita nitidez no céu rosáceo. Então algo estranho aconteceu. Um estorninho solitário surgiu, e enquanto ele gaguejava e dava voltas pelo ar eu avistei um menino parado nos trilhos, carregando uma caixa de papelão num dos braços e gesticulando com o outro. Sua boca se movia, mas não era possível ver uma só alma por perto.

Passamos pelo cemitério de Metairie. "Como é que não afundam?", perguntou a menina atrás de mim, ao que sua amiga respondeu: "Botam estacas. Tipo, tem água uns sessenta centímetros abaixo dali." Em seguida, já não poderia haver dúvidas de que estávamos nos arredores de uma cidade grande. As autoestradas se erguiam no alto de pilastras, e tive eu um confuso vislumbre da lanterna traseira dos carros e das placas de "Pare". Todos se levantaram do assento e começaram a se agitar no corredor, esticando-se em busca de suas malas e vestindo seu casaco. O garoto mexicano da frente ainda trajava a camisa dos Yankees. Senti uma ligeira onda de animação. O ar que entrava pela porta aberta era quente e úmido como caramelo. "Se posso dizer que tenho um lar", escreveu certa vez Tennessee Williams, "esse lar é Nova Orleans, cidade que me deu mais material que qualquer outra região do país." E a este ambivalente elogio acrescentou a fala de Stella em *Um bonde chamado desejo*: "Nova Orleans não é como as outras cidades."

4
UMA CASA EM CHAMAS

No momento em que saí do trem, sob o ar úmido, descobri que era quase impossível entender Nova Orleans. Aquele era um lugar diferente de todos os outros que eu já visitara, muito embora sua rica confusão me trouxesse à memória Adis Abeba, sobretudo à noite. No Garden District, onde os ricos viviam em suas casas enfeitadas, as ruas estavam desertas, a não ser por uma van ocasional que circulava em ritmo de caminhada e ostentava discretamente o logo de uma empresa de segurança particular. O ar ali recendia encantadoramente a jasmim, mas a uma viagem de bonde de distância, no French Quarter, o cheiro era de mijo de mula e lixo podre – aquele fedor pegajoso e contaminante que Blanche DuBois tinha em mente ao bradar, no final de *Um bonde chamado desejo*: "Esses sinos da catedral... Eles são a única coisa limpa neste bairro."

Eu nunca estive num lugar ao mesmo tempo tão abandonado e tão pródigo em seu desejo de satisfazer os impulsos mais vis de seus visitantes. Na Bourbon Street, passei debaixo de uma barragem de placas brilhantes que ofereciam CERVEJAS GIGANTES, AQUÁRIOS e TRAQUES. Em toda parte havia fotos de mulheres seminuas em tamanho real, nas quais elas se agachavam apenas de calcinha ou, em pares, guiavam tandens com os cabelos trançados como os de uma estudante. O CLUBE DAS NOVINHAS. O CABARÉ DAS GATINHAS. A PUTA DE LARRY FLYNT. O BLUES DA BOURBON STREET. Uma menina passou correndo por mim aos berros, e do lado de fora da farmácia uma banda de jazz reunida às pressas começou a tocar um suingue.

Eu queria encontrar a cidade mágica em que Williams morara na década de 1940 – no outono de 1946, por exemplo, quando viveu num dos lugares mais adoráveis que jamais encontrara. O apartamento ficava na St. Peter Street, num prédio cujo dono era um comerciante de antiguidades que o mobiliara com belos móveis, incluindo uma longa mesa de jantar montada debaixo de uma claraboia. A luz que entrava tornava o cômodo perfeito para a escrita matinal, costume que Tennessee seguiria mesmo nas fases mais dissolutas de sua vida. Ele se levantava logo após o amanhecer e se sentava à mesa com uma xícara de café preto, trabalhando na máquina de escrever ao lado de uma foto de Hart Crane. Anos depois, Williams escreveu pensativamente:

> Você sabe que Nova Orleans está pouco abaixo do nível do mar, e talvez isso explique por que as nuvens e o céu parecem tão próximos (...). Acho que na verdade não são nuvens verdadeiras, mas vapores vindos do Mississippi, e pela claraboia elas pareciam tão perto que, se a fresta não fosse de vidro, seria possível tocá-las. Elas eram lanosas e ficavam em movimento contínuo (...).

Ele havia iniciado no ano anterior, pouco antes da estreia nova-iorquina de *O zoológico de vidro*, a peça em que estava trabalhando naquele inverno. Em carta de março de 1945 a seu agente Audrey Wood, Williams mencionara que já possuía 55 ou 60 páginas do primeiro rascunho de uma nova obra sobre duas irmãs, "resquícios de uma família decadente do sul. A mais nova, Stella, aceitou a situação, casou-se com alguém socialmente inferior e mudou-se para uma cidade sulista com seu companheiro grosseiramente atraente e plebeu. Blanche, por sua vez, permaneceu em Belle Reve, o tal lar em ruínas, e luta durante cinco anos para conservar a velha ordem". Ele então lista uma série de títulos possíveis – *A traça*, *A cadeira de Blanche na lua*, *As cores primárias* e *A noite de pôquer* – para aquela que se tornaria, é claro, *Um bonde chamado desejo*, a mais famosa de suas peças.

Sob a claraboia da St. Peter Street, ele a retomou. Durante todo o verão, Williams se sentira um pouco lúgubre, um pouco debilitado e exausto. Sentia ataques de dor abdominal a todo momento e começou a suspeitar de que se tratava dos primeiros sinais de um câncer pancreático. Em dezembro, ele estava convencido de que ia morrer, e assim se ocupou da obra com uma fúria renovada, dando duro desde cedo até as duas ou três da tarde, quando então saía para se acalmar num bar ou na piscina.

Suas tardes em geral começavam ali perto, no Victor's, bar em que pedia um Brandy Alexander – "bebida maravilhosa" – e colocava os Ink Spots para cantarolar "If I Didn't Care" na *jukebox*. Após um sanduíche, ele caminhava até a New Rampart Street e entrava no Athletic Club, associação exclusivamente masculina onde uma piscina de água de nascente se abrigava sob uma galeria elegantemente balaustrada, na qual era possível observar os nadadores ou desfrutar da sensação de ser observado.

Essa cidade agradável, cosmopolita e desavergonhadamente erótica se impregnou até os ossos de *Um bonde chamado desejo*. Com efeito, é ela o primeiro personagem que nos é apresentado. Na página de abertura, encontramos uma daquelas longas e líricas instruções que Williams adorava colocar no papel. Ele descreve uma Nova Orleans de encanto vulgar e cumeeiras ornadas, onde as raças se misturam alegremente, o som de pianos tocando blues jorra de todas as janelas e o céu de maio traz um "azul singularmente delicado, quase turquesa, que confere ao cenário uma espécie de lirismo e atenua graciosamente a atmosfera de decadência. É quase possível sentir o hálito quente do rio castanho do outro lado dos armazéns fluviais, com sua leve fragrância de bananas e café".

Eu não conseguia sentir o cheiro de banana nenhuma, mas à noite comecei a perceber aonde ele queria chegar. Mesmo a curva fachada de quatro andares da CVS parecia bela, com suas linhas vermelhas de neon incandescendo. Os trilhos do bonde se estendiam por entre as palmeiras, e o céu ficava muito claro antes de escurecer. Na Royal Street, ingressei na Royal House, pedi uma cerveja e comi um prato de ostras grelhadas. Às seis, o lugar estava vazio. "É dia de jogo", disse o *bartender*. "Vamos ver em que vai dar." Quando saí, um casamento passou desfilando ao som do jazz, trazendo lenços rodopiando pelo ar e guarda-chuvas brancos. Um seguidor! A noiva teve de parar para ser abraçada por um homem que trajava uma fantasia de carnaval roxa e verde e um chapéu de bufão. Seu rosto fora pintado de dourado, e, embora me parecesse estar ali sobretudo para ludibriar turistas, ele dava a impressão de representar certa essência privada da cidade, um espírito multicolorido de anarquia.

Então me veio à mente Blanche. Talvez fosse por causa dos lenços brancos ou do vestido da noiva rendado. Há algo nela que lembra uma mariposa, algo de plumoso e hostil à luz. Ela gosta de ilusões e de sombras belas; gosta também de beber, e pela mesma razão: deseja proteger-se da claridade pungente, do horror da realidade – algo que é delicada demais para suportar. Praticamente a primeira coisa que faz ao chegar ao apartamento de sua irmã Stella, na Elysian Fields Avenue, é pôr para dentro meio copo de uísque, a fim de suavizar o que se tornará uma explosão insuportável de ansiedade. Ao longo de toda a peça, ela continua a surrupiar pequenas doses. "Abra essa sua boquinha linda e vai falando enquanto procuro alguma coisa para beber! Sei que você deve ter algo nesta casa!" "*A música está em sua cabeça; ela bebe para fugir à canção e à sensação de desastre que se aproxima.*" "Bem, uma bebidinha nunca fez mal a Coca nenhuma." "Ora, acho que é um *licor*" – ao que responde Mitch, seu antigo namorado: "Você deveria parar de pegar as bebidas dele. Ele diz que você andou fazendo isso durante o verão todo, como um gato-montês!" *Ele*, no caso, é Stanley, o cunhado frio e assertivo que expõe todos os segredos de Blanche, destrói seu romance e, por fim, a estupra na cama de sua irmã, precipitando a derradeira viagem até o manicômio, e que ela realiza com uma jaqueta azul Della Robbia e um broche de cavalo-marinho na lapela.

Na manhã seguinte, eu me inscrevi naquilo que era anunciado como a excursão a pé de Tennessee Williams. O passeio tinha início às dez da manhã, mas a essa hora eu já começara a suspeitar dos caprichos dos bondes e já havia acordado muito cedo para ir ao bairro enquanto ele ainda estava quase vazio. Na Bourbon Street, homens lavavam as calçadas com baldes de água e sabão, enxaguando as contas e guimbas que restavam do carnaval e acrescentando uma nota pungente de água sanitária ao odor ubíquo.

O Royal Sonesta também estava calmo, e a placa em neon que trazia estampada a palavra DESEJO parecia um pouco melancólica sob a luz do dia. Arrumei para mim um lugar no saguão, sobre uma caixa de mármore decorada com vasos de flores que mais pareciam bicos de pássaros tropicais. Havia uma parede de cabines telefônicas do outro lado, e aquele aparato obsoleto fazia crescer a sensação, conhecida pelos que costumam chegar com antecedência, de que eu havia subido num palco antes de os atores ouvirem a última chamada.

Sentado numa cadeira ao meu lado, um homem aguardava no centro de uma enorme pilha de bagagens. Ele estava um pouco acima do peso e trajava um *training* laranja e tênis brancos. Depois de um tempo, uma mulher de penteado enfunado e cabelos cor de açúcar veio batendo o pé em sua direção e vociferou desdenhosamente, lá do alto: "Ainda não estamos prontos. Você vai ter de esperar." "Mas então por que você me fez pegar todas as minhas coisas?", indagou ele, e com razão. Ao que ela retorquiu: "Eu não disse a você que pegasse nada." Então a mulher deu meia-volta sobre seus saltos e se afastou. Ele ficou miseravelmente irritado na cadeira vermelha, com seu rosto aflito e grande lembrando-me do bebê chorão que Alice resgata da duquesa durante suas aventuras subterrâneas.

Eu queria lhe dizer algo reconfortante, mas a excursão já começara a se reunir numa antecâmara próxima ao balcão. Nora, a guia, era uma mulher sardenta que trazia um chapéu de palha bem preso abaixo do queixo. Eu era umas três décadas mais nova que qualquer outra pessoa naquele salão, e quando pisamos na rua, seguindo-a como patinhos, um homem comprido de uns sessenta e poucos anos se aproximou de mim e falou: "Pelo seu sotaque, imagino você não seja da região." Ele rapidamente me disse que tinha uma filha estudando violoncelo numa universidade escocesa. Ela esperava obter um diploma de segunda classe e, em seguida, estudaria para ser advogada.

Durante as duas horas seguintes, ele caminhou ao meu lado pelas ruas estreitas, jogando conversa fora: falou sobre quão sujo o bairro costumava ser, sobre como a região quase fora demolida na década de 1960, sobre o significado da palavra *enxerto* e, com direito a uma longa história, sobre Andrew Jackson e sua batalha contra os ingleses, ocorrida num prado debruado com carvalhos nas cercanias da cidade. Nesse ínterim, Nora nos conduzia pelas paradas da vida de Tennessee. Nós passamos por dois de seus restaurantes favoritos: o Galatoire's, onde jantam Blanche e Stella enquanto Stanley recebe o jogo de pôquer, e o Arnaud's, na Bienville Street. "Tennessee odiava tanto comer sozinho", disse-nos ela com alegria, "que se juntava a grupos de estranhos em suas mesas!"

Veio-me à mente uma imagem dele em sua última década de vida, quando se sentia extremamente solitário e desesperado por companhia – uma figura de short e óculos grossos, dono de uma risada que poderia ser ouvida do outro lado da rua. Em seguida, ela assinalou o ponto da Exchange Place em que ficava o velho American Hotel, aonde ele costumava ir em busca de sexo casual. Fiquei esperando um murmúrio de reprovação do grupo, mas todos permaneceram impassíveis ante a ideia de encontrar uma prostituta descolada e ver se era possível se dar bem.

Seguimos então adiante e passamos pelos apartamentos que Williams um dia alugara – alguns com a persiana fechada, outros com aquelas sacadas belamente ornamentadas que predominam em todo o bairro. Diante das paredes de tijolos rosas da 632½ St. Peter Street, paramos para admirar a placa de latão que fazia referência ao *Bonde*. Nora citou então o trecho sobre as nuvens, ao que todos erguemos o olhar e vimos, pelo ar limpo, andorinhões escrevendo suas letras ilegíveis no céu, contra uma leve camada de cirros.

Ali perto nós paramos novamente, e com o satisfeito ar de um ilusionista ela apresentou as chaves do número 1014 da Dumaine Street, a única casa que Williams comprou na cidade e a única em que esperara morrer. Entramos em fila e passamos por um dogue alemão que farejou cautelosamente a minha mão antes de deixar-me dar uns tapinhas em sua cabeça macia. No jardim havia a grande bananeira descrita nas *Memórias*, bem como uma piscina minúscula e em forma de rim, no fundo da qual algumas folhas se moviam em círculos.

Depois disso não parecia haver mais nada por ver, e portanto o grupo, disperso, caminhou de volta até o Sonesta. Durante o trajeto, meu companheiro quis saber o que eu fazia da vida. Quando mencionei que tinha escrito um livro sobre Virginia Woolf, ele achou que eu estava falando sobre a peça de Edward Albee e logo ficou muito animado. Sua esposa a dirigira na faculdade, e ele me disse que três dos quatro atores que haviam atuado naquela velha produção tinham falecido: um se matara, outro padecera do fígado e a terceira fora acometida pelo que descreveu como um "suicídio lento, causado pelo álcool e pelas drogas". Ele então fixou seus olhos nos meus para me dizer quão linda era essa mulher, e com um aceno escultural do punho acrescentou: "Só que era enorme."

Apertamos a mão duas vezes, mas minutos depois, quando parei nos degraus da Suprema Corte para colocar algumas observações no papel, descobri que não fazia ideia de como era a sua aparência. De fato, ele não me parecera nada familiar em todas as vezes que se voltara para mim no meio da multidão, como se sua imagem não conseguisse ser revelada no quarto escuro que a cabeça oculta. Essa experiência me desconcertou até o momento em que concluí que ela estava de acordo com uma das opiniões mais fervorosas de Williams sobre as pessoas: a de que elas continuam resistentes ao conhecimento independentemente de quanto tempo as conhecemos.

Antes de dar início à minha viagem, eu estivera lendo os *Cadernos*, versão publicada dos diários de Williams – trinta daqueles blocos baratos e corriqueiros que compramos nas farmácias, por ele utilizados de maneira mais ou menos regular de 1936 a 1958 e de 1979 a 1981. Aquela fora uma experiência perturbadora. Em 30 de maio de 1940, uma quinta-feira, Tennessee escreveu no caderno espiral pautado que dedicava àquele ano: "Holocausto na Alemanha – fico feliz em dizer que isso me deixa profundamente enojado." E, de um só fôlego, acrescentou: "É claro que minhas reações são sobretudo egoístas. Receio que isso venha a matar o teatro." Ele continua nesse tom autocentrado por mais um parágrafo, antes de interrompê-lo com um pensamento que, não há dúvidas, agradou-o de tal maneira que o fez formulá-lo numa linha nova: "'*Eu*': essa entrada de uma palavra e duas letras que deveria servir para todos os dias!"

Experiências como essa continuaram a ocorrer. Ao contrário dos diários de qualquer outro autor que eu já tinha visto, Williams só raramente empregou os seus para refletir sobre os mecanismos de sua obra. Em vez disso, seu grande tema (e a versão publicada dos *Cadernos* se estende, com notas longas e meticulosas, por gloriosas 868 páginas) é o perseverante drama de sua identidade física – isto é, o sexo, as doenças, a ansiedade e a automedicação formada pelo álcool, pelo Seconal e pelos sedativos a que deu o nome de *pinkies*, ainda que injeções de anfetamina também tenham exercido certa influência a partir dos anos 1960.

A diferença entre essa voz e a voz das peças e ensaios é tão profunda que às vezes é difícil acreditar que pertençam à mesma pessoa. Uma é generosa e atenta à dor humana; a outra é autocentrada e não se volta para o mundo, mas para dentro, iluminando, como se com a luz de uma tocha, as menores alterações daquele homem – desde a condição de suas fezes até o nojo que experimenta após ejacular.

O contato com esse outro Williams é tão desconfortável quanto deparar com o Hemingway desnorteado e valentão de suas últimas cartas, ou ainda quanto vislumbrar a onda de miséria que inunda os diários de John Cheever. Por ser tão claramente bruto, tendemos instintivamente a acreditar que esse tipo de material representa o que há de mais verdadeiro de cada autor, o seu eu mais secreto, o âmago de seu ser. Não estou certa, porém, de que se trata de algo simples assim. "Então recorro a meus diários. Sempre o faço quando as coisas parecem ruins. É em parte por isso que neles eu pareço um cara tão mórbido", escreveu Williams em 16 de março de 1947. Essa declaração deve servir como alerta para o fato de que, por meio de qualquer material desse gênero, se adentra apenas um único cômodo do que poderíamos chamar de mansão do eu.

Uma versão desse pensamento surge como instrução de palco em *Gata em teto de zinco quente*, a maior de todas as obras de Williams e aquela para a qual o autor se voltou após concluir o *Bonde*. Tal qual uma tragédia clássica, *Gata em teto de zinco quente* se desenrola num só cenário e dentro de uma única faixa de tempo: na quitinete de uma fazenda localizada no delta do Mississippi, durante noite do aniversário de 65 anos de Big Daddy. Big Daddy é um milionário do ramo do algodão, proprietário de "28 mil acres da terra mais rica que existe deste lado do vale do Nilo". Ele acredita que acabou de se livrar de um câncer, mas na verdade o câncer tomara conta dele ("espalhou-se por todo o corpo e está atacando todos os órgãos vitais, incluindo os rins. Agora mesmo, ele está mergulhando na uremia"). Ao longo da noite, a verdade vem à tona – tanto a que diz respeito à sua doença quanto aquela que diz respeito à causa da bebedeira de seu filho.

Brick é um ex-jogador de futebol americano que, nas palavras de sua esposa, Maggie, "se apaixonou por Echo Spring". Seu tornozelo está imobilizado porque, na noite anterior, ele saltara, bêbado, alguns obstáculos na pista da Glorious Hill High School. Quando a cortina sobe no primeiro ato, nós o vemos no chuveiro. Maggie entra apressada, pondo para fora a angústia que sente com relação à bebedeira do marido, à separação dos dois, ao testamento de Big Daddy e à manipuladora presença de Gooper, irmão de Brick, e sua mulher, Mae. Quanto ao esposo, ele se fechara em algum lugar de sua cabeça, ignorando quase por completo o drama que se desdobra no casarão.

No segundo ato, os familiares reunidos no cômodo de Brick se dispersam e ele e Big Daddy ficam sozinhos. Durante a carregada conversa que se desdobra entre os dois, um Big Daddy hesitante sugere, com certo temor, que a relação do filho com Skipper, seu melhor amigo, talvez não seja de todo *normal*. Brick responde com uma recusa imediata, mas sua indiferença foi abalada pela primeira vez ao longo de toda a peça. Nesse momento crucial, o próprio dramaturgo irrompe na página para trazer a mais longa das várias instruções grifadas que figuram entre os trechos de diálogo.

> *Aquilo sobre o que estão discutindo – tímida e dolorosamente por parte de Big Daddy; feroz e violentamente por parte de Brick – é a ideia inadmissível que Skipper se matava para desmentir entre os dois. O fato de que teria de ser desmentida, caso fosse verdade, para "manter as aparências" no mundo em que viviam talvez esteja no centro da "mendacidade" pela qual Brick nutre a aversão que bebe para suprimir. Talvez se trate da raiz de seu colapso. Ou talvez seja apenas uma de suas manifestações, nem mesmo a mais importante. Estou tentando captar a verdadeira natureza da experiência de determinado grupo de pessoas, aquela interação nebulosa e bruxuleante – violentamente elétrica! – entre seres humanos envoltos por uma nuvem de crise comum. Deve haver certo mistério na revelação do caráter, do mesmo modo como há uma grande dose de mistério na revelação do caráter na vida mesma, inclusive na revelação do próprio caráter a si mesmo.*

De modo particular nessa frase enfática que dá fim ao trecho, ele parece ávido por convencer alguém de algo. Com efeito, essa declaração impressa é respingo de um debate mais privado. Elia Kazan, diretor de Williams e colaborador de longa data, adorou *Gata em teto de zinco quente* desde a leitura do primeiro rascunho, mas não se viu persuadido pelo caráter de Brick, o alcoólatra casado que, segundo outra instrução de palco, possui o "encanto daquele frio ar de indiferença que têm os que desistiram da batalha". Na versão original de Williams, Brick continua relutante em amar a esposa ou em oferecer algo mais que uma rancorosíssima atenção à sua família mesmo após descobrir que seu pai está morrendo de câncer. Sua energia se volta apenas para seu objetivo: beber Echo Spring suficiente para ouvir o *clique*, aquele momento em que o barulho perturbador que existe em sua cabeça dá lugar a um silêncio abençoado.

Em 29 de novembro de 1954, Williams escreveu deploravelmente em seu diário: "Recebi de Gadg uma carta de cinco páginas que esclarece, não tão claramente, sua objeção remanescente à peça. Eu entendo o que ele quer dizer, mas receio que não entenda muito bem o que digo. As coisas nem sempre são explicadas. As situações nem sempre se resolvem. Os personagens nem sempre 'progridem'." Dois dias depois, em sua suíte no Beverly Hills Hotel, ele transformou esse seu instinto numa carta apaixonada, na qual formula com detalhes o que pensa sobre Brick e sobre o caráter do alcoólatra em geral:

> Eu "aceito" grande parte de sua carta, mas não tudo, claro. (...) Para ser sucinto: aceito a parte segundo a qual deve haver um motivo para o impasse de Brick (seu recurso à bebida é uma mera expressão dele) que "tenha fundamento".
>
> Por que um homem bebe – entre aspas: "bebe". São duas as razões, as quais vêm juntas ou separadas. 1. Está se cagando de medo de algo. 2. Não consegue encarar a verdade sobre algo. – Há também, é claro, aqueles degenerados por natureza que adotam qual-

quer hábito fraco e leniente que lhes aparece, mas em Brick não estamos lidando com essa categoria ao mesmo tempo triste e irrelevante. – Eis a conclusão a que cheguei. Brick *amava* Skipper, "a única coisa boa de sua vida que era verdade". Ele identificava Skipper com os esportes, com o romântico mundo adolescente que ele não conseguia deixar para trás. E mais: contrariando minha premissa original (e de certa forma provisória), agora creio que, em seu sentido mais profundo, e não no sentido literal, Brick *é* um homossexual com uma adaptação heterossexual – algo de que já suspeitei em muitos outros, como, por exemplo, Brando, (...) que de todos os que conhecemos é o mais próximo de Brick. A inocência e cegueira dos dois os tornam muito, muito comoventes, muito belos e tristes. Eles muitas vezes se saem artistas excelentes, tendo de sublimar muito de seu amor – e, acredite, o amor homossexual é algo que também exige mais que mera expressão física. Se, no entanto, uma máscara é súbita e violentamente arrancada, isso basta para destruir todo o Mecanismo, toda a adaptação, bem como para lhes dar uma rasteira e deixá-los sem nenhuma alternativa senão reconhecer a verdade ou refugiar-se em algo como o álcool. (...)

Você sabe, a paralisia de um personagem pode ser tão significativa e tão dramática quanto o progresso, além de ser também menos trivial. O que dizer de Tchekhov?

A carta termina: "Essa peça é importante demais para mim, sintetiza demais a minha vida, para ficar em mãos que não as minhas." É possível que esse comentário final tenha sido concebido como um floreio retórico, como uma forma de conquistar a simpatia de Kazan. Não é nisso, porém, que acredito. Afinal, nós o vemos reiterado na versão publicada da peça, que se inicia com uma nota que tem como título "De pessoa a pessoa" e em cujo princípio lemos: "É sem dúvida uma pena que tão grande parte de toda obra criativa esteja intimamente vinculada à personalidade daquele que a produz. É triste, vergonhoso e nada cativante que as emoções que o afetam com intensidade suficiente para exigir expressão (...) estejam quase todas enraizadas, por mais modificadas que se mostrem na superfície, nos interesses particulares, e às vezes peculiares, do próprio artista."

―⁂―

Mesmo quando um autor formula uma declaração tão franca e unívoca quanto essa, há aqueles que permanecerão resistentes. A inter-relação entre vida e arte tornam certas sensibilidades profundamente constrangedoras – talvez em virtude do embaraço, talvez graças ao desejo de ver a arte desvinculada do contagioso lixo dos interesses pessoais. Como era inevitável, esse tema desconfortável foi levantado na Tennessee Williams Scholars' Conference, realizada alguns dias depois de meu desembarque na cidade. A conferência ocorreu concomitantemente ao Tennessee Williams Festival, o qual já era realizado havia 25 anos e agora celebrava o centenário de nascimento do autor.

Durante toda a semana, a cidade verdadeira, feita de verde esfacelado e argamassa rosa, foi invadida pela cidade ainda mais plástica das peças. Quase todos os hotéis e teatros recebiam algum tipo de evento. Havia apresentações e palestras, bem como uma competição, ao ar livre, em que "os participantes tentam rivalizar o grito de 'STELLAAAAA!!!' da inesquecível cena de *Um bonde chamado desejo*".

Certa tarde, enquanto caminhava diante das janelas escancaradas do Sonesta, vi Carroll Baker almoçando. Décadas antes, ela havia atuado como a protagonista núbil, de dedão na boca, do filme *Boneca de carne*. Seu cabelo não ostentava mais o velho dourado, mas somente um loiro alvacento, enquanto seu rosto perfeito agora se mostrava levemente inchado. Na noite anterior, quando no Le Petit Theatre, eu a ouvira falar sobre sua amizade de longa data com Tennessee. Na ocasião, Baker descreveu um apartamento do autor em Manhattan que era absurdamente pequeno até para os padrões de uma cidade como aquela, que mais parecia uma colmeia. "Por que você não se muda?", perguntou-lhe, ao que ele apontou para um pequeno arbusto de jasmim-da-noite que conseguira alcançar a janela. Ela disse ainda outras coisas, mas foi essa a que coloquei no papel sob a luz vinda da galeria; afinal, parecia-me um tanto comovente que, apenas por sentir-se ligado a uma planta, alguém que quase sempre se sentia sozinho e deslocado, que acreditava que só poderia conservar sua ascensão meteórica mediante um esforço amplo e persistente, pudesse permanecer num apartamento cujo tamanho era tão claustrofobicamente pequeno que o elevador lhe causava ataques de pânico.

A Scholars' Conference deu-se no Williams Research Center, localizado na Chartres Street. Também lá eu cheguei cedo e me vi no meio de uma multidão de homens tagarelas, vestindo paletós cor de areia e ostentando um penteado úmido que me fez sentir saudades da Inglaterra. Trabalhos sobre uma multiplicidade de temas eram ali apresentados, desde "O meretrício de um casamento sem amor nas peças de Williams" até o papel da cultura italiana em *A rosa tatuada*.

A apresentação que eu fora prestigiar era a do dr. Zeynel Karcioglu, oftalmologista turco-americano que, em seus anos de aposentadoria, passara a se dedicar ao papel da doença na obra de Williams. Seu artigo, intitulado "Diagnosticando Tennessee: Williams e suas enfermidades" começou com exame da litania de problemas de saúde que o autor vivenciara desde a infância. Alguns não passavam das ilusões de um hipocondríaco, mas entre as enfermidades verificáveis estavam a difteria, a esclerose de uma válvula cardíaca, a gastrite, a dispepsia, o velho ferimento do olho esquerdo, verrugas genitais e um tumor gorduroso benigno no mamilo – o qual, à imprensa, ele afirmou se tratar de um câncer de mama, como era de se esperar.

"Williams", afirmou o médico, "conhecia muito bem as doenças, ainda que seja difícil afirmar se ele de fato experimentou os sintomas ou se apenas os inventava." A isso, acrescentou que o interesse do autor pelas aflições do corpo dera forma a grande parte de sua obra. Sua próxima declaração foi mais controversa. Ele brandiu a possibilidade de a estrutura caótica das peças tardias dever-se ao dano cerebral causado pelo vício em álcool, isto é, de o costume de usar frases cortadas e diálogos incompletos sugerir uma forma de afasia, uma desordem linguística adquirida que encontramos nos alcoólatras crônicos e que se manifesta na dificuldade de encontrar palavras e elaborar frases.

O público começou a rumorejar. Concluída a apresentação, um homem levantou a mão e, após ser autorizado a falar, anunciou veementemente: "Afasia é *a* doença que a vanguarda do início do século XX descobriu – os dadaístas, Samuel Beckett..." Outro acrescentou: "Concentrar-se na patologia desvaloriza o talento artístico. O uso da afasia é um elemento do discurso do sul que ele tentou replicar. Ele foi um artista muito ciente." O dr. Karcioglu reconheceu todas essas possibilidades e admitiu não ser implausível que Williams tivesse ciência de sua afasia e a expusesse deliberadamente em sua obra, forçando seus leitores a contemplarem "seu confuso mundo interior". Ele acrescentou que era preciso verificar sua hipótese – comparando, talvez, a quantidade de frases incompletas nas peças dos anos 1940 e 1950 com a quantidade de frases incompletas daquelas escritas mais recentemente.

Na realidade, a ideia de que o álcool poderia estar afetando sua capacidade de escrever havia ocorrido a Williams. Após acordar cedo num quarto de hotel madrileno em outubro de 1953, o autor escreveu em seu caderno de quarta capa preta:

> Passei os olhos pelo roteiro da peça nova e fiquei tão desanimado que o fechei e me preparei para descer para o bar. O que mais me perturba não é apenas a qualidade sem vida da escrita, a sua falta de distinção, mas sobretudo a verdadeira confusão que parece existir ali; nada é levado a cabo, tudo é escrito incessantemente, como uma galinha assustada que fica correndo em círculos.
>
> Terá ocorrido alguma mudança estrutural no meu cérebro? Alguma incapacidade de pensar clara e consecutivamente? Ou seria apenas álcool demais?

A possibilidade de retornar para os Estados Unidos com essa derrota no coração, derrota que apenas a bebida consegue aliviar, é uma possibilidade muito sinistra.

Se me deparasse com essa citação isolada, teria achado que ela se refere a uma de suas obras tardias – *No bar de um hotel em Tóquio,* digamos, ou ainda *Roupas para um hotel de verão*. Ambas possuem um traço aterrorizado e indistinto, como se o autor não fosse mais capaz de produzir uma sequência consecutiva de pensamentos. Todavia, a peça que ele está descrevendo é a *Gata*, obra que, não obstante sua estrutura quase perfeita, esteve desde o momento de sua concepção profundamente permeada pela bebedeira de Tennessee.

A exemplo de *O zoológico de vidro*, a *Gata* nasceu a partir de um conto: "Três jogadores de uma partida de verão", publicado na *New Yorker* em novembro de 1952. Esta história antecipa a futura peça no que diz respeito à identidade de dois personagens: Brick Pollitt, agricultor de Mississippi que sofre com a bebida, e sua esposa, Margaret (não obstante tudo o que tenha em comum com Maggie, a Gata, seja sua vitalidade excepcional).

A história tem um quê de melancólico e distante que nos faz lembrar de Fitzgerald. Brick sedia festas barulhentas e regadas a álcool que, em toda a sua confusão, se assemelham à noite de *O grande Gatsby* em que Tom se embebeda e quebra o nariz de sua amante. O próprio Brick é um beberrão à maneira delicada e autoenganadora de Dick Diver – e, tal qual em *Suave é a noite*, sua morte está associada a um correspondente ganho de força por parte de sua esposa. Ele censura os operários que estão restaurando sua casa por ficarem sóbrios. Em seguida, retorna para o lado de dentro e permanece ali durante meia hora. "Quando voltou a sair, fê-lo de maneira um tanto tímida, com um rangido triste e incerto da porta empurrada pela mão que não segurava o copo alto."

Segundo os indícios duvidosos que os diários nos oferecem, a peça nascida desse material melancólico teria sido iniciada em algum momento do ano de 1953, quando ainda era possível perdoar o observador casual que julgasse Tennessee um dos homens mais sortudos de então. Em 1948, ele ganhara um Pulitzer por *Um bonde chamado desejo*; alguns meses depois, reencontrara Frank Merlo. Naqueles anos distantes, Williams e o Cavalinho passavam boa parte de seu tempo na Europa, vagando pelas cidades e estâncias turísticas do Mediterrâneo. Jantares com Noel Coward, com Gore Vidal ou com Peggy Guggenheim, aos quais se seguiam noites em claro ou quase em claro com os belos meninos que ficavam nas ruas de Madri, Amalfi, Roma. Dias felizes, poder-se-ia pensar. Todavia, o Williams que permanecia acordado até tarde bebendo uísque e rabiscando em seu diário – às vezes em primeira pessoa, às vezes numa segunda pessoa admoestatória – estava longe de se sentir extasiado pelos prazeres da *dolce vita*.

A primeira referência à *Gata* nos cadernos se encontra numa desanimada entrada de outubro de 1953, na qual ele descreve a falta de vida de sua escrita. (No ano seguinte, ao recordar a seu agente as origens da obra, Williams a trataria como "a peça que me deixou num terrível estado de depressão durante o verão passado, quando estava na Europa. Era como se eu não conseguisse dominá-la".) Ainda assim, ele continuou dando duro, alternando a redação do roteiro com a edição de *Boneca de carne*. Com o avanço do inverno, o autor se mudou de Veneza para Roma, trocou Roma por Granada e, então, atravessou o oceano até Tânger, onde escreveu a lápis com sua caligrafia tortuosa:

> O sol brilha sobre o estreito de Gibraltar enquanto me sento impotentemente diante da Royal portátil, de meu copo de uísque e de uma parede toda branca.

Em novembro, ele já tinha se fartado dessa existência fugidia. Então voou de volta para os Estados Unidos e chegou a Nova York a tempo de comparecer ao funeral de Dylan Thomas (evento em que também esteve presente John Berryman). Dali a um mês, sobreveio o desastre. Na noite de 27 de dezembro, ele acordou com um inchaço retal assustadoramente doloroso, e dois dias depois deu entrada num hospitalzinho de segunda nas cercanias de Nova Orleans. "O inferno inteiro se abateu sobre mim", escreveu na madrugada do primeiro dia, "como retribuição por todas as minhas faltas e pelas coisas que não fiz." Em uma hora, ele chamaria a enfermeira e tomaria uma injeção hipodérmica de morfina "depois de três Seconais e vários uísques. Talvez eu esteja errado, mas começo a me sentir como a ninfeia da senhorita Alma naquela lagoa chinesa" – referência à ébria heroína de sua peça mais recente, *Verão e fumaça*.

No dia seguinte, ele foi transferido para outro hospital, onde ficou aguardando miseravelmente uma visita de Frank. A operação que de início lhe tinham oferecido teve de ser adiada duas vezes, e as noites seguintes foram purgantes. "Se eu pudesse simplesmente me entregar à paz inabalável da chuva...", escreveu desesperado em seu caderno. "É isso o que estou fazendo agora, entregando-me à paz inabalável da chuva", ao que acrescentou, como pós-escrito: "Creio que o medo deve ser a mais interessante de todas as nossas emoções. Nós nos envolvemos demais com ele."

Esse terror, intensificado por mais uma suspeita de câncer, se espalhou por *Gata em teto de zinco quente* como a fumaça de um incêndio. Não havia nenhum Big Daddy em "Três jogadores de uma partida de verão", muito embora figure ali um médico que sucumbe a um tumor cerebral horrivelmente descrito como um "agressivo gerânio que destruiu seu vaso". Não havia nenhuma dor como a dos dentes de uma raposa nas entranhas, nenhum medo de extinção, tampouco aquela compulsão por dizer a verdade que vem à tona quando a morte se encontra demasiadamente perto.

A operação prometida não foi jamais realizada. Alguns dias depois, os sintomas se foram e Williams recebeu permissão para voltar para

Key West; durante alguns meses, incomodou-o apenas o que chamou de "neurose cardíaca". Todavia, em março uma dormência nos pés passou a perturbá-lo. Ele disse tratar-se de um edema, não obstante seu médico o informasse rispidamente que o problema era uma neurite periférica incipiente "desencadeada sobretudo pela bebida" – enfermidade trazida pelos efeitos adversos do álcool sobre a absorção da vitamina B12. Sua reação ao diagnóstico pendeu mais uma vez à negação. "É claro que eu adoraria acreditar no bom doutor, mas meio que não o faço." Essa declaração indica quão difícil é tomar uma atitude ou aceitar as consequências deletérias do próprio comportamento.

Ainda assim, ele seguiu adiante. Em Nova Orleans, Williams sentiu novas palpitações enquanto terminava, para a *Gata*, um primeiro ato que lhe pareceu decepcionante e, de alguma forma, também pouco carregado. Ele sofria à época de claustrofobia e insônia, distúrbios que por vezes medicava com copos de leite e com seus dois velhos e fiéis companheiros: Seconal e uísque. Numa visita a Nova York, Mr. Moon, seu cão querido e malcheiroso, morreu durante a noite após desferir um lamento de partir o coração, lembrando o ganso da história de Tchekhov. Na Espanha, Williams leu *Filhos e amantes* e assistiu às touradas que mais tarde discutiria com Hemingway, cuja *Morte à tarde* devorou admirado durante o verão. Roma era ruidosa e deixou-o ansioso e muito bronzeado. Na manhã de 12 de julho de 1954, quando ainda na cidade, ele tentou ter uma visão mais ampla de seus problemas.

Eis o dilema, sejamos francos. Não recuperarei qualquer estabilidade nervosa até que seja capaz de trabalhar livremente mais uma vez, e não serei capaz de trabalhar livremente até recuperar a estabilidade nervosa.

A solução? – Ela é muito menos clara.

Ficar sem trabalhar pura e simplesmente não resolve o problema, pois a necessidade de fazê-lo, minha paixão obstruída por ele, continua a me despedaçar por dentro.

Lutar pouco a pouco contra a exaustão me esgota ainda mais.

Não há escapatória, então? Não, nenhuma, exceto por um bocado de sorte – outro nome para Deus. É bem verdade, claro, que passo por esses ciclos repetidamente, constantemente, mas agora a curva para baixo é inflexivelmente cruel e as pequenas subidas são de fato muito poucas, relativamente insignificantes – pequenos círculos dentro de um grande arco descendente que continua a descer.

E assim continuou: para cima, para baixo, para baixo de novo. Uma adorável conversa por telefone com Frank, de uma cidade europeia para outra. Um ataque de pânico num cinema, interrompido quando, pálido e aterrorizado, ele entrou cambaleante num bar e botou para dentro duas doses duplas de uísque, uma atrás da outra. Algumas semanas depois, na Sicília, Williams permaneceu no bar de seu amigo Franco até a hora de fechar e caminhou em sua companhia ao longo da rua principal, tranquilizado pela música que emanava de uma boate vizinha. Entretanto, quando decidiu retornar, o clube já estava fechado, e ao apertar o passo por uma via que parecia não ter fim seu peito se contraiu e ele começou a arfar. Na colina que conduzia ao refúgio do Hotel Temio, a situação chegou a seu ponto mais grave; Williams então parou, pegou uma folha de gerânio-silvestre e voltou o olhar para as estrelas – as quais, segundo lera em algum lugar, supostamente funcionavam como antídoto para o medo. Seus pulmões sibilavam, e após chegar a seu quarto e tomar um Seconal, ele escreveu: "Temo que um dia algum desses pânicos acabe me matando."

Depois dessa, encontramos somente mais uma entrada europeia, escrita na manhã seguinte. Há então uma lacuna antes de o diário ser retomado já nos Estados Unidos, no sábado dia 27 de novembro. Grande parte dessa entrada e da entrada mais longa que se refere ao dia seguinte foi escrita em aviões, máquinas que suscitavam em Williams um pavor tão grande que ele praticamente tinha de suprimir seus sentidos por meio do álcool e das drogas. Sua situação no aeroporto de Tampa, percorridas já algumas léguas da árdua viagem de Key West a Los Angeles, não era propriamente positiva. Recentemente, ele estivera experimentando

> uma neurose *dupla*, desenfreada, o medo de falar e a neurose cardíaca (intensificada por palpitações bastante frequentes, "solavancos", e também por uma ansiedade generalizada que me obrigava a carregar uma garrafa com uísque aonde quer que eu fosse). Acordava à noite, em geral após três horas de sono e sonhos opressivos, com aquela sensação de estar quase em pânico; às vezes, apenas descer a escada para pegar algo para beber parecia um desafio, uma iniciativa perigosa.

Ele continuou a escrever quando a bordo do avião, registrando toda e qualquer hesitação de seu humor. ("Que amigo tenho, afinal, que seja mais antigo que a ansiedade? Ou deveria dizer 'conhecido'? É verdade, deveria!") Em seguida o piloto anunciou a duração do voo e ele sofreu um choque desagradável: esquecera-se de levar em consideração o fuso horário. Williams então levou para o banheiro masculino um copo d'água, sua garrafa térmica e, no bolso do casaco, dois Seconais, e ali continuou com seu diário. Nele, prometeu que iria cortar o cabelo em Nova Orleans e trepar: "O melhor que conseguir! E prometo a mim mesmo que vai rolar. Está bem? Claro." Temos a impressão de que se trata de um homem tão desesperado por alguma segurança que acabara se dividindo em dois.

Na manhã seguinte, após a noite que prometera para si mesmo no bairro, Williams embarcou em mais um avião, mas não sem preparar dois martínis e meio antes da decolagem. O voo foi muito turbulento, e ele recorreu mais uma vez ao toalete para beber, registrando lá dentro seu arrependimento por não ter levado nenhum livro de Hart Crane, o escritor que mais adorava. No meio da tarde ele já estava em terra firme novamente, dessa vez no saguão do aeroporto de Dallas. "Será que servem bebidas em El Paso? Ou vendem? Não sei se minha garrafa durará mais cinco horas", indaga-se angustiado antes de colocar no papel a resposta: não.

Zunindo pelo ar mais uma vez, ele retornou para seu velho refúgio – "para um gole de meu elixir mais precioso, que deve ser economizado com grande prudência agora". Williams contemplou seu rosto no espelho, "aquela cara velha", e então voltou o olhar para as montanhas que se faziam visíveis pela janela, contra o sol poente. Por fim, eles chegaram a Los Angeles. "Nunca mais pegar um avião sem uma *garrafa inteira* comigo!", instruiu a si mesmo, acrescentando: "Te vejo mais tarde – depois de dois martínis no bar do aeroporto, creio." Dali a dois dias, instalado no Beverly Hills Hotel, ele acordou e escreveu aquela apaixonada carta para Elia Kazan que questiona "Por que um homem bebe", pergunta que responde com uma espécie de reflexão que deveria ser impossível: "1. Está se cagando de medo de algo. 2. Não consegue encarar a verdade sobre algo."

Em "Três jogadores de uma partida de verão", o primeiro Brick faz uma declaração reveladora. "O homem que bebe", diz ele, "são duas pessoas, uma que pega a garrafa e outra que tenta impedir que ela a pegue – não uma, mas duas pessoas que lutam entre si para ter o controle de uma garrafa." Não sei ao certo se as duas são sempre tão ativas, mas a ideia de que um bebedor abarca duas pessoas é uma forma de abordar algo que de outro modo seria desconcertante ou miraculoso: o fato de aquele homem arqueado, trancafiado no toalete a três mil metros de altura, sobre as montanhas do sul da Califórnia, absorto na contemplação da própria imagem, conservar em alguma região ainda não destruída de seu ser a clareza necessária para colocar no papel o que estava vendo ali, isto é, a natureza autoludibriosa do alcoólatra. De que outra maneira poderíamos explicar como ele, no meio de tanta confusão e autoflagelação, foi capaz de escrever *Gata em teto de zinco quente*, peça que traz um intransigente retrato da ânsia do bebedor por fugir da realidade?

Você pode saber e não saber, tudo ao mesmo tempo. Você pode optar pela verdade e, ainda assim, permitir que se alastre dentro de si aquilo que Maggie, a Gata, certa feita descreveu como um incêndio incontrolável e devastador no interior de uma casa trancada. Culpa da duplicidade do bebedor, como afirmara o primeiro Brick, ou ainda de algo que Williams escreveu em outra carta daquele inverno, sentado à sua escrivaninha na Flórida: da "impressionante coexistência do bem e do mal, a chocante *dualidade* de um único coração".

Eu estava começando a me sentir um pouco tonta. A sala de conferências era muito úmida. O dr. Karcioglu já tinha acabado, e, quando a conversa se voltou para as experiências imigratórias em *A rosa tatuada*, eu saí e caminhei até o Hotel Monteleone. Há ali o famoso Carousel, bar que fica girando ao redor de um eixo central e vai balançando ao fazê-lo. Tennessee costumava beber lá, assim como William Faulkner, Ernest Hemingway e o querubínico Truman Capote, ora seu amigo, ora inimigo. Eu pedi um daiquiri de lima e, a sós na soturnidade do meio-dia, bebi-o vagarosamente.

As pessoas não gostam de conversar sobre o álcool. Elas não gostam de pensar sobre ele, exceto da forma mais superficial possível. Tampouco gostam de examinar o prejuízo que ele causa – e não as culpo por isso: também eu não gosto. Conheço o desejo da negação com cada osso do meu corpo: o capitato, o hamato, o pisiforme, o piramidal. Trata-se de uma parte muito íntima de mim, profundamente entranhada na minha articulação; trata-se da arquitetura do meu ser. Quando me lembro de minha infância, o que na maioria das vezes vejo é um conjunto de macacos de latão que minha vó guardava em cima da lareira, com suas mãos tapando os olhos, as orelhas e a boca. *Não ouça o mal, não veja o mal, não fale o mal*: a santíssima trindade da família alcoólatra.

Quando li *Gata em teto de zinco quente* pela primeira vez, tinha 17 anos e frequentava o preparatório para a universidade que eu implorara para cursar. O colégio fora construído na década de 1960 e não passava de uma serpente pouco impressionante de prédios baixos, com uma cafeteria envidraçada e um excesso de prédios modulares, pré-fabricados, próximos ao campo de rúgbi. As aulas de inglês do nível avançado eram ministradas numa sala de canto do andar de cima que dava para um pequeno pátio. Estávamos no outono, e antes de a aula começar eu havia me sentado sobre o aquecedor e colocado o nariz contra a janela, observando a chuva arrastar pelos escoadouros alguns pacotes de batatinhas e algumas embalagens de bebidas.

Nós lemos a peça em voz alta, e até hoje me lembro de quão prazeroso era enunciar as falas de Maggie. *Um daqueles monstrinhos sem pescoço me bateu com uma torrada cheia de manteiga. Eu queria que você ficasse feio. Isso tornaria o martírio de santa Maggie um pouco mais tolerável. Você parece tão calmo, tão calmo, que te invejo.* Quem fazia Brick era um menino de cabelos negros e pele clara que veio a se tornar ator. Todos os seus movimentos eram econômicos e graciosos, e estava claro – embora ninguém o discutisse publicamente – que era gay.

A peça tomava conta daquela salinha feia, avançando com a velocidade de algo que havia rompido e não podia mais ser controlado. Brick ia e voltava cambaleante do armário de bebidas, trajando seu pijama e recorrendo a uma muleta. Maggie punha as pulseiras e fazia, qual jogador, sua dura aposta na gravidez – e na versão da Broadway Brick a acompanhava, enquanto no texto original permanece ambivalente e indeciso. Lembro-me de adorar os trechos de orientação entre os diálogos, que para mim pareciam mais vívidos e honestos que qualquer outra coisa que já tinha lido.

No volume que me fora dado então, e que hoje já passou comigo metade de minha vida, eu rabisquei uma lista em azul-real usando uma caneta-tinteiro barata, repleta de marcas prateadas de dente na ponta. MENDACIDADE, lê-se. ILUSÕES/REALIDADE. DOENÇA/CURA. Na folha de rosto eu acrescentei outra observação, agora com uma esferográfica: *curas falsas vs. curas reais. O real envolve crescimento espiritual/emocional.* Meu Deus do céu. Não é de surpreender que eu tenha me aferrado de tal maneira à peça. Ela poderia muito bem ter sido um espelho da situação de que eu acabara de escapar.

Em 1981, quando eu estava com 4 anos, meu pai se foi e minha mãe conheceu uma mulher por meio dos anúncios pessoais do *Time Out*. Diana passou a viver conosco na área pública de Chalfon St. Peter, a alguns passos do convento cuja escola frequentei. Ela era uma pessoa afável, vivaz e engraçada, ostentando os colarinhos virados para cima e o charme ligeiro da Cagney de *Cagney and Lacey*.

Diana tornou-se parte de nosso lar, que à época abarcava minha mãe, minha irmã, nossa *au pair* sueca e dois gatos: Catkin e Pussy Willow, ambos os quais tiveram fins dolorosos. Era alcoólatra, muito embora nenhuma de nós soubesse disso à época. Certo tempo depois – três ou quatro anos –, nos mudamos para Hampshire e nos instalamos temporariamente num bangalô alugado que ficava nas cercanias de um conjunto habitacional. Aquela era a casa mais feia que eu já tinha visto. Do lado de fora, num campo, havia um souto, e todo dia eu pensava em saltar o arame farpado e ir até lá com um livro e uma garrafa térmica. Nevou mais durante aquele inverno do que nevara em anos. Um dia o meu gato desapareceu, e muito tempo depois minha mãe admitiu que o havia atropelado enquanto manobrava de ré na garagem.

Na escola, todos odiavam a mim e minha voz refinada. Eu lia sem parar; mergulhei de cabeça em *Mulherzinhas* e em livros infantis dos anos 1930. Nunca havia sido uma criança particularmente feliz, mas aquele grau de isolamento não era algo com o qual sabia lidar muito bem. Então, nós nos mudamos de novo. Todas as casas em que moramos depois de chegarmos ao sul eram novas, algumas delas rodeadas por mares de lama que até pouco tempo antes não passavam de campos abertos. Aquela fora batizada de Tall Trees e tinha no jardim alguns carvalhos, que no entanto foram derrubados pela tempestade de 1987. Havia uma janela de vidro enorme acima da porta da frente, e em certas manhãs nós encontrávamos o cadáver de passarinhos que haviam se chocado contra ela depois de confundirem o vidro com o céu.

Foi naquela casa que o álcool se tornou uma presença física em nossas vidas. Diana ficava bêbada com grande frequência. Muitas vezes, se enfurecia. À noite, durante o jantar, as vozes se exaltavam e as brigas se estendiam até a madrugada, enquanto minha irmã e eu, à escuta, permanecíamos com o estômago embrulhado pelo pânico. Não eram apenas as brigas que me assustavam, mas também a terrível sensação de que alguém deixara de habitar a realidade consensual.

Anos depois, eu reconheci a atmosfera desse período ao ler as *Memórias de Brideshead* pela primeira vez. Charles Ryder descreve, em termos muito semelhantes aos usados por Maggie, o impacto que a bebedeira de seu querido Sebastian teve sobre a casa em que vivia:

> (...) o assunto se espalhava pela casa como um incêndio bem no fundo do porão de um navio, abaixo da linha d'água, negro e rubro na escuridão, vindo à luz em nuvens acres de fumaça que se evolavam sob as escotilhas e brotavam repentinamente pelas portinholas e pelos dutos de ar.

Sebastian Flyte usa o álcool como forma de escape – mas para escapar exatamente de quê? Do terrível peso que sua família representa? Ele mama feito um bebê, sendo a garrafa um amparo infantil tanto quanto o ursinho que carrega de um lado para o outro. Bêbado, ele chega ao ponto de falar como uma criança. "Andei bebendo uísque por aqui. Não tem mais ninguém na biblioteca, a festa acabou. Agora a festa acabou e só tem a mamãe. Estou me sentindo bastante bêbado. Acho que é melhor trazer algo numa bandeja aqui pra cima. Não vou jantar com a mamãe."

Penso muitas vezes naquele trecho sobre o incêndio porque ele descreve com precisão a casa em que cresci: o ar, a condição dos quartos... Às vezes acho que ainda consigo sentir o cheiro da fumaça – na minha pele, talvez, ou então entranhado no tecido de um suéter velho. Estávamos no finalzinho da década de 1980, a era do Artigo 28, quando um ato do parlamento proibiu os conselhos de "promover o ensino, em qualquer escola pública, da aceitabilidade do homossexualismo como suposta relação familiar". Mais para o final dessa época, lembro-me de folhear um álbum com uma amiga e de entrar em pânico por saber que na última página havia uma foto de minha mãe e Diana se abraçando. Nós não devíamos revelar para ninguém os detalhes práticos de nossa configuração familiar. Esconder os segredos dos outros é um fardo terrível, muito embora eu entenda por que isso era então necessário. Ainda me lembro da onda de terror que senti ao imaginá-la transmitindo aquela informação para as meninas da escola. Eu sabia que tipo de coisa diriam, conhecia os cochichos venenosos – *sapatão*, *fanchona* –, e é possível que tivesse a sensação de que poderia haver repercussões maiores e mais graves que essa.

A crise enfim chegou. Quando? Eu devia ter uns 11 ou 12 anos. Final dos anos 1980, Thatcher ainda resistindo. Lembro-me apenas – uma lembrança borrada, porém, como se também eu estivesse olhando através de um copo – de acordar ao som de gritos. Em cada ocorrência, era como se testemunhasse uma possessão. Shakespeare assinalou isso. Quando Iago deixa Cássio bêbado, este cai no tipo de rixa que é completamente alheia à sua natureza. No dia seguinte, já sóbrio, ele brada, tomado pela vergonha e pelo horror: "Ó Deus! Porem os homens, na própria boca, o inimigo que lhes rouba o cérebro! Ser fonte de gosto, prazer, alegria e aplausos que façamos, de nós mesmos, bestas!"

O vestíbulo daquela casa era grande, com um lance de escada aberto e uma galeria com corrimão, de modo que era possível ver a porta da frente lá de cima. De acordo com o que me recordo da cena, eu estou de pijama, agachada no patamar ao lado de minha irmã. Diana, da escada, xinga a todas nós. De repente, a polícia chega e leva tanto ela quanto nosso rifle de ar comprimido – o único detalhe da noite que de alguma forma permaneceu claro para mim.

Depois que eles se vão, fazemos as malas para uma noite e fugimos. Ficamos numa pousada em Southsea, à beira-mar, e em determinado momento do dia seguinte – ao que parece, quando estamos na escola – minha mãe encontra outra casa para nós: nossa sétima em dez anos. Fica numa área próxima a Portsmouth e já vem mobiliada, tendo paredes finas como papel. É ali que recomeçamos nossa vida, no meio dos livros e dos refugos de um estranho.

Que diabos estava eu fazendo num bar? Paguei a conta e tomei um bonde até o hotel. No entanto, a combinação da bebida com o calor e com aquilo em que eu estivera pensando fez com que eu ficasse tão bêbada que acabei por pegar a linha errada. O veículo estava muito cheio, e entre os passageiros havia uma pequena família: mãe, pai e dois meninos de cabelo raspado. Tinham estes cerca de 3 ou 4 anos, bem como feridas abertas e escoriações no rosto que mais pareciam impetigo. Estavam sujos e revoltos, ambos guiados por coleiras. O pai tinha usado heroína: possuía olhos abatidos e vagos, o rosto e os braços cobertos por um arabesco de tatuagens. Um dos garotos se enrodilhou sobre o seu colo, muito embora me fosse possível sentir, mesmo de onde estava sentada, a contorcida violência de sua presença.

Eu vi muitas coisas em Nova Orleans durante aquela semana. Vi um cemitério escondido no meio de travessas floridas, onde ervilhas-de-cheiro e rosas desabrochavam entre jasmins e hibiscos. Havia cunquates esmagados nas calçadas, e um denso tapete de ervas crescera entre os túmulos. Esse tapete era formado por muitas plantas diferentes, entre elas pimpinela-escarlate, trevo-amarelo, gerânio-silvestre, ervilhaca-amarela e montes de trevo. Não se viam abelhas, e em ambos os lados do caminho contemplei grandes mausoléus de mármore e tumbas de gesso, alguns rachados de maneira a revelar interiores que mais pareciam fornos de pão, com duas prateleiras de tijolos vazias no escuro. Os nomes nas lápides eram em sua grande maioria alemães: *Koenig, Tupper, Faulks, Vose* e *Scheu*.

Do lado de fora da Popeye's Chicken & Biscuits, sob a suave luz vespertina, vi uma noiva ruiva belíssima sorrindo para os transeuntes, agarrada a um buquê de flores cremosas. Vi um homem pintado de azul interpelando uma mulher de cadeira de rodas. Vi uma enorme nuvem em forma de cogumelo decompor-se, em seu tom rosa acinzentado, sobre o telhado do Super Bowl. Vi nuvens de borboletas negras, bem como uma mariposa vermelha e peluda, da metade do tamanho de uma nota de um dólar, se arrastando pelo chão de um bonde, com uma de suas asas esmagada demais para funcionar. Vi uma encenação de *O zoológico de vidro* e ouvi, em toda parte, o clamor pesaroso das rolas-carpideiras. De tudo isso, porém, o que mais me marcou foram aqueles meninos de cabeça raspada. Tratava-se de um alerta – como se eu precisasse de um! – de que o vício não é nunca um problema abstrato, e sim algo que causa... e aqui a pequenina palavra *dor* me veio à garganta e ficou ali, entalada, por um segundo.

5
OS PAPÉIS MALDITOS

Eu estava começando a entender a compulsão de Tennessee Williams por viajar, por aquele avivamento que sentimos quando estamos prestes a mudar de ambiente. Ao final de minha semana na cidade, coloquei um traje de banho e algumas peças de roupas numa bolsa de lona e pedi um táxi até o aeroporto. Estava a caminho da Flórida, e tão logo bati o portão que dava para o jardim comecei a me sentir levada pelas correntezas da partida. Os carvalhos ornavam com sombras a calçada, e quando ergui os olhos vi que cordões de carnaval pesavam sobre seus galhos – verdes, roxos e dourados como uma folha metálica sobre um talha-mar.

No saguão de embarque do Louis Armstrong, uma mulher bem-vestida se dedicava a uma pilha de currículos. Com a cabeça inclinada, estava falando ao telefone: "Ah, eu vou te mostrar", disse. "Vou te mostrar. Vou te dizer: aquilo me ferrou. Bem, ela não é chefe de um departamento de pós-graduação. Pode até ser vice-presidente, mas não é a mesma coisa. Está tentando distorcer... Bem, amanhã dou uma passada na sua sala e te mostro."

Para chegar a Key West, eu primeiro tinha de voar até Charlotte e Miami, onde alugaria um carro para percorrer os 150 quilômetros finais. A sensação de estar em movimento me estimulava. Quando para por muito tempo, você começa a marinar nos próprios pensamentos, a absorver seu vinagre e amargor. Melhor é estar em movimento – e, se já está se movimentando mesmo, por que não rumar para o sul, onde há água quente e é possível realizar, fora de temporada, os ritos estivais da unção e da imersão?

O avião era pequeno e levantou voo sem que eu sequer me desse conta. Enquanto guinávamos para o leste e Nova Orleans desaparecia por trás de um recife de nuvens, os passageiros ao meu redor adormeciam em seus assentos de couro azul. Tomei um refrigerante num copo de plástico. As linhas foram cortadas. Ninguém mais telefonaria; doravante, nada mais havia que não pudesse esperar. Eu poderia examinar os resíduos do passado ou deixar-me corroer pelas cutículas do futuro, mas o presente estava fora do meu alcance, frouxo como um cabo arriado.

Muito tempo atrás, enquanto manejava, na Biblioteca Pública de Nova York, os documentos de John Cheever que compunham a Coleção Berg, eu me deparei com uma declaração sobre a lugubridade das viagens aéreas. Cheever descrevia a ilusão temporal que experimentava ao ver o sol nascer sobre o Atlântico à uma e meia, e pouco depois acrescentava: "Menos viajamos que nos sentimos talhados – uma imagem recortada de uma revista e colada noutra paisagem."

Eu havia anotado esse trecho porque ele parecia capturar um traço persistente de sua obra, uma espécie de esquisitice suscitada por uma ruptura radical no espaço e no tempo. Ali, enquanto atravessava o fino ar que pairava sobre a Louisiana, eu meditava sobre ele mais uma vez, e agora aquelas palavras geraram uma associação diferente. No início da década de 1970, Cheever passou ser acometido por ataques daquilo que chamou de *alteridade*, não obstante seja igualmente possível usar os termos despersonalização, fuga dissociativa ou amnésia transitória. Dois eram os componentes que caracterizavam os episódios: alucinações olfativas, auditivas ou visuais e uma espécie simultânea de congelamento cerebral que o tornava incapaz de encontrar palavras e nomes. Ora tinha a sensação de ser inundado pelo passado, ora sentia, com pavor, que perdera seu lugar no tempo: "Não estou neste mundo; apenas caio e caio."

Em 1972, um ano antes de começar a dar aulas na Universidade de Iowa, ele escreveu:

De ressaca e com uma febre baixa, tenho a clara impressão de que estou em dois lugares ao mesmo tempo. Tomo ciência do que me cerca aqui, da chuva e das faias, e sinto o cheiro do gás de rua e da mobília da velha casa em Quincy. Por acaso fiquei louco?

Não é bem assim. O que ele experimentava ali nada mais era que o legado de anos de bebedeira, das milhares de doses de gim e *bourbon* que tinha posto para dentro. Em 1972, já fazia quase quarenta anos que Cheever bebia cronicamente. Estava morando em Ossining, numa bela casa que dividia com sua linda esposa, seus três filhos mais ou menos encantadores e uma agradável dinastia de golden retrievers; em suma, tratava-se de um escritor que, segundo todos os parâmetros que valorizava, havia alcançado o sucesso. Ainda assim, em *Home Before Dark*, seu livro de memórias, Susan Cheever recorda-se de que se tornava "cada vez mais claro que meu pai era o pior tipo de alcoólatra. Ele parecia determinado a destruir a si mesmo". Em 1959, Cheever já empregava o termo *alcoolismo* para descrever seu comportamento. Em palavras assustadoras, registrou:

> De manhã fico profundamente deprimido, minhas entranhas quase não funcionam, meu rim dói, minhas mãos tremem, e ao caminhar pela Madison Avenue sou tomado pelo medo da morte. Chega a noite, porém, ou mesmo a tarde, e alguma combinação de tensões nervosas obscurece a lembrança do que o uísque faz com meu bem-estar físico e intelectual. Eu poderia me destruir muito facilmente. São dez horas agora e estou pensando no trago do meio-dia.

O álcool afeta o cérebro de muitas formas, mas uma das mais palpáveis – mesmo para quem só bebe casualmente – é a devastação que impinge à capacidade de recordar o passado. Se você pegar pesado, numa única noite o álcool pode esmagar a capacidade que seu cérebro tem de armazenar lembranças – uma espécie de amnésia anterógrada que quase todos conhecem como apagão. Os apagões, comuns sobretudo nos que bebem muito rápido ou de estômago vazio, dividem-se em duas categorias: *fragmentados* (perda parcial) ou *em bloco*. Após um episódio do segundo tipo, o bebedor será incapaz de recordar-se de qualquer coisa que tenha acontecido durante a embriaguez, independentemente de quão coerente ou envolvido parecesse estar na hora.

Os apagões ocorrem como consequência das interações do álcool com o hipocampo, centro mnemônico do cérebro. Pesquisas sugerem que a bebida suprime a atividade hipocâmpica ao fazer com que as células responsáveis pela formação da memória fiquem menos ativas e menos reativas aos estímulos externos. Desse modo, muito embora as lembranças de curto prazo continuem sendo formadas, sua tradução em memórias de longo prazo é impedida.

Esse tipo de inconsistência da memória – a incerteza quanto ao que de fato ocorrera na noite anterior – vinha afligindo Cheever havia décadas, fazendo sobretudo das manhãs um período de culpa indistinta e incerta ("Não consigo me lembrar de minha torpeza", escreveu em 1966, "porque minhas recordações foram prejudicadas pelo álcool."). Os ataques de alteridade, por sua vez, eram novos e muito mais inquietantes, embora seja provável que também eles se devessem aos efeitos da bebida sobre a memória e a cognição. Com o passar do tempo, a exposição pesada e contínua ao álcool prejudica gravemente a função cognitiva, resultando em diminuição da concentração, afasia, instabilidade emocional e, em casos extremos, demência alcoólica. Essas mudanças dolorosas são fruto do que é conhecido como *atrofia cerebral difusa* ou definhamento do cérebro, problema que afeta todas as suas regiões, entre as quais as responsáveis pelo armazenamento e preservação da memória.

Além disso, por causa da parca nutrição, da digestão prejudicada e do funcionamento reduzido ou arruinado do fígado, os alcoólatras em geral sofrem de deficiência de tiamina, a vitamina B1, nutriente essencial ao funcionamento da célula nervosa. A deficiência de tiamina gera um prejuízo cognitivo severo e é responsável pela síndrome de Korsakoff, distúrbio neurológico verificado quase exclusivamente nos alcoólatras. Seus sintomas incluem a amnésia, a confusão, a confabulação (chamada de "mentira honesta" ou falsas memórias) e as alucinações causadas pela derrocada da capacidade do cérebro de recorrer a lembranças de longo prazo. A síndrome de Korsakoff afeta de modo particular a memória episódica, faculdade por meio da qual o indivíduo se situa cronologicamente.

Segundo a adorável e complexa biografia que Blake Bailey dedicou ao autor, uma tomografia realizada pouco antes de Cheever iniciar sua reabilitação em 1975 revelou uma grave atrofia cerebral induzida pelo álcool. O dano sem dúvida teve influência sobre seus ataques, causando, muito provavelmente, tanto a afasia quanto as alucinações. (Mais tarde, ele seria acometido por vários episódios de epilepsia.) Porém, um dos traços mais estranhos de seus casos de alteridade jaz na forma como eles pareciam aludir a um trauma enterrado em seu passado – a um acontecimento que talvez tenha desencadeado todo esse mecanismo cruel. A mais desconcertante de suas alucinações era a visão recorrente de dois amigos numa praia, dos quais um entoava uma canção que ele jamais conseguiu identificar direito, muito embora tivesse a sensação de que, se o fizesse, mergulharia no reservatório profundo e obscuro das lembranças não resgatadas – naquilo que, segundo sua triste previsão, "os psiquiatras denominariam rejeição traumática".

A possibilidade de seu passado estar de alguma forma assinalado em seus apuros atuais não era propriamente uma novidade para Cheever. Ao longo dos anos, ele se submeteu várias vezes à terapia, mesmo nutrindo pouca estima pelas escavações formais da análise. Na mesma caixa de documentos em que eu havia encontrado o trecho sobre as viagens aéreas, havia referências inúmeras aos *médicos* e suas tendências a não compreender os funcionamentos da mente. Cada um desses relacionamentos, com a exceção do último, foi educadamente interrompido quando ficou claro que os médicos tencionavam desmantelar a casa ficcional que ele construíra ao redor de sua vida.

Tomemos David C. Hays, seu psiquiatra em 1966. Em 1963, Cheever escrevera "O nadador", história que progride por meio de sacudidelas, que vai crescendo em ritmo e força mediante apagões. São as zonas mortas da memória que comunicam com mais veemência do que qualquer outra coisa as profundezas do arruinamento de Neddy Merrill. Enquanto Cheever dava duro no texto, uma ideia brilhante lhe ocorreu. "Porventura as estações poderiam mudar?", indagou a si mesmo em seu diário.

> As folhas poderiam amarelar e começar a cair? Poderia haver neve? Mas qual seria o sentido de tudo isso? Ninguém fica velho no espaço de uma tarde. Bem, pense nisso.

E ele pensou. Falando alguns anos depois à *Paris Review*, Cheever fez o seguinte comentário: "Quando ele descobre que está escuro e frio, isso tem de ter acontecido. E, por Deus!, aconteceu de fato. Eu me senti escuro e frio por um tempo depois de terminar aquela história. Na verdade, essa foi uma das últimas histórias que escrevi por um longo período." Quanto à relação dele com as manifestações do alcoolismo e da amnésia em sua própria vida, poderíamos observar que, em entrada anterior de seu diário, ele havia observado pesarosamente: "Minha memória está cheia de buracos e crateras." E, em entrada posterior: "Na igreja, ajoelhado diante do presbitério, percebo com uma força esmagadora quão dependente do álcool eu sou."

Em 1966, "O nadador" foi transformado em filme, tendo Burt Lancaster no papel de Neddy. As filmagens foram realizadas em lugar não tão distante de Ossining, e assim, no verão de 1966, Cheever apareceu por lá regularmente a fim de juntar-se à diversão, suprimindo o frio na barriga do primeiro dia com um quartilho de uísque, alguns martínis, umas taças de vinho e um Miltown para completar. Para sua alegria, deram a ele uma ponta, e portanto é possível vê-lo como era então: um homem bronzeado, pequeno e delicado de 54 anos, trajando uma camisa azul e um casaco branco, apertando as mãos de Lancaster e beijando uma bela moça de biquíni perto das águas cintilantes de uma das 13 piscinas da locação.

Como sugere a alarmante prescrição do primeiro dia, sua bebedeira já ultrapassara em muito os níveis da normalidade, e isso mesmo para os padrões da época. Quando não ia para a locação, Cheever se dedicava à escrita durante as primeiras horas da manhã (sobretudo a *Bullet Park*), e às dez e meia era possível vê-lo contraído na cozinha, esperando sua família se dispersar para administrar sua primeira e tranquilizante dose de uísque ou gim. Caso seus familiares não fossem embora rápido o suficiente, ele se punha a caminho da loja de bebidas, onde comprava uma garrafa, dirigia até uma rua oculta e ficava por ali bebendo, derramando inevitavelmente um trago pelo queixo.

Foi esse o clima em que se deu sua primeira consulta com Hays; ainda assim, ao chegar Cheever anunciou piamente que estava ali porque precisava de ajuda para lidar com o temperamento lúgubre de sua esposa, que segundo ele respondia por sua solidão insuportável, sua miséria e depressão. Seus diários estão repletos de queixas relacionadas a Mary – à sua frieza, a seus comentários mordazes, ao hábito de lavar uma grande quantidade de roupa sempre que abordada carinhosamente. Hays, no entanto, não se deixou convencer. Após entrevistar Mary, ele informou a Cheever, no segundo encontro dos dois, que o autor era neurótico, narcisista e egocêntrico, que não tinha amigos e "estava tão envolvido em minhas ilusões defensivas que havia inventado uma esposa maníaco-depressiva" – diagnóstico que foi reproduzido furiosamente no diário naquela mesma noite.

As consultas subsequentes seguiram linhas classicamente freudianas ("Quando lhe disse que gostava de nadar, ele falou: mãe. Quando lhe disse que gostava de chuva, ele falou: mãe. Quando lhe disse que bebia demais, ele falou: mãe"). No final do verão, Cheever já estava farto e rompeu relações, mas não sem antes presentear Hays com uma cópia de seu primeiro romance: *A crônica dos Wapshot*, livro que o homem, inexplicavelmente, ainda não encontrara tempo para ler.

Era a banalidade da análise de Hays o que o ofendia, a negligente previsibilidade de suas afirmações. Não obstante, sua mãe estava mesmo ali, em algum lugar. Em todos os seus escritos, Cheever retornou ao enervante problema de suas origens e do papel que elas desempenhavam em seu sofrimento atual. Fê-lo às vezes em cartas, às vezes nos romances, às vezes em entradas de seu diário que jazem na confusa região entre realidade e imaginação. Acontecimentos reais vêm formulados sob o invólucro protetor da anedota, com pseudônimos – Estabrook e *Coverley* – que são embaraçosamente reciclados ao longo de toda a sua obra ficcional.

Uma das fontes mais ricas de suas reflexões sobre o tema é o escrito que ele chamou de Papéis Malditos e que também se encontra na Coleção Berg, em Nova York, arquivado numa caixa cor de creme em que há entradas de diário e histórias rascunhadas à máquina, a maioria embaralhada de tal maneira que encontrar duas páginas consecutivas é algo extraordinário. Os Papéis Malditos, por sua vez, trazem uma exposição razoavelmente coerente e intacta dos anos primevos de Cheever.

Na primeira página, o autor descreve a precisão e a destreza com que Laurie Lee arrebatou sua mãe em *Cider with Rosie*. "Quando penso em meus pais", conclui saudosamente, "nada encontro que seja tão lúcido e controlado. Isso me inquieta porque a desarticulação de minhas lembranças parece dar a entender que jamais estive disposto a reconhecer os acontecimentos de minhas próprias origens."

Cheever recobra suas forças e coloca no papel um amontoado de cenas vívidas. Recorda que, uma vez declarada guerra contra a Alemanha, sua mãe, Mary Cheever, levara a coleção de canecas de cerveja de seu pai para o quintal e as quebrara com um martelo. Ele se lembra de lhe pedirem para varrer o chão e de ter a vassoura arrancada de seu domínio por "varrer como uma velha". Lembra-se de gravar seu nome na máquina de costura da mãe e de apanhar com um cinto até sangrar. Lembra-se da loja de presentes que ela abriu após o marido perder o emprego. "Depois disso, ao pensar nela, não mais a veria num papel doméstico ou materno, e sim como uma mulher que abordava os clientes numa loja e perguntava, belicosamente: 'Como posso ajudá-lo?'"

Como a loja de presentes lhe era dolorosa! (Muito embora seja difícil dizer se o que o ofendia era o fato de sua mãe trabalhar ou aquilo que ele descreve como o "odor do fracasso" que se impregnava nos afazeres dela.) Com desdém, Cheever lista outras de suas iniciativas comerciais: os restaurantes em Hahover e Jaffrey, onde a lagosta estragava por falta de clientes; a fábrica de bolsas manufaturadas; a bizarra fase em que ela pintava rosas...

> (...) em quase tudo o que encontrava pelo caminho. Pintava rosas em caixas de fósforos, em bandejas de estanho, no tampo de mesas, no encosto de cadeiras, em saboneteiras e recipientes para papéis higiênicos. Ela estava envelhecendo, e essa explosão extraordinária de rosas toscas parecia exaurir seu vigor monumental. Quase ninguém queria comprar as latinhas em que aquelas rosas horrendas e primitivas desabrochavam. Seu entusiasmo era imenso, mas a amargura e a vexação do fracasso permeava tudo.

Ao mesmo tempo, Cheever continua desferindo pequenos ataques contra os clínicos, médicos dotados de sorrisos aflitivos e ares de complacência infinita, determinados a criar caso até mesmo com o mais inocente de seus sonhos. Então, ele se vê diante da figura de seu pai. Cheever recorda o velho Frederick ameaçando se afogar num parque de diversões em Nangasakit; recorda-se de vê-lo atirando em seu primogênito com a pistola carregada que mantinha na gaveta de lenços. Lembra-se de ser retirado inesperadamente da escola para ir à Brockton Fair e assistir às corridas de cavalo. Seu pai fez apostas ilegais debaixo da arquibancada e provavelmente ganhou; com frequência ganhava.

Cheever recorda-se de vê-lo dar assopradelas no pescoço da esposa, bem como de sua sensualidade e dos excessos românticos de sua fala. "Ah, que fardo de luz aquela teia de aranha retém", exclamou certa vez. Sentindo, ou talvez apenas procurando, certa afinidade, seu filho acresce: "Aquele era seu estilo e é também o meu."

Mais adiante, depois de uma série branda de páginas datilografadas, ele retorna ao parque de diversões que antes afirmara não tê-lo deixado nem furioso, nem ressentido, mas apenas estupefato. Após enrolar por um ou dois minutos, ele cresce em intensidade ao demonstrar um pouco de raiva.

> Não está sendo apenas difícil escrever; nesta manhã, sinto também uma leve náusea. Por que não consigo colocar no papel aquelas coisas que dizem respeito ao meu pai? Os médicos, como dizem, minaram meu passado. Gastei uma fortuna para recontar minha autobiografia. Uma de minhas dificuldades está em que os médicos acham meus sofrimentos divertidos (...).
>
> Inciso: certa noite, cheguei a casa para jantar e vi que meu pai não estava. Quando perguntei por onde ele andava, minha mãe suspirou e falou: não posso dizer. Senti que havia ali uma crise e falei que ela deveria me contar. Ele fora embora mais ou menos às cinco, afirmou ela. Falou que ia para Nagasakit se afogar. Saí de casa e dirigi a toda até lá. O verão estava chegando ao fim, o mar estava calmo e não havia como saber se carregava, lá no fundo, os restos dele. O parque de diversões estava aberto e eu ouvi algumas risadas vindas de lá. Um grupo de pessoas olhava para a montanha-russa, de onde meu pai, acenando uma garrafa de meio litro de cerveja, fingia que ia se jogar. Quando finalmente o trouxeram para baixo, eu o peguei pelo braço e disse: papai, você não deveria fazer isso comigo, não enquanto estou em fase de formação. Não sei de onde tinha tirado aquela anedota batida. Talvez de alguma coluna sobre a adolescência. Ele estava bêbado demais para sentir qual-

quer remorso sincero. Nada foi dito no caminho de volta, e ele foi para a cama sem jantar. Eu também. Menciono isso aqui porque, quando lhe contei essa história, um médico deu risada.

Cheever relatava essa história inquietante com frequência, cada vez acrescentando um sutil detalhe como enfeite (não obstante o tom irônico e distante permaneça notavelmente consistente). Quase ao fim de sua vida, ele a inseriu em seu quarto romance, *Sobrevivendo na prisão*, e em outra história desconjuntada: "O conjunto de cadeiras dobráveis". Ambas acrescentam, com certo tempero amargo, que o jantar não consumido daquela noite consistia em picadinho com ovos escalfados. No entanto, mesmo em seu relato privado a locação foi inventada. Não existe Nagasakit ou Nangasakit em mapa nenhum, muito embora ambos supostamente escondam um parque de diversões real – e desde então certamente finado – próximo à casa de sua infância em Quincy.

Em situações como essa, nós buscamos companheiros de viagem instintivamente, e por isso talvez não surpreenda que, nos estágios finais de seu alcoolismo, Cheever tenha nutrido imenso interesse pela vida de F. Scott Fitzgerald, autor cuja história e cuja sensibilidade se assemelhavam às suas. Na mesma entrada do diário em que relatou sua primeira sessão com Hays, ele descreveu uma tarde que passara no terraço lendo sobre os *tormentos* de Fitzgerald. "Eu sou, e ele era", escreveu cordialmente, "um daqueles homens que leem os dolorosos relatos dos autores beberrões e autodestrutivos com um copo de uísque na mão e lágrimas escorrendo pelas bochechas."

Essa sensação de lastimosa afinidade se torna palpável numa história que lhe fora encomendada para *Brief Lives: A Biographical Companion to the Arts*. Escrevendo sobre a infância infeliz que tiveram em comum, ele observou que Scott "se considerava um príncipe perdido" quando garoto e acrescentou, por causas que são irremediavelmente aparentes: "Quão sensato de sua parte!"

Ambos experimentavam uma sensação de vergonha pungente – e, no caso de Cheever, também "escrotocompressora" – acerca de suas origens. "Irlandeses direto da fome da batata de 1850", disse Fitzgerald sobre a família de sua mãe, os McQuillan, que porém foram bem-sucedidos o bastante, desde sua chegada ao novo mundo, para galgarem honestamente à classe média mercantil. Os dois foram também crianças impopulares, sem jeito para o esporte e dolorosamente cientes de estarem entre os alunos mais pobres da escola particular, não obstante possuíssem, como contrapeso, o dom de contar histórias que poderiam encantar uma sala inteira.

Como biógrafo, não devemos confiar inteiramente em Cheever. Não há, por exemplo, nenhum indício de que a mãe de Fitzgerald tenha um dia sido "cruel"; além disso, quando lemos sobre o "sério escritor que trabalhava para sustentar sua esposa bela e caprichosa", temos a impressão de que Cheever está dando vazão a algum ressentimento obscuro próprio. Ainda assim, ele apreende a inerente bondade de Fitzgerald e ilumina, para além de "pegadinhas ébrias, tombos e piadas desagradáveis", de "lapsos disciplinares espantosos", dos "anos de exílio, de brigas motivadas pela bebida e de doenças", a forma como ele conservou a própria seriedade e a própria graça, a "austeridade angélica de seu espírito". Nas histórias, Fitzgerald descobre a esperança, a profundidade e a convicção moral, a habilidade de conjurar a história e comunicar, ao mesmo tempo, a calorosa vibração de estar vivo.

Ao contrário de Cheever, Fitzgerald foi uma criança muito desejada. Nasceu no dia 24 de setembro de 1896 em St. Paul, poucos meses depois de suas irmãs, Mary e Louise, terem morrido em sequência durante uma epidemia de gripe de verão. Edward, seu pai, vinha de uma velha família de Maryland cujo membro mais famoso era Francis Scott Key, homônimo de Scott que escrevera "A bandeira estrelada". Em 1898, num prenúncio da Depressão, a empresa de que era presidente, a American Rattan and Willow Works, sucumbira, obrigando a família a se mudar, em busca de emprego, de St. Paul para o norte do estado de

Nova York. Nos anos que se seguiram, eles alugaram uma casa atrás da outra em Syracuse e Búfalo – a mesma instabilidade geográfica que marcou a infância de Tom Williams.

O novo emprego de Edward foi como vendedor de víveres por atacado na Procter & Gamble, muito embora a entrada de agosto de 1906 do livro-razão de Fitzgerald o traga bebendo em demasia e jogando partidas embriagadas de beisebol no quintal. Não obstante, Scott gostava mais de seu pai elegante e cortês que de sua mãe, Mollie McQuillan, a pobrezinha de sapatos que não combinavam. Mollie se preocupava demais com a saúde do filho (o que não poderia deixar de ser, visto que havia perdido duas filhas pequenas), e em sua vida adulta Fitzgerald viria a achar, à sua maneira autopiedosa e condenatória, que havia sido mimado. Há, no livro-razão, uma abalada referência às vezes em que ela o fizera cantar em público todo arrumadinho, trajando um uniforme de marinheiro. "Neurótica, quase insana, dona de uma preocupação nervosa patológica", descreveria ele, que evitava qualquer contato com ela sempre que possível. Quando sua mãe veio a falecer, em 1936, Fitzgerald não foi a seu funeral, muito embora tivesse viajado de navio até Paris, cinco anos antes, para prestar condolências a seu pai.

Avançando com dificuldade pelas águas turvas de seus 30 anos, Fitzgerald certa vez relatou a um jornalista algo que estivera carregando consigo desde a primavera de 1908, quando somava 11 anos e morava em Búfalo. Mollie lhe dera uma moeda para ir nadar, e quando ele estava a caminho do Century Club o telefone tocou. Eu o imaginei ali, caminhando pelo corredor indolentemente, de meias, lambendo a moeda e ouvindo, à maneira distraída dos meninos, a voz de sua mãe mudar abruptamente de tom. "Ele se lembra daquele dia" – diz-nos o livro-razão na terceira pessoa que Fitzgerald costumava empregar – "e de que, após ouvi-la ao telefone, devolveu para a mãe o dinheiro da natação." Como era de se esperar, seu pai irrompeu porta adentro logo em seguida e anunciou que havia perdido o emprego. "Ele voltou para casa naquela noite", disse Fitzgerald ao repórter: "Um homem velho, um homem completamente falido. Perdera seu ímpeto essencial, a pureza de seu objetivo. Ele foi um fracasso pelo resto de sua vida."

Na esteira dessa catástrofe, os Fitzgerald retornaram para St. Paul, deixando seus filhos (depois de outro bebê que morrera logo após o nascimento, eles haviam tido uma filha, Annabel) com os pais de Mollie durante nove meses, quando então os reouveram. Sustentados pela família dela, deram continuidade ao incessante ciclo de mudanças por endereços quase vistosos, torrando o que restava do dinheiro de McQuillan na educação de seus filhos. Daquele momento em diante, Edward praticamente não teve um tostão sequer, muito embora conservasse ao menos a aparência de um comerciante. Segundo a biografia de Andrew Turnbull, "ele guardou suas amostras de arroz, de damasco seco e de café na escrivaninha de tampo corrediço da imobiliária de seu cunhado, mas estava tão claro que era sua esposa a fonte de toda a renda que ele ficou conhecido por comprar selos fiado na loja da esquina".

Posteriormente, Fitzgerald veio a questionar se as ruínas enterradas de sua infância não teriam de algum modo influenciado sua carreira adulta. Num ensaio de 1936 (dois anos depois de "Dormindo e acordando") publicado também na *Esquire*, ele abordou o tema diretamente. "A casa do autor" traz um texto magnificamente bizarro, no qual o narrador oferece a quem o lê – um *você* que, não há dúvida, se encontra no cômodo ao lado – um passeio por sua própria casa. Ele começa pela adega, espaço úmido e sombrio onde pululam caixas e garrafas vazias ornadas com teias de aranha. Voltando sua lanterna para esse detrito melancólico e falsamente freudiano, o autor explica:

> Trata-se de tudo aquilo que já esqueci – da mistura complexa e sombria de minha juventude e infância, a qual fez de mim autor de ficção em vez de bombeiro ou soldado (...). O porquê de eu ter escolhido esse ofício terrível de dias sedentários, noites sem dormir e insatisfações sem fim. O porquê de eu vir a escolhê-lo novamente.

Ele chama a *sua* atenção para um dos cantos, acrescentando: "três meses antes de eu nascer, minha mãe perdeu suas duas filhas, e acho que isso veio antes de qualquer outra coisa, muito embora eu não saiba que influência teve ao certo. Acho que foi aí que comecei a ser escritor." Então *você* avista um monte de poeira em outro canto sujo e sente um grande pavor. Relutante, o autor confessa: "Foi ali que enterrei meu primeiro amor-próprio pueril, a crença em que jamais morreria como as outras pessoas e em que não era filho de meus pais, mas de um rei, um rei que governava o mundo inteiro." Esse túmulo, poder-se-ia acrescentar, é recente; "recente demais".

De volta ao andar de cima, ele entrevê uns garotinhos jogando futebol americano num gramado e se põe a narrar a história sobre o dia em que foi sacado de uma partida na escola. Estava jogando na posição de bloqueador e não gostava do frio. Para piorar (para piorar!), sentia pena do ponta adversário – que não conseguira parar ninguém –, e portanto permitiu que recebesse um passe; no último minuto, contudo, mudou de ideia, mas também não o interceptou, seguindo uma espécie de noção deslocada de jogo limpo. O autor recorda-se do desolado retorno no ônibus, onde "todos achavam que eu tinha amarelado", e de ter se sentido inspirado a escrever um poema para o jornal da escola, texto que impressionou seu pai tanto quanto se de fato houvesse se tornado um herói do futebol americano.

Meditando sobre essa guinada em sua sorte, ele diz algo que Cheever teria entendido completamente: "Passou pela minha cabeça que, se era incapaz de operar na prática, você ao menos poderia contar algo sobre aquilo, já que sentia a mesma intensidade – era uma saída furtiva para não encarar a realidade." Mais tarde, é claro, ele encontraria uma *saída furtiva* diferente, aquela sugerida pela lista de bebidas que o autor desfia quando na sala de jantar: "Bordôs e borgonhas, Châteaux d'Yquem e champanhes, pilsens e italianos de fundo de quintal, uísque escocês proibido e uísque de milho contrabandeado do Alabama. Foi muito bom enquanto durou, mas não previ a papa no final."

Se parasse para pensar no assunto, Cheever em geral conseguia se convencer de que o desejo de *contar algo sobre aquilo* era positivo e nobre. "A força revigorante e curativa da narrativa franca é inestimável", escreveu ele numa folha sem data que encontrei na Coleção Berg:

> Escutamos histórias, quando crianças, para que consigamos preencher o abismo entre a vigília e o sono. Contamos histórias para nossos filhos pelo mesmo motivo. Quando me vejo em perigo – preso num teleférico durante uma nevasca –, começo imediatamente a contar histórias para mim mesmo. Conto histórias quando sinto dor, e espero contar também quando estiver em agonia, esforçando-me para criar algum elo entre o ser vivo e o defunto.

Isso é verdade, de modo particular no que toca às maravilhas que ele produziu. A ideia de que a narrativa era uma panaceia, uma rota de fuga da dor e do perigo, reverbera numa carta de 1962 a um pós-graduando que trabalhava com seus livros. Cheever disse que se tornara escritor "para dar adequação e forma à infelicidade que acometeu minha família, bem como para refrear a intensidade de meu sentimento". Todavia, nos momentos mais sombrios ele começara a imaginar se o ato de contar histórias não estaria relacionado, de uma forma confusa e misteriosa, a seu desejo de beber. Refletindo, no diário de 1966, sobre a longa viagem de Fitzgerald rumo à autodestruição, ele escreveu angustiadamente:

> O escritor cultiva, estende, alça e infla sua imaginação. (...) Ao inflar sua imaginação, infla também sua capacidade para a ansiedade e inevitavelmente se torna vítima de fobias esmagadoras, as quais só podem ser atenuadas mediante doses esmagadoras de heroína ou álcool.

Os escritores de fato vivem sob tensões descomunais, mas o que a declaração acima realmente comunica é aquela relutância em aceitar a responsabilidade que se faz manifesta nas desculpas de todos os alcoólatras. Era possível identificá-la nas palavras *inevitavelmente* e *só podem ser*, termos evasivos usados para dar a impressão de que o bebedor se encontra à mercê de forças tão vastas e tão universais que é impossível opor-lhes resistência.

Dois anos depois, talvez mais ciente da gravidade de sua situação, ele escreveu cautelosamente:

> Devo convencer-me de que, para alguém com o meu temperamento, escrever não é uma vocação autodestrutiva. Espero e acho que não, mas não estou completamente certo disso. Ela me deu dinheiro e fama, porém suspeito de que possa ter alguma relação com meu consumo de bebida. A excitação do álcool e a excitação da fantasia são muito semelhantes.

Ambas pareciam se relacionar à capacidade de tirá-lo da realidade, lançando-o para longe de um passado desconexo e desalentador e de um presente cada vez mais bagunçado e pavoroso. Tentar compreender os detalhes, porém, era como desembaraçar uma linha de pesca. E, enquanto pensava nisso, me veio mais uma vez à mente o que Cheever fizera com suas memórias em *Sobrevivendo na prisão*. O romance se passa num cárcere e trata de um viciado em heroína de boa estirpe, chamado Farragut. Em meio aos sofrimentos da abstinência, um carcereiro lhe pergunta: "O que fez você ficar viciado?" A indagação desencadeia uma torrente de lembranças que tem fim com Farragut, aos 15 anos, dirigindo até Nagasakit para impedir que seu pai dê fim à própria vida pulando no mar. Ele corre ao longo da praia enquanto ouve, a todo momento, o estrepitar de vagonetes sobre a junção dos trilhos. No parque de diversões, uma multidão às gargalhadas se reunira para observar, na montanha-russa, aquele homem que fingia beber de uma garrafa vazia enquanto indicava, por meio de mímicas, que estava prestes a pular. O protagonista pede para que o menino que está no controle o traga para baixo, e assim o sr. Farragut cambaleia para fora e vai ao encontro do filho, "o mais novo, o indesejado, o estraga-prazeres". "Papai", diz Farragut, "você não deveria fazer isso comigo enquanto estou em fase de formação." O monólogo então tem fim com Farragut repetindo, de maneira profundamente irônica, a pergunta do carcereiro: "Ah, Farragut, o que fez você ficar viciado." Dessa vez, porém, ele não se dá o trabalho de inserir um ponto de interrogação. A história já diz tudo.

Havia cadeiras de balanço no aeroporto de Charlotte, e um de seus quiosques vendia churrasco. O voo para Miami atrasara; quando embarcamos, a noite já tinha caído. A pista de decolagem vinha demarcada por pontos verdes e azuis cintilantes e por manchas vermelhas maiores, enquanto o volume sombrio da cidade surgia ao longe como uma dispersão de dourado. Uma ligeira sensação de pressão nos pés e estávamos já no meio de uma delgada nuvem cor de fumaça, desembocando então sob o azul carregado da noite. Tinha eu a sensação de estar sendo apartada de todas as rotinas de meu corpo, mas ainda assim sentia-me profundamente relaxada, tanto fisicamente quanto em meu coração.

Em círculos, retornávamos agora para o sul – para a Flórida, aquela península pantanosa e subtropical aonde os ricos afluem para viver no luxo e os pobres, para fazer fortunas. O território de Hemingway. São muitas as regiões dos Estados Unidos a que Hemingway costuma ser associado, entre elas Michigan, Wyoming e Idaho. Todavia, foi na Flórida – ou, antes, no oceano que a circunda – que ele passou alguns de seus dias mais felizes, pescando marlins no *Pilar*, seu barco de casco negro, com todos os amigos que conseguia reunir a bordo. A Flórida foi o primeiro lugar em que ele esteve após regressar da Europa, e ali permaneceu ao longo de toda a década em que permaneceu casado com Pauline Pfeiffer.

Eles deixaram Paris juntos em março de 1928. Pauline estava grávida de seis meses, e numa afetuosa carta escrita a bordo do barco ele expressou, à nova esposa, a impaciente esperança de que logo deixariam de ficar de um lado para o outro do maldito Atlântico: "Apenas nos apressemos e cheguemos a Havana e Key West para sossegarmos e não mais entrarmos em nenhum navio da Royal Male Steam Packets. O final é fraco, mas Papa também."

Em Key West, eles se mudaram para um apartamento enquanto esperavam seu novo cupê da Ford, presente do tio rico de Pauline, Gus. Na manhã de 10 de abril, uma reunião inesperada aconteceu. Algumas semanas antes, os pais de Hemingway haviam escrito para seu endereço de Paris a fim de contar-lhe sobre as futuras férias que passariam em St. Petersburg, na Flórida. A carta ainda não cruzara novamente o Atlântico, e portanto Hemingway não tinha ideia da proximidade dos dois, que por sua vez achavam que ele ainda se encontrava na França. No meio das férias, o casal foi para Havana participar de uma excursão, e ao voltar para Key West numa balsa o pai de Hemingway avistou uma figura arqueada pescando no píer.

Como o Vássia da "Estepe" de Tchekhov, personagem que vê as lebres lavando-se com suas patinhas e as abetardas limpando suas asas, o dr. Clarence Edmonds Hemingway foi agraciado com uma visão notavelmente agradável. Reconhecendo a forma achaparrada de seu filho, ele assobiou como uma codorna, o chamariz da família. Ernest ergueu-se de um salto e correu para encontrá-los. Grace – "a vadia cem por cento americana" – estava radiante, mas Ed perdera peso e parecia velho e cansado, ostentando um pescoço muito fino por dentro da camisa de colarinho de bico que sempre usava. Ainda assim, mostrava-se felicíssimo por ver o filho. "É como um sonho", escreveu um ou dos dias depois, "recordar nossa jubilosa saudação."

Hemingway foi correndo com os pais encontrar Pauline, muito embora nenhum dos dois tivesse ficado muito animado ao saber do divórcio. ("Ah, Ernest, como você pôde deixar Hadley e Bumby?", escrevera seu pai em 8 de agosto de 1927. "Fiquei apaixonado pelo Bumby e sinto muito orgulho dele e de você, o pai.") Segundo *At the Hemingways*, o açucarado – e nem sempre confiável – livro de memórias de sua irmã Marcelline, aquele encontro-surpresa de certa forma aliviou essa ferida. "Papai enxugou uma lágrima enquanto me contava", escreveu. "Esse encontro com Ernest significou muito para meus pais, em especial para o papai, pois ele sentira falta de Ernest durante o tempo em que ficaram separados."

Uma foto tirada naquela tarde traz os dois ao lado de um carro vistoso, que contra o sol parece ser preto. Ernest está encostado no automóvel e traja meias e calças leves, um colete garboso com padrões de diamante e uma camisa tão branca que fazem seus ombros se confundirem com o céu. Suas mãos estão unidas à frente do corpo, e de certo modo ele parece ao mesmo tempo travesso e angélico, sorrindo astuciosamente para o fotógrafo com seu cabelo empastado penteado para trás. Há sob seu braço um objeto pequeno e escuro, semelhante à capa de uma bolsa de água quente – um suéter, talvez.

O dr. Hemingway não está olhando para a câmera: havia se virado para observar o filho com atenção. Está usando terno completo e gravata – uma roupa quente para o clima – e traz na mão um chapéu de marinheiro. Seu nariz e seu queixo parecem muito finos, seus olhos são profundos – exatamente como na famosa descrição do dr. Adams, homem que ao mesmo tempo era e não era e que logo apareceria em "Pais e filhos". Está tudo lá: "a compleição grande, os movimentos rápidos, os ombros largos, o nariz curvado e aquilino, a barba que cobria o queixo delicado", os famosos olhos que "enxergavam tal qual enxerga um carneiro-selvagem ou uma águia, literalmente".

Se porventura questionasse Ernest, ele lhe diria que o dr. Adams, o pai das histórias de Nick Adams, não tinha com o dr. Hemingway nenhuma relação além da coincidência de suas profissões, do local em que residiam e do caráter milagroso de suas visões. Com efeito, três anos antes, em 20 de março de 1925, ele enviara uma carta a seu pai explicando exatamente isso: "Estou muito contente por você ter gostado da história do médico", disse. "Escrevi uma série de histórias sobre o interior de Michigan – o interior é sempre verdadeiro, o que acontece nas histórias é ficção."

Talvez. Talvez não. Em carta de 1930 a Max Perkins, ele mudou de tom e, ao falar sobre *Em nosso tempo*, compilação que incluía "O médico e a mulher do médico", afirmou: "A maior parte do livro parece verdade porque a maior parte é verdade mesmo e porque, assim como hoje, eu não tinha qualquer talento à época para mudar os nomes e as circunstâncias. Lamento muito por isso."

De todo modo, os acontecimentos que encontramos em "O médico e a mulher do médico" registram a dinâmica que Hemingway mais detestava em seus pais. O texto tem início com o dr. Adams às margens do lago, tentando organizar uma equipe de índios para serrar e partir algumas toras que a água carregara até a praia. Elas se desprenderam das grandes barreiras de contenção, e o médico acredita que apodrecerão ali e que ninguém jamais as pedirá de volta. Um dos homens, Dick Boulton, a quem Hemingway chama de "mestiço", acusa o médico de roubar as toras. Ele manda seus homens retirarem a areia e encontram a marca do machado do aferidor, que a identifica como propriedade de White and McNally. O médico tenta se esquivar com arrogância, mas não é esperto o bastante e comete o erro de desafiar Dick para uma briga de igual para igual. No final, porém, acaba dando para trás e parte, enquanto os homens na praia o observam caminhando obstinado pela encosta, na direção de sua casa.

Na segunda fase da humilhação do dr. Adams, ele está conversando com a esposa através da parede que separa os quartos de ambos. A mulher está na cama com dor de cabeça, as venezianas abaixadas, fazendo-se de mártir. Henry limpa sua espingarda enquanto ela lhe dirige sermões com passagens da Bíblia e nega a veracidade de tudo aquilo que ele diz. "Querido, não acho que alguém faria algo assim, não acho mesmo", grita do outro lado da parede enquanto ele despeja as cápsulas amarelas da espingarda sobre a cama. Henry em seguida sai, a porta de tela bate às suas costas e é possível ouvir o aspirar abafado e agressivo de sua esposa. Ele se desculpa e adentra o bosque, onde encontra Nick recostado numa árvore, lendo um livro. Diz então ao garoto que sua mãe deseja vê-lo, mas Nick se recusa a ir. "Eu sei onde ficam os esquilos pretos, papai", diz ele. "Vamos até lá", responde o dr. Adams, e com esse diálogo reconfortante os dois desaparecem, juntos, além do limiar da página.

Não obstante sua conclusão, há algo de perigoso palpitando nessa história, algo que vem à tona mais uma vez em "Agora me deito", aquela mesma descrição da pesca de trutas e da insônia sobre a qual eu estivera meditando ao atravessar a Carolina no trem noturno. "Agora me deito" foi escrito no verão anterior à chegada de Hemingway a Key West e publicado alguns meses depois em *Homens sem mulheres*.

Nas noites em que é incapaz de gerenciar o truque da pesca em sua cabeça, Nick permanece acordado examinando todos os fatos de sua infância que lhe vêm à memória. Em primeiro lugar, pensa em todos aqueles que um dia conheceu, de modo que possa dizer por elas uma ave-maria e um pai-nosso. Ele inicia esse processo com a coisa mais antiga de que tem memória: o sótão da casa em que nasceu. Duas são as coisas que diz sobre o cômodo: que o bolo de casamento de seus pais pende do caibro num recipiente de flandre e que há, ali, potes com cobras e outros espécimes que seu pai colecionara quando garoto. As cobras estão preservadas em álcool, mas o líquido começara a evaporar e os dorsos expostos vêm esbranquiçando. Ele diz que se lembra e pode rezar por muita gente, mas não nomeia ninguém. Presentes estão apenas o bolo no recipiente de flandre e as cobras alvacentas.

Noutras ocasiões, continua, ele tenta se lembrar de tudo o que um dia lhe aconteceu – o que significa retroceder desde a guerra até onde lhe fosse possível chegar. Isso o faz retornar imediatamente para o sótão. De lá ele segue adiante, recordando-se de quando seu avô morreu e sua mãe projetou e construiu uma casa nova – ocasião em que "muitas coisas em que ninguém deve mexer" foram queimadas no quintal. Que expressão ambígua, essa! "Em que ninguém deve mexer" por serem preciosas demais – proibição que poderia muito bem ser imposta a um garotinho – ou por serem assaz insignificantes para que fossem levadas para a nova casa – o tipo de ordem que uma criança poderia ouvir o pai dando a um empregado?

Ele se recorda, diz, dos potes sendo lançados no fogo, onde o calor os fazia estourar e o álcool subia na forma de fogachos. Ele se lembra das cobras no quintal, mas em suas recordações não há pessoas, apenas coisas. O narrador se diz incapaz de lembrar quem era o responsável por queimar os bichos, e assim ele continua a vagar por seu passado até encontrar gente por quem rezar.

No parágrafo seguinte, Nick se recorda da mãe "fazendo limpeza" e "se livrando de um monte de coisa", o que o conduz diretamente a outro fogo. Dessa vez, a sra. Adams está no porão queimando objetos "que não deveriam estar ali". O dr. Adams volta para casa e encontra o fogo ardendo na via que passa ao lado da residência. "O que é isso?", pergunta.

> "Andei limpando o porão, querido", disse minha mãe da varanda. Estava ali sorrindo, para recebê-lo. Meu pai olhou para o fogo e chutou alguma coisa. Então inclinou-se e retirou algo do meio das cinzas. "Pega um ancinho, Nick", falou para mim. Fui até o porão e trouxe um ancinho. Meu pai revolveu com muito cuidado as cinzas, retirando dali alguns machadinhos de pedra e algumas facas de despelar também de pedra, bem como algumas ferramentas para fazer pontas de flecha, peças de cerâmica e muitas pontas de flecha. Tudo havia enegrecido e rachado graças ao fogo. Meu pai retirou os objetos com muito cuidado e os espalhou sobre a grama, junto à rua.

Ele pede que Nick leve as bolsas de caça e a arma para dentro de casa e lhe traga um jornal. O menino o encontra sobre uma pilha no escritório de seu pai, que espalha os pedaços enegrecidos de pedra sobre o papel e os embrulha.

> "As melhores pontas de flecha ficaram em pedaços", disse. Ele caminhou para dentro de casa com o embrulho de papel e eu permaneci do lado de fora, segurando duas bolsas de caça sobre a grama. Passado um tempo, levei-as para dentro. Ao recordar tudo isso, via apenas duas pessoas, e por elas iria rezar.

Recentemente, num ensaio de Paul Smith intitulado "A maldita máquina de escrever e as cobras em chamas", eu havia lido que num rascunho antigo dessa história a mãe diz duas frases, e não apenas uma. A segunda é "Ernie me ajudou" – ao que parece, a única ocasião, em todo o material datilografado das histórias de Nick Adams, na qual o nome de Ernest é usado no lugar de Nick. Ao contrário do que Smith se esforça por explicar, isso não quer dizer que "Agora me deito" seja necessariamente um texto autobiográfico ou que tudo aquilo tenha de fato acontecido, ainda que as biografias do autor tendam a citá-lo como verdade certa. Longe disso. Trata-se de ficção pura e simples, com toda aquela fluidez maravilhosa e inefável que ela sugere. Ao mesmo tempo, porém, mesmo sem a presença certificadora do nome de Ernest, a cena articula de maneira espantosa o impacto que a dinâmica corrosiva de seus pais pode ter sobre uma criança pequena.

Algum tempo atrás, estava em voga ler as pontas de flecha esturricadas e quebradas como metáforas para a castração, e de certo modo isso é inegável, ainda que fazê-lo implique diminuir a atenção refinada e feroz que Hemingway dá aos objetos-como-são-em-si. Há uma enorme nota de pesar na descrição das cobras, das pontas de flecha e das facas danificadas, a evocação da maravilhosa capacidade de atenção daquela criança (e, ao pensar nisso, veio-me à mente um trecho do curioso livro de memórias que Edwina Williams dedicou ao filho, no qual recorda como seu poder de observação era muito mais aguçado que o das outras crianças e como ele poderia continuar hipnotizado por uma flor muito tempo depois de outro menino já tê-la colocado de lado). Que alguém possa prejudicar intencionalmente outra pessoa ou ter controle sobre ela, e que esse dano possa se concretizar não apenas no plano simbólico, mas também no plano material, no mundo querido e reconfortante das coisas, é algo que pode deixar na criança uma tristeza e uma raiva impossíveis e indigestas – uma sensação que, segundo creio, não deve diferir da sensação de ter um caco de pedra enegrecida alojado no próprio peito.

Parece que ao menos parte desse relacionamento infeliz foi retirado da vida real. Na opinião de seu filho, Grace Hemingway era uma mulher alvoroçada e dominadora, contrastando com seu marido gentil e evasivo, ora acometido pela depressão, ora por acessos de raiva. Ed foi abstêmio por toda a vida e, até morrer, preocupou-se intensamente com as finanças. Fazia sua esposa e filhos alimentarem livros de contabilidade, e mesmo quando já eram todos quase adultos ele ainda impunha regras mesquinhas para regular bailes e cartões de bibliotecas. "Animado e exigente", descreve sua filha Marcelline; "irritável e exigente". Ed batia nos filhos, mas nutria também um sentimento de honra e um amor pelo ar livre que contagiavam de imediato. Grace, por sua vez, manifestava sua personalidade de formas que seu filho enjeitara desde a meninice – além, é claro, de tê-lo vestido na infância como uma garota. "Não é terrível aquela velha de River Forest?", disse Hemingway a Hadley em escrito muito posterior ao divórcio. "Não sei como posso ter sido parido por ela, mas claramente fui. (...) Vencedora de qualquer competição de melhor cadela de todos os tempos."

De qualquer forma, tudo estava vindo abaixo. Após aquela semana na Flórida, Hemingway só voltou a ver o pai uma única vez. Em outubro de 1928, poucas semanas depois do nascimento de Patrick, seu filho, ele visitou os pais naquela que havia sido sua casa de infância – o número 600 da North Kenilworth Avenue, em Oak Park, Illinois, lar que sua mãe projetara e pagara por conta própria. Durante a visita, Ed parecia cansado, irritadiço e muito mal, ainda que nada tenha dito acerca das preocupações que haviam começado a lhe pesar os ombros como uma tonelada de tijolos. Ele planejara ficar quieto com uma clínica na Flórida e havia comprado terras como investimento durante a expansão imobiliária, mas agora o baque estava a caminho e tanto suas finanças quanto a sua saúde eram precárias: fora diagnosticado com angina de peito e diabetes – "uma pitada do açúcar", como diria a seus colegas.

Depois que Hemingway se foi, Ed lhe enviou um bilhete breve e afetuoso. Junto com a carta estava outro envelope, endereçado "A meu filho". Lá dentro encontrava-se um poema escrito com sua caligrafia torta:

> Eu não consigo achar um meio
> De declarar o que anseio
> A meu filho tão dileto,
> Cujo livro está completo,
> Senão dando o meu amor
> e um "VIVA".

Na carta, ele também colocaria essas aspas estranhas em volta da palavra "Pai".

Um mês se passou. Então, no dia 6 de dezembro, ele acordou com uma dor no pé. O médico que havia nele logo previu neuropatia diabética, gangrena, amputação – eventualidades amargas que se desenrolavam como a fita de um teletipo. Sentindo dores e cada vez mais nervoso por causa de uma dívida não paga, ele revelou a Grace que estava com medo. Ela sugeriu que procurasse um médico, mas isso não foi feito. Ed saiu e voltou para casa antes do meio-dia, descendo para o porão a fim de queimar alguns papéis. Em seguida, avisou à mulher que estava cansado e que repousaria até antes do almoço. Foi para o quarto, fechou a porta e atirou contra a têmpora direita com a Smith & Wesson calibre .32 de seu pai.

Naquele momento, Hemingway estava em Nova York almoçando no Breevort Hotel, mesmo lugar em que, dez anos depois, Cheever passaria tardes a fio bebendo. Tinha ali a companhia de seu filho Bumby, então com 5 anos e recém-chegado de Paris. Após o almoço, os dois foram à Penn Station e tomaram o Havan Special rumo a Key West. Tão logo deixaram Trenton, um cabineiro lhes trouxe um telegrama enviado desde Oak Park: PAI MORREU DE MANHÃ DÊ JEITO DE PARAR AQUI SE POSSÍVEL.

Cambaleando, Hemingway desceu na Filadélfia e deixou seu filho pequeno no trem, viajando aos cuidados do cabineiro. Tinha consigo apenas quarenta dólares em dinheiro, o que não bastava para chegar em casa. Então, mandou um telegrama a Max Perkins e pediu-lhe que enviasse dinheiro pela Western Union. Imaginando, porém, que Max provavelmente já deixara o escritório, ele decidiu telefonar para Fitzgerald, que à época estava morando em Delaware. Scott atendeu o telefone imediatamente e concordou de pronto. Alguns dias depois, Hemingway escreveu de Oak Park:

> Você foi bom e eficaz pra diabo ao me arrumar aquele dinheiro. (...) Meu pai deu um tiro em si mesmo, como você deve ter lido nos jornais. Enviarei os $100 assim que chegar a Key West. (...) Eu gostava pra diabo do meu pai e estou me sentindo muito podre – e também indisposto etc. – para escrever uma carta, mas queria dizer obrigado.

Podre: palavra que um lenhador poderia muito bem usar para descrever uma árvore estragada, uma árvore que parece boa até você perceber que é possível quebrá-la com as mãos descobertas. Escrevendo para Max Perkins uma semana depois, Hemingway acrescentou mais detalhes:

> Muitas terras sem valor nenhum em Michigan, Flórida etc., com impostos a pagar em todas elas. Nenhum capital sobrando – tudo perdido. (...) A angina de peito e o diabetes o impediam de conseguir mais do seguro. Queimou todas as suas economias, os bens de meu avô etc. na Flórida. Não vinha conseguindo dormir com dor etc. – tudo isso o deixou provisoriamente pirado.

O dr. Hemingway, aquele que às vezes lavava a boca do filho com sabão, que às vezes batia nele com um assentador, que às vezes mostrava-se implacável, que ficava colérico por uma ninharia, que incutiu no filho um princípio de honra e esportividade que ele nunca perdeu por completo, que passou adiante seu amor substancial pelas florestas de Michigan, pela água limpa, pela narceja-galega, pelos cisnes selvagens, pela grama morta, pelo milho novo, pelos pomares desertos, pelos moinhos de cidra e pelo fogo aberto. Abra a boca, garoto. Eis aí mais uma pedra para pôr goela abaixo.

―⁂―

O avião estava atravessando uma região de turbulência. Um pulo para cima, um solavanco para baixo. Uma leve tensão tomou conta da cabine. As aeromoças estampavam sorrisos resolutos. O ar estava frio e recendia a chiclete de banana.

Eu havia caído num mundo de pais e filhos. Por conta de uma coincidência terrível, o crescimento imobiliário na Flórida também influenciara a morte do pai do poeta John Berryman. Quando adulto, Berryman esteve terrivelmente ciente da perda que tinha em comum com Hemingway. Certa feita, dedicou a ambos um poema que se inicia com "Lágrimas que Henry derramou pelo pobre e velho Hemingway" e que assim continua, recorrendo a uma força não especificada:

> Livra-nos das espingardas & suicídios paternos.
> Tudo depende daquele *de quem* você é o pai

Caso deseje se matar –
Um mau exemplo, assassino de si mesmo

Ao longo de sua vida, Berryman foi um professor apaixonado e um erudito, marido, pai, namorador e beberrão de primeira. "O homem mais brilhante, intenso e articulado que já conheci", recordou o poeta Philip Levine, seu aluno: "Por vezes, até mesmo o mais bondoso e gentil." Seu próprio estilo começou retesado e tenso, em *staccato*, quando então, iniciada a bebedeira, floresceu gradualmente até as Canções do Sonho, obra que lhe valeu o Pulitzer e que consiste numa sequência de intensidade extraordinária situada ora na vida, ora na morte. Esses poemas são narrados por outro eu não tão preciso: Henry House, que às vezes é também Henry Pussycat, Huffy Henry ou, ainda, sr. Bones. Trata-se de um americano branco de meia-idade que traz o rosto pintado de negro (camadas e mais camadas de identidades alheias), de alguém que "sofre uma perda irreversível" e que, embora se insista em que não é o autor, partilha com ele todos os elementos de sua dolorosa biografia.

Uma das coisas que parecem estranhas nessa brincadeira compulsiva com os nomes é o fato de o próprio Berryman ter experimentado, durante a infância, uma mudança de nome grave e perturbadora. Rigorosamente falando, não é possível dizer que John Berryman tenha nascido no dia 25 de outubro de 1914 em Oklahoma, uma vez que foi batizado com o nome de seu pai: John Allyn Smith. Ao que tudo indica, o casamento de seus pais fora infeliz desde o princípio. Num fragmento autobiográfico redigido por sua mãe, Martha, na velhice, ela declarou que o Allyn pai a estuprara e chantageara a fim de tomá-la como esposa. Independentemente da veracidade dessa história grotesca, parece que foi seu primogênito, e não o marido, quem recebeu com toda a intensidade o seu amor e sua carência.

Smith era analista de crédito do First State Bank, mas perdeu o emprego em 1924; no outono do ano seguinte, mudou-se para a Flórida, onde a expansão imobiliária seguia a todo vapor. Teve nisso a companhia de sua esposa e sogra, mas os filhos – John Jr. e seu irmão mais novo, Robert – foram mandados para um internato em que, nos meses subsequentes, John foi sistematicamente intimidado. Por fim, um vizinho pôs Martha a par da situação e ela tomou um trem para Tampa a fim de resgatar os meninos, que a esperavam na sala do diretor com todos os seus bens em sacolas de papel. No Natal, os Smith já haviam se reunido e todos os três adultos trabalhavam no novo restaurante da família, o Orange Blossom.

Para John Jr., parecia que a vida estava prestes a melhorar. No início da década de 1920, a Flórida era um lugar em que as pessoas acumulavam fortunas dia após dia, e por um breve instante a afobação imobiliária favoreceu os Smith. Na primavera de 1926, contudo, a quebra sobreveio, precipitada quando uma escuna afundou na bacia de manobras do porto de Miami e bloqueou o acesso dos barcos que traziam materiais de construção. Então, como diria Martha em carta escrita muito tempo depois, "tudo veio abaixo como neve sob o sol". Quando a expansão se transformou em falência, tornou-se impossível manter o Orange Blossom, que foi vendido a baixo custo. A família se mudou então para acomodações mais baratas, alugando um apartamento na Clearwater Beach que tinha como dono um casal mais velho: John Angus e Ethel Berryman.

Vocês podem imaginar o resto a partir do nome. Martha e John Angus começaram o que parece ter sido um caso espetacularmente mal disfarçado. Ethel tentou convencer o marido a se mudar para Nova York; em vez disso, ele vendeu todas as suas terras, deu a ela metade, acrescentou o carro como bônus e pediu que se mudasse. Nesse ínterim, John Allyn encontrou consolo na bebida e iniciou um concubinato malfadado com uma cubana, que levaria o pouco que restava de seu dinheiro. John Angus ia ao apartamento com frequência, e às vezes todos os três travavam discussões angustiadas com relação ao futuro.

Enquanto o processo de divórcio se desenrolava, John Allyn deu para passar os dias na praia, passeando com uma arma na mão ou dedicando-se a nadadas longas e distraídas. Certo dia, ele aparentemente partiu Golfo adentro com Robert atado a uma corda, indo tão longe que John Angus teve de ser enviado para trazê-los de volta. As tratativas ficaram mais feias depois disso, e em determinado momento Martha pegou cinco das seis balas da .32 de seu marido e as enterrou na areia. No dia 25 de junho de 1926, os três passaram outra noite interminável conversando. Quando bateu mais ou menos meia-noite, Martha adormeceu no sofá. Pouco depois, levantou e viu que John Angus partira e que John Allyn estava dormindo naquela que outrora fora a cama do casal. Às seis, acordou novamente e descobriu que o marido tinha saído de casa e estava estirado nos degraus, sob o sol, com um buraco de bala no peito. O bilhete que deixara na penteadeira de Martha dizia: "Mais uma vez não consigo dormir – já são três noites e as dores de cabeça são terríveis."

Na Flórida, centenas de pessoas atentaram contra a própria vida naquele verão, e assim a morte de John não foi investigada pela polícia (muito embora haja indícios, em ambas as biografias de Berryman, de que aquele não fora um suicídio comum, dada a inexistência das queimaduras de pólvora que costumam figurar em ferimentos à bala autoinfligidos). Quanto a Martha, dez semanas depois ela tomou John Angus como esposo e deu o nome dele a seus filhos, assumindo para si, a pedido do esposo, *Jill Angel*. Não surpreende, portanto, que o Berryman adulto, alguém que entrava e saía da reabilitação, que bebia até se encontrar a meio caminho da morte e voltava, registrasse numa Canção do Sonho atrás da outra tanto a história da bala quanto as nadadas, concluindo: "Aquele ímpeto louco destruiu a minha infância."

―⁂―

Veio-me então à mente um verso. Era de outra Canção do Sonho. O que dizia mesmo? Algo sobre pedaços. "Os pedaços se sentaram e escreveram"? Isso.

A fome lhe era constitucional,
vinho, cigarros, destilados, carência carência carência
até ficar ele em pedaços.
Os pedaços se sentaram & escreveram.

O pranto infantil devastador dessa *carência carência carência*, urgente demais para sequer ser pontuado: se porventura carregar essa sensação de fome – fome de amor, de acalentamento, de segurança – até a vida adulta, o que você faz? Você a alimenta, imagino, com tudo aquilo que consiga dar fim à sensação terrível e aniquiladora de desmembramento, de desintegração, de despedaçamento, de estar perdendo a integridade do eu.

São esses os terrores do bebê que espera pelo peito – ao menos se você estiver lendo Freud e Melanie Klein; além disso, são também os terrores do adulto cuja sensação de segurança da meninice foi suprimida antes de ele ser capaz de desenvolver uma casca robusta o suficiente para encarar o mundo. Não nos surpreende encontrar, nas Canções do Sonho, tamanha obsessão pelo estar sem pele ou por ter o próprio couro rasgado ou arrancado. Com efeito, Berryman certa vez brincou friamente com seu editor sugerindo que elas fossem encadernadas "em azul-escuro", com pedaços de sua própria pele.

Ocorreu-me, então, que os pedaços de Berryman poderiam ter certa semelhança com os objetos retirados do fogo em "Agora me deito" – com as facas e pontas de flecha quebradas, com as partes enegrecidas e embotadas de objetos outrora intactos e úteis. A atmosfera que permeia toda a história irradia do fogo (e eu havia lido numa biografia que a força da imagem indica algo que deve ter de fato acontecido, declaração que parece incompreender gravemente a arte do romancista). Não obstante, perguntei-me se sua intensidade extraordinária de certa forma não advinha da criança que notava, na guerra silenciosa e sorridente travada por seus pais, um calor terrível, no qual as coisas que deveriam permanecer incólumes eram quebradas e esfaceladas. E, é claro, Nick vai pegar um jornal para embrulhar os restos, acomodando-os numa pele falsa feita literalmente de palavras.

Fome, destilados, carência, pedaços, escreveram. Havia algo nessa lista de palavras que parecia crucial. Eu podia senti-lo, mas não conseguia decifrar. Linear A. Eu estivera matutando nessas questões havia meses, anos. A tripla relação entre experiência de infância, álcool e escrita. Li artigos e mais artigos sobre os estresses e os fatores mediadores da meninice, sobre a catástrofe da predisposição genética herdada e sobre a imerecida sorte da resiliência genética. Tinha lido sobre complexos de castração, sobre pulsões de morte e sobre como a mãe de Hemingway fora a rainha obscura de seu mundo interior – e, no meio de tudo isso, eu conseguia ouvir os elementos basilares do poema de Berryman: cinco palavras, clicando como as contas de um ábaco.

Fome, destilados, carência, pedaços, escreveram. Eu cada vez mais tinha a sensação de que havia um elo oculto entre a estratégia da escrita e a estratégia da bebida e de que ambas se vinculavam ao sentimento de que algo precioso se despedaçara, bem como ao desejo de repará-lo o quanto antes – de dar-lhe adequação e forma, para usarmos a expressão de Cheever – e negá-lo. Daí as reformulações obsessivas: daí Nagasakit, Nick Adams, Henry Pussycat, Dick Diver, Estabrook e Coverley.

Ao escrever sobre Marguerite Duras, outra escritora alcoólatra que gostava de revolver as brasas vivas da própria experiência, Edmund White certa vez observou:

> Talvez a maioria dos romances seja uma escolha entre as exigências rivais do devaneio e da memória, da satisfação inconsciente do desejo e da compulsão à repetição, termo que Freud cunhou para designar a reedição de experiências dolorosas da vida real (dizia ele que as repetimos para conseguirmos dominá-las). E, como no caso da música, quanto mais familiar é a melodia, mais elegantes e mais palpavelmente engenhosas podem ser as variações.

Se tivesse de responder à questão, acho que eu diria que a ficção, além de todas as suas outras funções, pode muito bem servir como uma espécie de armazém, como uma forma de colocar algo para fora e ao mesmo tempo conservá-lo perto de casa. E, caso precisasse desenvolver o tema ainda mais, talvez eu dissesse que, quando Ed Hemingway atirou contra si mesmo, o investigador pegou a arma – uma pistola calibre .32 da Guerra Civil –, mas Grace conseguiu facilitar o seu retorno. A pedido de seu filho, Grace a enviou para ele em Key West junto com alguns quadros que ela mesma havia pintado, acrescentando na carta anexa que aquele não deveria ser considerado um presente permanente. Uma das versões da história diz que Hemingway a desafiou atirando a arma no lago. Talvez. O que é certo é que, após pouco mais de uma década, quando já estava com Martha Gellhorn, sua terceira esposa, e morava ora em Cuba, ora em Sun Valley, ele se aproximou de sua mesa – de manhã bem cedo, a julgar pelos seus hábitos – e escreveu as seguintes palavras:

> Então, depois de seu pai ter atirado contra si mesmo com esta pistola, de você ter chegado em casa do colégio e de eles terem realizado o funeral, tinha vindo o investigador devolvê-la após o inquérito (...).
>
> Ele havia colocado a arma de volta na gaveta do armário, no lugar de sempre, mas no dia seguinte saiu cavalgando com Chub pela encosta, acima de Red Lodge, onde agora construíram a estrada para Cooke City através do desfiladeiro e da planície de Bear Tooth. Lá no alto o vento é leve e neva sobre as colinas durante todo o verão. Eles tinham parado à beira do lago, que supostamente tem oitocentos pés de profundidade e ostenta uma cor verde densa; Chub segurou os dois cavalos e ele escalou uma rocha, inclinou-se, viu o próprio rosto na água parada, avistou a si mesmo com a arma em punho e a largou segurando pelo cano, observando enquanto ela afundava, fazia bolhas e ficava tão grande quanto um berloque naquela água límpida, até que a perdeu de vista.

Quão agradável não deve ter sido escrever essa longa segunda frase, que vem cavalgando dentro de nossa cabeça na direção da limpa chapada de Montana. Afundando vai a arma, diminuindo mais e mais até desaparecer de vista, perdendo-se numa daquelas paisagens imaculadas que Hemingway adorava reconstruir sobre o papel. Há também uma intensidade engraçada que precisa ser testemunhada. Robert Jordan – tanto o "ele" quanto o "você" dessa passagem, bem como o herói de *Por quem os sinos dobram* – não larga a arma antes de se ver refletido com ela em punho sobre o verde vítreo da água, o que é o mesmo que dizer que há um breve momento de *mise en abyme*, como se até mesmo o eu espelhado precisasse tomar parte na ação: trata-se de outro tipo de *berloque*. Por fim, o silêncio coroa o incidente do mesmo modo como as colinas são coroadas com a neve.

– Sei por que você fez isso com a velha arma, Bob – falou Chub.
– Ótimo, então não precisamos falar sobre isso – tinha respondido.

Quanto ao papel do álcool, imaginem a mistura de alívio e terror que sobrevém quando essa sequência é colocada no papel. Imaginem como é datilografar as palavras sobre a folha, letra após letra. E imaginem a sensação de levantar-se, fechar a porta do escritório e descer a escada. O que você faz quando tem aquele vazio repentino dentro do peito? Você vai até o armário de bebidas e administra para si mesmo uma dose da única coisa que ninguém pode tirar de você: o bom e adorável gim, o bom e adorável rum. Joga ali uma pedra de gelo. Ergue o copo até sua boca. Inclina um pouco a cabeça. Engole.

6
RUMO AO SUL

Começamos a sobrevoar Miami às dez e meia. Primeiro vieram as luzes e seus belos padrões, semelhantes a mesas telefônicas; em seguida, as coisas que passavam por baixo do avião: formas escuras e difusas que deviam ser nuvens, mas que por ora pareciam sombras de algo gigantesco nadando no alto. Nós guinamos então para o Atlântico, descendo com velocidade; meus ouvidos estalaram. Uma mulher atrás de mim ligou o celular tão logo as rodas tocaram a pista. "Adivinha quem está no avião?! Meu pai e sua ex-mulher. Quando vi os dois no aeroporto, quase fiquei louca."

Aquela era a primeira vez que eu pegava um voo doméstico ou voava sem despachar bagagem. Não havia nada para fazer. Apenas tirei a mala do bagageiro e saí andando. O aeroporto, muito iluminado, estava quase deserto, e durante muito tempo fiquei indo e vindo pelas galerias em busca do transporte que levava ao hotel. Fazia muito calor; eu entrava e saía, descia pelas escadas rolantes e subia de novo pelos elevadores; ao meu cansaço, entremeavam-se pequenas fibrilações de preocupação. Resolvi então ligar para o hotel, mas o serviço de resposta emperrara. "Tecle 5 para falar com um representante", repetia sem parar uma voz mecanizada. Por fim, quando já estava prestes a chorar de frustração, o micro-ônibus apareceu e me levou para o Red Roof Inn.

Na manhã seguinte, fui pegar o carro. O dia estava nublado e muito quente, e nuvens de falcões voavam em círculos sobre a cidade. Tomando a Rota 1, passei por centros comerciais e boates de *strip-tease*, por placas de videntes e de consertos de computador. Então os prédios escassearam e, além das cercas de proteção contra os jacarés, nada mais havia senão manguezais e poças de água parada, onde garçotinhas brancas mergulhavam em busca de peixe. Depois de um tempo, a massa de terra se estreitou como um pescoço e, para além do pântano, era possível ver o mar. Raso, repleto de bancos de areia e canais profundos, suas cores mudavam musicalmente do turquesa para o verde e do verde para uma púrpura densa, semelhante a suco de uva derramado.

Estacionei perto da ponte que conduz a Fiesta Key. Duas negras, já de idade, pescavam no quebra-mar. Dei "oi" e uma delas se voltou para me cumprimentar. "Cê tá indo para Key West?", perguntou, e quando falei que sim ela indicou com a cabeça a estacaria que levava ao mar, dizendo em seguida: "É a estrada velha." Perguntei o que ela estava pescando: "Vermelho-caranha. Corvina-de-água-doce. O que passar por aqui a caminho do Golfo."

Em Marathon, parei para almoçar no Cracked Conch Café, tomei uma cerveja, comi uma *quesadilla* de frango e continuei a viagem. *Conch*, pronunciado *Konk* – nome dado aos nativos de Key West. Em minutos eu estava no início da Seven Mile Bridge. Sempre havia sonhado em viajar sobre a água, e ao fazê-lo tive a sensação, ao mesmo tempo engraçada e esmagadora, de que duas realidades se fundiam numa coisa só. A estrada era feita de concreto rosáceo, e junto a ela a velha ponte se estendia com seus corrimãos cheios de ferrugem. Ilhas de manguezais podiam ser vistas ao longe; ao leste, um barco branco flutuava solitário. Dias depois, eu ainda conseguiria sentir a enorme proximidade da água, bem como a sensação de estar voando leve e desimpedida sobre ela.

As linguagens iam ao encontro uma das outras; o Golfo desaguava no Atlântico. Bahia Honda Key, *baía funda*, Spanish Harbor Channel, Norfolk Island Pine. Em Key West, me perdi e fui parar na propriedade da marinha em que Hemingway outrora costumava deixar *Pilar*, seu barco. Dei para trás e consultei o mapa. À primeira vista, a cidade parecia enfeitiçada, com as casinhas de tábua sobrepujadas pelo perfume de seus jardins. Eu jamais estivera num lugar tão cheio de flores, dotado de uma fertilidade tão gigantesca e absurda. Bananeiras, guáiacos, galos e galinhas vagueando pela via. Os gatos estavam em toda parte – gatos, lagartos pequenos e lagartos grandes, pessoas voltando para casa de chinelos ou meneando bicicletas em meio a poças de sombra.

Meu quarto na casa de hóspedes era amarelo como uma prímula e tinha um ar-condicionado que emitia um zumbido reconfortante. Tão logo desfiz as malas, fui para a piscina. Dois casais bebiam cerveja em copos de plástico e falavam sobre Cuba. "É um povo terrível", disse um deles. Sentei-me ao sol com um livro que falava sobre os lugares que Hemingway frequentava; quando enfim me levantei, o molde da roupa de banho estava gravado em minha pele – uma cor branca sobre o rosa ardente.

Durante mais de dez anos, Key West foi um lugar a que Hemingway sempre retornou. Lá ele se recuperava, dava início a novos projetos ou terminava projetos antigos. Depois da morte de seu pai e de lidar com seus efeitos colaterais em Oak Park, ele regressou à cidade a fim de revisar *Adeus às armas*, deixando apenas o final em aberto. Então, cansado dos reveses de seu ano nos Estados Unidos, seguiu para Paris com Patrick e Pauline, passando quase todo o ano de 1929 na Europa.

Eles retornaram de navio para a cidade em 9 de janeiro de 1930. Praticamente logo em seguida, Hemingway começou a escrever *Morte à tarde*, tratado belo, inclassificável e às vezes irritantemente maçante sobre as touradas. Dessa vez, ele trabalhou numa casa alugada na Pearl Street, a um palmo de distância da marina. Em junho, levou o livro consigo para Wyoming, onde passou o verão na fazenda de Nordquist, escrevendo de manhã e cavalgando e pescando à tarde.

Esse período de trabalho consistente chegou repentinamente ao fim no dia seguinte ao Dia das Bruxas. Dando carona a um amigo que desejava chegar a Billings para pegar o trem da noite, Hemingway invadiu a escuridão com o carro, caiu num canal e quebrou o braço direito.

Os dois vinham passando uma garrafa de *bourbon* de um lado para o outro, mas depois ele diria que a culpa fora de sua parca visão noturna. Quando, semanas depois, o hospital enfim lhe deu alta, Hemingway escolheu Key West como o local de sua recuperação, passando os primeiros meses de 1931 numa irritante espera para ver se o nervo danificado se recuperaria. "Ainda fico de cama a maior parte do tempo", disse a Max, "mas conto com Key West para consertar tudo primorosamente."

Foi ao fim desse período doloroso e frustrante que os Hemingway enfim adquiriram uma casa própria. Em 29 de abril, Gus, o tio de Pauline, pagou oito mil dólares pela propriedade de Tift, uma casa caindo aos pedaços, enorme e bem localizada na 907 Whitehead Street. Seus balcões davam para o farol, como bem descreveu Hemingway a um amigo; a Max, acrescentou: "Essa vai ser mesmo uma casa e tanto." O jardim vinha repleto de figos, cocos e limas, e ele escreveu oniricamente sobre como gostaria de plantar ali uma árvore de gim.

Na manhã seguinte, fui vê-la com meus próprios olhos. Tinha chovido durante o amanhecer, mas às dez as ruas já estavam escaldantes. Pegando um atalho pelo cemitério, perturbei uma iguana-verde barbada do tamanho de um gato. Os túmulos haviam sido decorados com um monte de flores de plástico desbotadas, enquanto anjos pintados ostentavam um rosa claro como o de um *baby-doll*. Na Whitehead Street, entrei numa fila que se estendia por todo o muro que Pauline construíra para dissuadir os turistas.

Depois de pagar a entrada, fui direto para a piscina, sobre a qual algumas palmeiras arqueadas lançavam suas sombras. "Você teria de recolher as folhas toda hora", murmurou um inglês. Na loja havia brincos com gatos de seis dedos e cartazes de Papa sorrindo ao lado de um marlim gigante. "Ele é um escritor muito famoso, querido", alegou uma mulher com seu filho adolescente.

Suntuosíssima, a casa tinha venezianas amarelas e uma sacada de ferro forjado que contornava todo o segundo andar. Abaixei a cabeça para entrar e segui em linha reta até as prateleiras. *Equilíbrio: como consegui-lo. O perigo é meu negócio. Os Buddenbrook. Os Contos de fada* de Hans Christian Andersen. *Na véspera,* de Turgueniev. Duas cópias das *Aventuras de Tom Sawyer*. Havia artefatos africanos aqui e acolá – meninos horrivelmente caricaturados, com mãos que mais pareciam patas, seus olhos tristes e inchados. Cinzeiros de jade; um candelabro feito com flores de vidro opaco que ostentavam cores marinhas maravilhosas.

No fundo se erguia um edifício menor que originalmente servira como estrebaria. Pouco depois de se mudar, Hemingway fez de seu andar superior um ateliê de escrita, ligando-o ao quarto principal por meio de um passadiço. O lugar estava fechado para visitantes, mas era possível espiar o lado de dentro através de um portão de ferro forjado. O cômodo era grande e tomado por livros, com paredes de cor cinza claro e chão de ladrilhos vermelhos. Decoravam-no lembranças de velhas viagens: um touro em miniatura, um pato usado como isca, um marlim. "Mãe", chamou outro menino, "aquilo ali é uma máquina de escrever?"

Eu queria poder entrar. Aquele apartamento lembrava o de meu avô. Na parede oposta havia a cabeça de uma gazela-de-grant: seu pescoço longo e adorável, suas orelhas em estado de alerta. Talvez tivesse sido alvejada na primeira ida de Hemingway à África – um dos 102 cadáveres registrados no diário de viagem de Pauline.

Essa viagem foi planejada por muito tempo. Antes do acidente em Billings, o tio Gus prometera doar 25 mil dólares para um safári na África sob a condição de que um bom livro saísse dali. Hemingway de início pensou num grupo só de homens, mas, quando seu braço enfim recobrou força suficiente para atirar, somente seu amigo Charlie Thompson estava dentro. No final das contas, Pauline teve de completar a equipe, ainda que jamais nutrisse pela caça o mesmo entusiasmo de seu marido.

Em 20 de dezembro de 1933, eles viajaram de Nairóbi até a reserva de caça dos massai, na cratera de Ngorongoro, a oeste do monte Kilimanjaro. Hemingway esteve aborrecido desde o princípio. Errou uma gazela, errou um leopardo; conseguiu ferir uma chita, mas foi incapaz de encontrá-la e matá-la. Tinha ataques frequentes de diarreia, e em janeiro não havia mais dúvidas de que estava sofrendo de um sério caso de disenteria amébica. Em *Hemingway: The 1930s* (quarto volume de uma biografia em cinco tomos maravilhosamente detalhada e romanceada), Michael Reynolds observou: "Em 11 de janeiro, ele estava ingerindo sais de cloro continuamente, mas seu consumo noturno de bebidas solapava qualquer bem que o remédio lhe pudesse trazer."

Por fim, o guia do grupo solicitou um avião por telégrafo. Hemingway passou aquele dia na cama, recorrendo à fogueira do acampamento à noite para comer uma tigela de purê de batata. O avião fora prometido para a manhã subsequente, mas durante todo o dia não houve sinais dele. Então, às dez horas do dia seguinte eles o avistaram cintilante no céu. A aeronave levou Hemingway às pressas para Nairóbi, onde foi tratado com o antiprotozoário emetina e acumulou uma dívida espetacular no bar do New Stanley Hotel. De volta ao campo, sua pontaria melhorou, mas todo cudo e todo rinoceronte que abatia eram notavelmente menores que aqueles que Charlie caçava. Não sendo homem que conseguisse deixar isso de lado, ele passava as noites tomando uísque e remoendo o fato, tornando-se amargo e agressivo – e às vezes, de manhã, também visivelmente triste.

De volta a Key West, Hemingway escreveu *As verdes colinas da África*, seu relato da viagem, numa grande e desordenada afobação, terminando o primeiro rascunho em seis meses. A África, no entanto, permaneceu em sua cabeça, e cerca de um ano depois ele voltou a ela. "As neves do Kilimanjaro" contam a história de Harry, escritor que, numa caçada africana, é acometido pela gangrena por não ter cuidado do arranhão que um pequenino espinho causara em seu joelho. O avião que deveria levá-lo para a cidade não chegou, e durante todo o dia ele permanece estirado à sombra de uma acácia, sobre uma cama portátil, insultando sua esposa enquanto bebe uísque com soda (não obstante ela lhe implore para que pare: "Diga lá no Black que se evite tudo o que tiver álcool."). "Vadia", diz ele. "Vadia rica."

Entre uma briga e outra, Harry sonha com histórias que ainda não escreveu, histórias que estivera guardando e agora jamais iniciará. "As neves" possuem a mesma estrutura dupla e enigmática de "Agora me deito"; está repleta de ficções dentro da ficção, de paisagens dentro da paisagem. Seus parágrafos grifados são densos e impressionistas, riachos que atravessam diretamente a estrutura central. Muitos dizem respeito a Paris, e um em especial se refere às armas do avô de Harry – armas que foram queimadas numa fogueira, com o chumbo derretendo dentro dos pentes.

Hemingway lançou mão de algo semelhante no último capítulo de *Morte à tarde*, em cujo início lemos: "Se eu conseguisse fazer desse livro um livro de verdade, estaria tudo nele." Em seguida, ele tenta colocar-se à altura de seu próprio desafio, listando um fluxo de imagens e memórias que convinham estar ali, que deveriam estar ali, que não estão ali, mas que de alguma forma mágica também estão: o cheiro de pólvora queimada e o ruído do pavio, a última noite da feira, quando Maera brigou com Alfredo David no Café Kutz, as árvores na floresta de Irati, semelhantes como são a desenhos retirados de um livro infantil.

Durante toda a sua vida, Hemingway teve grande aptidão para fazer as malas, para organizar calções de banho e caixas de pesca; para guardar tudo aquilo que fosse necessário a suas viagens da maneira mais elegante e engenhosa possível. Há um pouco dessa facilidade também aqui, nesse talento para criar camadas secretas, para preencher suas ficções com mais do que parecem suportar. "Enfiei ali tudo o que há de verdadeiro", disse sobre "As neves" à *Paris Review*, "e com toda a carga, a maior carga já carregada por um conto, ele ainda decola e voa."

Tudo o que há de verdadeiro. A história está claramente impregnada de objetos e incidentes de sua própria viagem – a cama portátil, o avião que não aparece, a tigela de purê de batata, a insistência em beber a despeito das advertências médicas. Harry continua tendo visões de sua morte, e na última delas o avião sobrevoa a savana do mesmo modo como Hemingway o fizera, avistando as zebras e gnus formando longos dedos pelo cinza amarelado das planícies, bem como o cume branco e quadrangular do Kilimanjaro, tão largo quanto o mundo todo.

Antes desse sono derradeiro, Harry questiona a si mesmo por que havia fracassado como escritor. "Ele tinha destruído seu talento", responde, "ao não usá-lo, ao trair a si próprio e o que acreditava, ao beber de tal maneira que embotava o gume de suas percepções." Helen, a mulher, recebe também sua parcela de culpa. Por ser ela riquíssima, tem ele a sensação de que se deixara comprar em vista do conforto, de que a proximidade do dinheiro o apodrecera tal qual a gangrena de sua perna. "Você tinha um bom interior, um que não vinha abaixo daquele jeito, do jeito como a maioria deles viera", pensa; mesmo um bom interior, porém, não dura para sempre.

Ambos esses personagens são fictícios, mas a desdenhosa referência à *maioria* tinha raízes em algo veraz de outra sorte. Hemingway iniciou "As neves" no verão de 1935 e trabalhou no texto durante o primeiro trimestre de 1936. Sua insônia se agravara naquele verão, e ele muitas vezes se levantava de madrugada e irrompia estúdio adentro para trabalhar. Como veio afirmar à mãe de Pauline em 26 de janeiro, quando escrevia um livro seu cérebro, à noite, ficava irrequieto. Chegada a manhã, as palavras que escrevera em sua mente teriam se esvaído e ele se sentiria "exausto".

Esse era o mesmo ataque de insônia que ele descrevera a Fitzgerald na carta em que caracterizou a falta de sono como "uma maldição dos infernos". Trata-se da missiva enviada a Baltimore em 21 de dezembro de 1935, quando Scott ainda morava na 1307 Park Avenue. Ela fora concebida como um gesto de reconciliação, mas algumas semanas depois Fitzgerald foi responsável por algo que de fato fez ruir os elementos que restavam naquela amizade.

Em fevereiro, a *Esquire* publicou a primeira das três partes de "O colapso", ensaio longo e doloroso no qual Fitzgerald admitia publicamente que estava a sucumbir. Trata-se de um texto tortuoso e desconexo, uma mistura de lenga-lenga com autoexposição selvagem. Nele, o autor revelou os recônditos de sua depressão, de sua exaustão, de seu desespero profundo e paralisante. Confessou também desgostar de todos os seus amigos antigos, escrevendo: "Percebi que durante muito tempo não gostava das pessoas e das coisas, mas apenas praticava a velha e tosca simulação de que gostava." Embora nem tudo o que diga seja estritamente veraz (ele nega, por exemplo, que esteve "emaranhado" no alcoolismo e jura não ter tomado "um só copo de cerveja durante seis meses"), Fitzgerald não permite que o leitor duvide em momento algum da extensão de sua debilidade emocional e criativa.

Hemingway ficou horrorizado. Em 7 de fevereiro, ele escreveu a Max e declarou cruelmente que, se Scott de fato tivesse chegado à França na Primeira Guerra (arrependimento mencionado mais uma vez no ensaio para a *Esquire*), teria sido alvejado por covardia (não obstante também dissesse lamentar profundamente sua situação e expressasse seu desejo de ajudá-lo). A Sara Murphy, amiga em comum que serviu como uma das inspirações para a Nicole Diver de *Suave é a noite*, ele observou raivosamente que era como se ambos estivessem partindo de Moscou em retirada. "Scott se foi na primeira semana do recuo. Todavia, eu e ele podemos muito bem travar o melhor combate de retaguarda da história", concluiu, tentando em vão elevar o estado de espírito dos dois (essa carta, poder-se-ia acrescentar, foi escrita sob uma ressaca gigantesca, resumindo-se sobretudo a um relato longo e jactante sobre a discussão embriagada que travara com Wallace Stevens, na qual Hemingway socou repetidas vezes o seu rosto até ele cair sobre uma poça d'água).

As coisas pioraram. No trecho publicado em março, Fitzgerald teceu um comentário alusivo ao prelúdio do colapso:

> Vi homens honestos tomados por estados de melancolia suicida –
> alguns desistiram e morreram; outros se adequaram e tiveram su-

cesso maior que o meu. Meu estado de espírito, porém, jamais esteve abaixo da autorrepulsa que sentia quando dava algum showzinho particular desagradável.

Aquele que desistira e morrera era provavelmente o escritor Ring Lardner, alcoólatra que Fitzgerald tivera como um de seus amigos mais queridos e que servira como modelo para o Abe North de *Suave é a noite*. O que se adequara, por sua vez, muito provavelmente era Hemingway, que havia enfrentado um negro período de depressão suicida ao terminar com Hadley no outono de 1926.

No ringue de boxe, Hemingway nunca chegou a jogar limpo, e há um quê de deslealdade em seu próximo golpe. As cartas raivosas continuaram, mas ele também usou "As neves de Kilimanjaro" para comunicar sua decepção e seu desprezo. Na versão que publicou – também na *Esquire* – em agosto daquele ano, ele fez uma desdenhosa alusão ao "pobre Scott Fitzgerald", venerador de ricos. "Ele achava que formavam uma raça glamorosa especial", pensa Harry, "e descobrir que não eram devastou-o como tudo o mais."

Agora, foi a vez de Fitzgerald ficar horrorizado. Ele escreveu a Hemingway de Grove Park Inn, em Asheville, onde passava outro verão purificador:

Por favor, deixe-me em paz no papel. Se às vezes opto por escrever *de profundis*, não significa que quero amigos rezando em voz alta em cima do meu cadáver. Não tenho dúvidas de que suas intenções eram boas, mas me custou uma noite de sono. Quando for incluí-la [a história] num livro, você se importaria em cortar meu nome?

Hemingway anuiu, substituindo *Scott Fitzgerald* por *Julian*. O sentimento, porém, permaneceu, bem como a desdenhosa referência a quem "vinha abaixo".

Por mais cruel que isso possa parecer, não acho que Hemingway tenha sido motivado apenas pela malícia. Ele passara por maus bocados naquele inverno. "Nunca havia experimentado a velha melancolia antes, e fico feliz por tê-la experimentado, pois posso saber agora o que as pessoas enfrentam", disse à mãe de Pauline, faltando um pouco com a verdade. "Ela me faz tolerar mais o que aconteceu com meu pai." Entretanto, toda e qualquer tolerância que possa ter sentido com relação ao velho Ed esteve mesclada com as sensações, menos admissíveis, de terror, vergonha e raiva. Parece plausível, a partir de sua violenta reação a "O colapso", que a confissão de Fitzgerald roçara uma de suas feridas mais dolorosas. Em abril, alguns dias depois de a terceira parte do texto ter sido publicada, Hemingway escreveria mais uma vez a Max, dessa vez para dizer: "Queria que ele parasse com isso de não ter vergonha da derrota. Vamos todos morrer. Não é hora então de parar?"

Ao pensar sobre o assunto, concluo que é possível ler "As neves" como texto que joga em duas frentes. Por um lado, sua motivação vem de uma espécie de raiva da morte, da derrota e dos que são fracos demais para levantarem a cabeça e fazerem o que têm de fazer. Harry não quer morrer e sente nojo ante o resíduo das obras que deixou em aberto. Seus sentimentos encontram reflexo nas formas sinistras e surreais por que a morte se lhe apresenta. Primeiro, chega-lhe como um vazio malcheiroso, como uma hiena furtiva às suas margens. Vem também em pares, sobre bicicletas, no silêncio absoluto – a exemplo dos policiais de uma das histórias que jamais virá a contar. À noite, ela já terá subido pelo seu peito, exalando seu hálito asqueroso em seu rosto.

A despeito de tudo isso, a partida de Harry é extática. Há algo quase triunfante em seu último voo onírico, no qual o personagem primeiro sobrevoa uma nuvem rosa e granulada de gafanhotos e, então, se vê no meio de uma pancada de chuva, surgindo em seguida diante do pico enorme e incrivelmente branco do Kilimanjaro mesmo. Na escalada desses parágrafos, sentimos a presença de outro Hemingway, daquele que conhecia extremamente bem a volúpia do desespero, a atração que a morte exerce sobre seus súditos. Fora ele, afinal, e não Scott, quem passara anos ameaçando suicidar-se em suas cartas, muito antes de o dr. Hemingway fechar a porta de seu quarto e apertar o gatilho.

Seria isso, pensei na ocasião, o que estava por trás de seus anos de bebedeira? Porventura fora assim que ele usara o álcool – para, de uma só vez, afugentar e atrair a morte? Mais uma vez, *Por quem os sinos dobram* me veio à memória. Hemingway deu início ao livro em 1938, quando já era arrastado para longe da segurança de Key West e de seu casamento com Pauline e já debruava Cuba e a mulher que viria a se tornar sua terceira esposa: a jornalista Martha Gellhorn. Nesse período de perturbação e mudanças, o autor começou um romance sobre Robert Jordan, americano que vemos lutando, na Guerra Civil Espanhola, do lado dos republicanos. Não há nada de podre acerca de Jordan, mas, a exemplo do que ocorre com Harry, é para permanecer corajoso diante da morte que ele dedica parte de seu esforço. De modo particular, Jordan se preocupa com a dor e com o fato de que um dia poderia sofrer de tal maneira que se veria forçado a se matar. É isso o que seu pai fizera – algo vergonhoso que ele consegue e não consegue compreender.

Mais cedo, Robert revela aos guerrilheiros que seu pai está morto.

– Ele atirou contra si mesmo – diz.

– Para não ser torturado? – pergunta Pilar.

– Sim – responde. – Para não ser torturado.

Não havia ocorrido tortura, ao menos não do modo como Pilar imagina. Há uma espécie de simpatia em sua mentira, uma disposição para admitir a negra correnteza que arrastara seu pai. Porém, quando mais tarde pensa em seu avô, herói da Guerra Civil, ele percebe que ambos ficariam profundamente envergonhados daquele homem, a quem ele, distanciando-se, descreve como "o outro".

Qualquer um tem o direito de fazê-lo, pensou. Mas não é algo bom a se fazer. Eu entendo, mas não aprovo.

Um ou dois minutos depois, Robert se força a admitir que seu pai era um *cobarde*. "Jamais esquecerei como fiquei enojado ao descobrir isso (...). Pois, não fosse ele um covarde, teria enfrentado aquela mulher e não a deixaria intimidá-lo." Ao fim desse monólogo interior, conclui: "Compreendia seu pai, perdoava-o por tudo, tinha compaixão, mas sentia vergonha dele."

Robert é dono de uma força de espírito admirável, mas é preciso admitir que ele auxilia sua coragem com libações daquilo que chama de "matador de gigantes" – a mesma substância que, certa feita, Hemingway afirmara indispensável. Um amigo de Robert lança mão de uma expressão semelhante ao colocar para dentro um grande trago de vinho: "É *isso* o que mata o verme que nos atormenta."

Assim como viria a fazer em *Paris é uma festa*, Hemingway contrapõe esses bons bebedores a um personagem mais fraco, a alguém que o álcool conseguiu destruir. Pablo fora um dia o líder dos guerrilheiros, mas agora não passa de um *cobarde* que, por causa de seu medo, quase faz o bando vir abaixo. "De todos os homens, o beberrão é o mais asqueroso", diz-lhe, com repulsa, sua esposa Pilar: "[O] beberrão fede, vomita na própria cama e dissolve seus órgãos no álcool." Mais tarde, Robert descreve o estado de espírito de Pablo como um "carrossel letal". "É nisso que os beberrões e os que são verdadeiramente vis ou cruéis passeiam até morrer."

Havia algo de nauseante nessa última imagem. Imaginei então como seria passear num carrossel assim: a confusão, a sensação crescente de estar preso. Em seguida, veio-me à mente Hemingway na África, bem cedo, pegando sua arma e enquadrando a gazela-de-grant no visor. Pensei no que Pauline tinha dito sobre a tristeza dele, em como ela se deixava ficar para trás a fim de evitar suas terríveis variações de humor. Pensei em como as coisas são passadas de uma pessoa para outra nas famílias e em quanto podemos tentar expulsá-las, enterrá-las, afogá-las ou empurrá-las para outrem. Desci então a frágil escadaria e cheguei ao jardim onde Hemingway certa vez disse, jocosamente, que plantaria uma árvore de gim. Às margens da piscina, me deparei com uma excursão. O guia devia estar concluindo, pois as primeiras palavras que ouvi foram "depressão maníaca". "Bem, era algo comum na família de Hemingway", afirmou de maneira propositadamente lenta. "Papa se internou na Clínica Mayo, onde recebeu eletrochoques, perdeu a memória e jamais voltou a escrever. Castro havia tomado o poder em Cuba. Ele perdeu a casa e o barco de pesca. Perdeu sua obra, seus manuscritos. Hemingway disse que era como se tivesse perdido sua vida. Então deu um tiro contra si mesmo em Idaho, 19 dias antes de seu aniversário de 62 anos." A isso seguiu-se um aplauso disperso, e enquanto eu permanecia ali, boquiaberta, a multidão começou a entregar-lhe notas de dólar.

As reações assumiram diferentes matizes – algumas benevolentes, algumas venenosas, outras tóxicas. Após tomar conhecimento pelo rádio do fato, mas não da forma como a morte se dera, Berryman lembrou de seu pai e do pai de Hemingway e anunciou, com absoluta certeza, a um amigo: "O filho da puta estourou a porra dos miolos." Quanto a Cheever, ele estivera lendo Hemingway desde a meninice, como deixam claro seus primeiros escritos. Após ser informado da morte, observou com ternura: "Ele deixou registrada uma visão imensa do amor e da amizade, assim como andorinhas e o som da chuva." Quase uma década depois, Cheever ainda refletia sobre o assunto; em seu diário, escreveu: "Ainda fico mistificado pelo seu suicídio."

Tennessee Williams também foi um admirador. Seus cadernos estão cheios de observações feitas tarde da noite sobre os romances de Hemingway, por ele lidos com prazer em quartos de hotel do mundo todo. E havia também Key West como elo. Tennessee visitou a cidade pela primeira vez em fevereiro de 1941, três meses depois de Hemingway divorciar-se de Pauline. Em carta escrita no "lugar mais fantástico em que já estive", ele observou que a assinatura de Hemingway ainda se fazia visível num banco do Sloppy Joe's, onde um Tennessee vestido de brim agora se associava a acompanhantes de bar, visitantes e marinheiros. Mais tarde, ele faria amizade com a própria Pauline, que ficou na cidade depois de seu marido trocá-la por Martha Gellhorn e pelo sol de Cuba.

Tennessee só encontrou Hemingway uma vez, num bar de Havana chamado Floridita. O encontro se deu ao final de uma manhã de abril de 1959. Estavam acompanhados de dois amigos em comum: o crítico Kenneth Tynan e George Plimpton, lendário editor da *Paris Review*. Em seguida, ambos registraram versões maldosas dos acontecimentos daquele dia. Tynan afirmou que Tennessee vestiu um casaco de iatismo para tentar convencer Hemingway de que, "muito embora pudesse ser decadente, era-o a céu aberto". Plimpton acrescentou um quepe de iatista ao figurino e fez Hemingway questionar, com uma voz confusa: "Ele porventura é comandante de alguma coisa? (...) Aquele quepe de iatismo..." Ao que concluiu, assertivamente: "Dramaturgo bom pra caramba."

O relato do próprio Williams é mais leve, menos exagerado e menos afetado. Diz ele que conversaram sobre touradas. Na Espanha, Tennessee tinha feito amizade com Antonio Ordóñez, um dos toureiros que Hemingway mais admirava, e então os dois conversaram sobre ele. Mais tarde, Williams se recordaria com simplicidade: "Ele era o extremo oposto daquilo que eu esperava. Estava esperando um cara extremamente viril e machão, alguém que intimidava e falava grosso. Fui surpreendido, porém, por um Hemingway gentil, que parecia dotado de uma timidez extremamente tocante."

O que ele viu naquele dia? Em 1959, Hemingway tinha 60 anos e estava em seu quarto e último casamento, dessa vez com Mary Welsh. Nas fotografias ele parece velho e aflito, ostentando uma barriga inchada e um rosto congelado, muito embora eu também tenha visto uma em que ele aparece chutando uma lata de cerveja numa estrada coberta de neve em Idaho, com todo o seu peso concentrado no dedão esquerdo, a perna direita formando noventa graus, teatral e flexível como um garoto. Às vezes, quando num bom dia, ele lembra alguém que mantém a si mesmo sob controle, interessado e feliz por estar vivo. Noutras ocasiões, aparece embriagado, bebendo ou sentado com copos vazios ao seu redor. Nessas fotos, Hemingway aparenta estar desnorteado e um pouco absorto, trazendo, na maioria das vezes, um leve sorriso no rosto.

Então há a descrição dada por Andrew Turnbull, biógrafo de Fitzgerald que também conheceu Hemingway naquele ano. Coincidentemente, os dois voltaram da Europa no mesmo navio. Na esperança de falar sobre Fitzgerald, Turnbull enviou-lhe uma carta de apresentação. Não havendo resposta, dirigiu-se à primeira classe, na intenção de descobrir qual era a aparência de Papa. Avistou-o algumas vezes caminhando a sós, vestido com uma camisa xadrez e uma jaqueta de couro sem mangas. Hemingway não falava com ninguém e "afastava furtivamente os olhos sempre que o olhar de outra pessoa cruzava com o seu". No último dia, apesar de não querer ser indagado sobre Fitzgerald, ele aceitou tomar um drinque com Turnbull. Escrevendo sobre o encontro no *New York Times*, o biógrafo recorda como se surpreendeu com seus antebraços esqueléticos e com "a máscara triste que trazia no rosto", acrescentando que Hemingway "parecia tímido e melancólico, carregando algo inexprimível no olhar".

No inverno de 1979, duas décadas depois daquela manhã no Floridita e 18 anos após a morte de Hemingway, em Ketchum, Idaho, Williams colocou Papa numa peça. *Roupas para um hotel de verão* se passa no Highland Hospital, o manicômio em Asheville, Carolina do Norte, em que Zelda Fitzgerald morou de 1936 até o incêndio que a matou em 1948. Loucura, alcoolismo, encarceramento... Aqueles mesmos temas, que sempre voltam. Uma peça fantasma, nas palavras dele. A obra gira em torno do casamento dos Fitzgerald e se desenrola numa espécie de vida após a morte em que todos, exceto Scott, têm ciência de que faleceram e se preocupam com a forma como haviam morrido.

A peça não teve sucesso. Os críticos a detestaram, e aquela foi a última obra de sua autoria a ser representada na Broadway – humilhação que ele jamais perdoou verdadeiramente. Em certo sentido, os críticos estavam certos. Trata-se de uma peça desajeitada, mal construída e absurdamente didática que revela, em toda a sua estrutura, os efeitos debilitantes do álcool sobre a capacidade que Williams tinha de pensar. Não obstante, trata-se também de uma peça comovente, tão vívida que lê-la se torna algo duplamente doloroso.

Na cena em que Hemingway aparece, os dois homens circundam um ao outro numa festa: Ernest, confiante e ofensivo; Scott, afável e confuso. Insinuações de homossexualidade vêm e vão. Essa parece ser uma nova versão de Skipper e Brick, de *Gata em teto de zinco quente* – um disposto a confessar seus sentimentos; o outro, fechado em si mesmo e com nojo de tudo aquilo. Segue-se uma instrução de palco, grifada:

[*Ele se aproxima de Scott. Por um momento, percebemos a real profundidade do sentimento puro que nutrem um pelo outro. Hemingway, porém, tem medo disso.*]

Os dois ficam conversando e, ao contrário do que as pessoas costumam fazer (mas talvez o façam os fantasmas), mencionam a todo momento trechos da história de cada um. Nos minutos finais, Hemingway fala sobre a traição que cometera contra Scott em *Paris é uma festa*. Scott o escuta e responde: "Acho que você era mais solitário do que eu, talvez até tão solitário quanto Zelda." Eles então olham um para o outro, ao que Hemingway diz:

Merda! Hadley, Hadley, me chama, o negócio ficou afeminado, não consigo mais jogar. [Fora de cena, uma voz feminina canta "Ma biond".] – É a senhorita Mary, uma amiga boa e afável que você nunca conheceu, minha companheira de caça e pesca no final. Nós cantamos essa música juntos uma noite antes de eu decidir estourar os miolos sem motivo nenhum além do fato, bom e suficiente, de minha obra ter sido concluída, uma obra vigorosa e sólida, toda ela concluída – não havia razão para continuar (...). O que você acha disso, Scott?

A referência à canção tem origem na vida real. Em *How It Was*, seu livro de memórias, Mary recorda que, na última noite em Ketchum, ela e seu marido enfermo dormiram em quartos separados. Eles se chamavam através da parede usando o carinhoso apelido de *gatinho*, e em determinado momento ela começou a entoar uma canção. Certo tempo depois, seu marido engrossou o coro. A música, que se chamava "Tutti mi chiamano Bionda" ("Todos me chamam de loira"), e não "Ma biond", se referia ao cabelo de uma mulher, tema que instigou Hemingway durante toda a sua vida.

Talvez ele estivesse pensando, na ocasião, nas madeixas cor de caramelo de Mary; talvez em Garbo e sua franja. Ou ainda em Maria, amante de Robert Jordan em *Para quem os sinos dobram* – a jovem que o personagem chama de *coelhinha*. Sua cabeça fora raspada pelos fascistas e voltara a crescer como milho. Tem a cor do grão escurecido ao sol e é curto como o pelo de um castor, de modo que, ao correr a mão por seu couro cabeludo, ele se aplaina sob os dedos, dando a Robert um nó na garganta.

Caso tenha pensado em Maria, é possível que lhe tivesse vindo à mente o mesmo Robert Jordan, que certa vez, ao evocar as coisas que havia feito, disse a si próprio: "Meu palpite, porém, é o de que você vai se livrar de tudo isso quando escrever. (...) Uma vez escrito, tudo se vai." No final do romance, quando se encontra sozinho no meio dos pinheiros com sua perna irremediavelmente esmagada, ele tenta se convencer a continuar vivo até que seja capaz de alvejar o líder de uma patrulha fascista, permitindo assim a fuga de Maria e do pequeno grupo de guerrilheiros sobreviventes. Cada vez mais fraco, Robert se sente deslizar do mesmo modo como às vezes sentimos a neve deslizar sobre uma montanha. A ideia de atirar contra si próprio antes de desmaiar, ser capturado e torturado pelos fascistas lhe ocorre a todo momento. "Não haveria problema em fazer isso agora", diz. "É verdade. Estou lhe dizendo que não haveria problema." Então, quando enfim se autoriza a fazê-lo, descobre que pode esperar mais um ou dois minutos, quando então os soldados surgem a galope pela trilha e ele consegue terminar o trabalho duro e indigesto que o levara até ali.

Não era fácil encontrar vestígios da vida de Tennessee Williams em Key West, não obstante tenha morado na cidade por quase quatro décadas. Ele chegou à cidade em 12 de fevereiro de 1941, durante o período de errância e pobreza que enfrentou antes de *O zoológico* mudar para sempre os contornos de sua vida. Naquela primeira visita, ele se instalou na Trade Winds, casa de um capitão em que, ocupando a parte dedicada aos escravos, recuperou-se de uma cirurgia em seu olho esquerdo para a remoção da catarata. A peça *Batalha dos anjos* fora um fiasco em Boston, e ele precisava de um lugar que lhe possibilitasse restabelecer tanto a confiança quanto a visão. "Escolhi Key West", escreveu nas *Memórias*, "porque para mim nadar era praticamente um estilo de vida; como Key West era o ponto mais meridional dos Estados Unidos, imaginei que conseguiria nadar por lá."

E foi isso o que aconteceu. Além das braçadas, havia também as possibilidades sedutoras que os cruzeiros traziam (a base naval acarretava a presença de uma multidão de marinheiros) e as manhãs calmas que contribuíam para seu trabalho. "A pesca de esponjas e a pesca em alto-mar são as principais ocupações, e as casas em geral não passam de barracas de tábua que ficaram cinza com o tempo e que possuem redes secando em suas varandas, bem como arbustos grandes e cintilantes de poinséttias nos quintais", escreveu de Trade Winds a um amigo, acrescentando com entusiasmo: "Nas próximas semanas, não vou fazer nada além de nadar e ficar prostrado na praia até voltar a me sentir humano."

Ele sempre regressava. Em 1949, alugou uma casa de campo na Duncan Street e mudou-se para lá com seu companheiro Frank Merlo e com seu avô, o reverendo Dakin, homem magricelo, semelhante a uma cegonha, que à época havia enviuvado e estava longe de levar uma vida feliz com sua filha e seu genro agressivo em St. Louis. Tennessee comprou a casa na primavera seguinte e, com o passar dos anos, acrescentou-lhe uma piscina e o belo ateliê em que escrevia, cujas paredes amarelas ostentavam fotos emolduradas de Tchekhov e Hart Crane. As palmeiras e bananeiras, escreveu jubilosamente à amiga Maria St. Just, produziam sons maravilhosos enquanto ele trabalhava, "como senhoras correndo de pés descalços e saias de seda no andar de baixo".

Os bailes de sábado à noite no Sloppy Joe's, onde uma banda excelente tocava sobre o palco e Frank dançava sua versão desordenada do *lindy hop*; as braçadas em South Beach antes de os motéis e os estacionamentos aparecerem; as rotinas reconfortantes de trabalho – durante muito tempo, Key West representou um tipo de vida ideal, que o acalmava e estimulava de uma só vez. Veja-se a seguinte declaração, escrita na manhã do primeiro dia de 1954, quando Tennessee estava internado nas cercanias de Nova Orleans com o que acreditava ser um câncer:

> Ah, como anseio por estar livre novamente, indo trabalhar de manhã no ateliê de Key West com o céu e as casuarinas através da claraboia, a luz resplandecente da manhã sobre as quatro paredes, a quentura do café em mim e no outro mundo da criação. E também dirigir até a praia à tarde, com aquele drinque lento, sossegado e meditativo no terraço rosa, a nadada longa e reconfortante na água leve e agradavelmente fria.

Quão adorável! Ouçam só a torrente de adjetivos: *lento, sossegado, longa, reconfortante, leve, fria*. Trata-se de um lugar reconfortante, um lugar que facilita a transição para o outro mundo em que o autor coabita, independentemente de qual seja ele. Então, alguns anos depois, lemos novamente numa carta: "Estou indo (...) descansar e me recuperar num locar doce, doce, na casinha em Key West com o Cavalo e o cão."

Certa manhã, quando o sol ainda vinha baixo e pálido no céu, eu me dirigi até aquele casebre. Ficava na esquina da Duncan com a Leon: uma casa de tábuas com venezianas recém-pintadas de vermelho e um teto de zinco quase encoberto por palmeiras gigantes, em cuja copa cactos se prendiam com pedaços de flores que lembravam seda vermelha. Aquilo parecia uma versão mais agradável do jardim silvestre de *De repente, no último verão*: fecundo e não totalmente sob o controle do homem.

Tennessee morou intermitentemente ali até sua morte em 1983, muito embora nem sempre desfrutasse da companhia de seu avô e de Frank, cujo sobrenome, na ocasião lembrei, significava *melro*. Era a relação dos dois o que me preocupava naquela manhã. Ao que tudo indica, Frank Merlo foi um homem profundamente decoroso. "Era claramente bom", observou Christopher Isherwood: "Era um homem que permaneceu tranquilo mesmo quando ele e Tennessee estiveram expostos às pressões mais espantosas da vida social e profissional."

Desde o início houve tensões no relacionamento – assim como há, creio, em qualquer um. Frank queria a monogamia, mas, embora conferisse harmonia e estrutura à vida de Tennessee, a exclusividade jamais parece ter sido uma opção. Não obstante, os dois mantiveram uma casa juntos na Flórida e em Nova York, passaram verões de um lado para o outro da Europa e, apesar das escapadas sexuais frequentes, Frank continuou sendo o ponto de apoio da vida de Tennessee. Em 1949, ele escreveu com um prazer estupefato: "Eu amo F. – profunda, carinhosa e incondicionalmente. Acho que o amo com cada pedaço de meu coração."

As coisas começaram a mudar na segunda metade da década de 1950. Após a morte de Cornelius Williams, ocorrida em 1957, Tennessee começou a fazer psicanálise e passou um período que chamou de "casa de pirados coberta de veludo"; seu intuito era ficar seco, ou ao menos tentar. A seriedade com que se pôs a fazê-lo pode ser inferida a partir de seus cadernos, nos quais ele confessa dia após dia que está "bebendo um pouco mais que minha cota". Um detalhamento lacônico inclui: "Dois uísques no bar. Três drinques de manhã. Um daiquiri no Dirty Dick's, 3 taças de vinho tinto no almoço e 3 de vinho no jantar – assim como dois Seconais até agora, um tranquilizante verde cujo nome desconheço e um amarelo que creio se chamar reserpina, algo assim."

O terapeuta, que atende pelo nome de dr. Kubie, também estava tentando curá-lo do homossexualismo, "tendo sucesso em destruir meu interesse por todos, menos pelo Cavalo, mas talvez o Cavalo seja o próximo". Havia ainda outras questões. Em seus cadernos e cartas da época, ele muitas vezes se referiu a uma distância crescente entre ele e Frank, ainda que em agosto de 1958 também escrevesse, com saudades: "Sinto falta do cavalo & do cão com que vivo em Roma."

Olhando para o confuso período dos anos 1970, Tennessee avaliou que o consumo de bebidas e drogas pelos dois tinha saído do controle, não obstante o testemunho de seus amigos sugira que não passava de paranoia a crença em que Frank andava se drogando. Ele também gostava de acusar o amante de infidelidade sexual, mas ao menos parte disso parece não passar de projeção, daquela suspeita e daquela falta de clareza enlouquecedoras do alcoólatra crônico. Comparemos isso com o comportamento que ele mesmo confessava ter: quartetos sexuais com *drag queens*; um fim de semana com um jovem de pele cremosa, por ele chamado de Dixie Doxy. Depois, os silêncios embriagados em casa, as portas batidas, o prato de bolo de carne lançado contra a parede da cozinha – o tipo de comportamento que Cheever julgava extremamente vergonhoso em sua esposa, Mary, ainda que qualquer um de fora notasse ali uma ligação relativamente óbvia entre um bêbado negligente e infiel e o desejo de dormir sozinho à noite.

Mapear os acontecimentos década de 1960 adentro é algo que vai se tornando cada vez mais difícil. As cartas ficam menos frequentes, enquanto os cadernos, mantidos por Tennessee de maneira mais ou menos fiel desde 6 de março de 1936, chegam ao fim em setembro de 1958. Restam-nos as *Memórias*, documento estranho e pouquíssimo confiável. As datas fornecidas muitas vezes estão erradas e os incidentes tendem a se mesclar ou a serem relatados fora de sequência. Como certa vez observou o antigo confidente Donald Windham, talvez com certo ressentimento:

> Provavelmente não há um único episódio descrito nas *Memórias* que não tenha acontecido em algum momento, com alguma pessoa, de alguma maneira. Porém, é muito provável que tenha ocorrido a outra pessoa, numa outra época, com outros detalhes. Cortinas e mais cortinas de ambivalência desceram sobre a vida dele.

Não se trata, portanto, de evidências forenses, e sim de um registro muito preciso do tipo de histórias que o alcoólatra conta a si mesmo – histórias confusas, autodilacerantes e resolutamente embebidas em negação.

Segundo esse ébrio testemunho, em 1960 Frank começou a perder peso e a apresentar misteriosos ataques de fadiga. Quando ele foi para Nova York realizar alguns exames, Tennessee convidou um jovem pintor para ficar na casa da Duncan Street. Um amigo de Frank alertou-o sobre o intrometido, e assim Merlo voltou do hospital e sentou-se no canto da sala de estar, observando os dois com olhos que Tennessee descreveu como grandes e repletos de ódio. Então, sem avisar, atravessou a sala correndo, "como um gato-da-selva", e pegou o pintor pelo pescoço. A polícia foi chamada e o levou para a casa de um amigo (Frank era estimado pela polícia de Key West, bem como por todos aqueles que veio a conhecer). Na manhã seguinte, ele retornou enquanto Tennessee estava colocando todos os seus papéis no carro. "Ele observou em silêncio por um tempo. Então, quando dei a partida no motor, veio correndo pela via em que eu me encontrava e disse: 'Você vai me deixar sem nem mesmo apertar as mãos? Depois de 14 anos juntos?'"

É terrível ler isso – ler nas entrelinhas, imaginar alguém arrancando os fundamentos da própria vida. Tenho a impressão de que se trata de um clássico exemplo do alcoólatra que tenta machucar a si mesmo machucando aqueles que lhe são mais caros, demonizando-os e banindo-os como se isso lhe fosse proporcionar alguma coisa. Uma carta sem data enviada a Maria St. Just traz o mesmo tom punitivo: "O Cavalo fez praticamente tudo o que estava a seu alcance para me destruir e humilhar, e por isso preciso arrumar coragem para esquecer e deixar de lado algo doentio."

Na primavera de 1962, Frank insistiu em encontrá-lo em Nova York. Tennessee levou consigo seu agente e ficou acordado que o ex-companheiro continuaria a receber um salário – palavra desagradável no contexto do fim de 14 anos de relação. Dez minutos depois de ter deixado o prédio, Frank telefonou e implorou para que continuassem a conversa em particular. Foram os dois para um bar vizinho, onde Tennessee disse algo que, mais de uma década depois, afirmou ainda recordar-se tim-tim por tim-tim: "Frank, quero ter minha bondade de volta" (muito embora seja difícil não achar, caso isto seja verdade, que ele estava dando um basta na coisa errada).

Por um tempo, silêncio. Então, ao menos segundo sua versão dos fatos, em 1963 um amigo lhe telefonou para dizer que Frank fora diagnosticado com câncer de pulmão. Havia sido operado em Nova York, mas o tumor estava muito perto do coração e, por isso, os médicos o costuraram e mandaram para Key West. Durante alguns meses, Frank esbanjou energia. Saía para dançar – aquele *lindy hop* desfreado – e desfrutava em toda parte da companhia de Gigi, o buldogue de Tennessee. Quando ficou mais fraco, voltou para a Duncan Street e passou a dormir no velho quarto que dividira com Williams, que por sua vez ocupou o quarto do andar inferior com seu novo namorado, um poeta apelidado de Angel. Em determinado momento, Frank e Tennessee retornaram para Nova York, deixando Angel a sós no sul. Frank agora pesava menos de 45 quilos e parecia "o esqueleto de um pardal", não obstante continuasse impetuosamente independente. Trancava sua porta à noite e durante as tardes assistia à televisão na namoradeira, ao lado do velho cão; segundo Tennessee, as expressões de ambos eram quase identicamente estoicas.

Ao longo de todo aquele verão, Frank entrou e saiu do hospital. Tennessee o visitava quase todo dia, revelando a generosidade e a ternura que eram tanto parte de sua natureza quanto o ímã da depressão e a paranoia esmagadora. Em 21 de setembro, Merlo teve dificuldades para respirar e houve demora até que alguém lhe trouxesse oxigênio. Quando enfim conseguiu dormir, Tennessee foi para um bar gay com alguns amigos e se embebedou; ao chegar em casa, ouviu o telefone tocar: era o melhor amigo de Frank dizendo-lhe que o Cavalinho morrera. "Enquanto Frank esteve bem, também eu estive", escreveu nas *Memórias*. "Ele tinha o dom de criar vida, e quando faleceu eu não consegui criar uma vida para mim." E também, em carta enviada a Windham no início de 1964: "Depois do meu trabalho, Frankie era minha vida."

─✦─

Que se dane. Eu deixei a casa da Duncan Street e caminhei até a praia. Queria nadar, lavar a tristeza que aquelas histórias tinham suscitado em mim. Um homem de rosto vermelho e o cabelo preso num rabo de cavalo gritou: "Espero que seu dia seja tão bonito quanto você!", e então gargalhei. Havia algo de tranquilizador em caminhar pelas ruas quietas, tomadas pelo som das rolas-carpideiras e dos estorninhos que tagarelavam invisivelmente nas árvores. Logo adiante havia uma escola; em seguida, um jardim público com nastúrcios, acelgas-vermelhas e funchos, bem como boragos e suas estrelas azuis resplandecentes.

Na South Street, um homem pintava a própria casa. Adiante, alguém mexia numa motocicleta, sussurrando um "filha da puta" tão logo ela começou a funcionar. O som de uma serra elétrica, o *susshsh* das folhas, o odor efêmero do jasmim. No calçadão da Clarence Higgs Beach se estendia uma rocha negra e refulgente. Quando me aproximei, descobri que se tratava do Key West Aids Memorial. Um mapa das ilhas fora gravado ali, e abaixo dele figurava o nome dos mortos: Richard Cahil. Steve Vanney. Edgar Ellis. Troy Aney.

O dia estava muito quente. O mar ricocheteava contra o calçadão, o sol se dividia em raios intensos e perigosos. Uma sem-teto fez que atingiria um galo verde e lustroso. Passei pelos grandes hotéis, me arrastei até a Dog Beach, fiquei só com meus trajes de banho e abri caminho entre uma massa de algas escuras. Algumas rochas afiadas – corais, talvez – davam lugar a ondas compactas de areia, agradabilíssimas aos pés. Raminhos e galhinhos de algas marinhas flutuavam. A água estava quente e opaca, enturvada pela areia. Avancei até ter o tronco submerso e me deixei encobrir, remando vigorosamente na direção das balizas.

Tudo ali ficava mais vago, mais dissipado. As histórias sobre as quais andara meditando me assustavam, pois sentia em alguma parte de mim quão prazeroso não seria deixar o álcool atordoar-me, levar-me até um lugar inalcançável e profundo, onde os sons ficam extremamente abafados. Afogar as mágoas: é essa a expressão. Então, enquanto flutuava sobre uma água cujo amarelo esverdeado lembrava exatamente um Gatorade, recordei-me de que ser sepultado no mar era uma das fantasias mais recorrentes de Tennessee. Nas *Memórias*, ele descreveu um codicilo de seu testamento em que pedia para que fosse "colocado num saco branco limpo e lançado no mar a 12 horas de Havana, de modo que meus ossos não repousem muito longe dos ossos de Hart Crane". Hart Crane, o poeta alcoólatra. Havia algo naquele sonho de liquidez, de deliquescência, que dava suporte à história sobre Frank, muito embora me fosse difícil, mais uma vez, saber ao certo como ou o porquê. Nada daquilo me era claro, mas quando voltei à casa de hóspedes decidi telefonar para todas as empresas de navegação até encontrar uma que me levasse para nadar na manhã seguinte nas águas profundas e mescladas do Golfo, destino que Tennessee desejara para seu corpo.

Acordei logo após o amanhecer e cheguei à cidade passando pela Harry Truman's Little White House. Perto do porto havia uma loja de sorvetes aberta, e ali comprei um café e uma rosquinha. Comi debaixo do sol tentando não pensar em tubarões. Na noite anterior, durante um acesso de ansiedade, eu havia jogado "ataque tubarão Flórida" no Google e me deparado com um homem que morrera em Marathon depois de ter a coxa mordida até os ossos. Também tinha passado os olhos pelas peças à procura de sepultamentos no mar, e agora decidia voltar a elas, desviando forçosamente o pensamento da imagem de uma nadadeira rasgando a superfície da água.

Na cena final do *Bonde*, vemos Blanche no banheiro, preparando-se para uma despedida que compreendeu desastrosamente mal. Ela havia passado pelo pior: fora estuprada por Stanley, rejeitada e exposta por Mitch. Ela vai para o quarto, com o cabelo recém-lavado, com os pés fora da realidade, e começa a tagarelar sobre uma uva suja.

> Um dia hei de comer uma uva não lavada no mar. Morrerei com minha mão nas mãos de um médico de bordo bonitão, um médico muito jovem com um bigodinho loiro e um grande relógio de prata. "Pobrezinha", dirão. "A quinina não lhe fez nada bem. Aquela uva não lavada levou sua alma para o céu. [*Ouvem-se os sinos da catedral.*] Então serei sepultada no mar dentro de um saco branco e limpo... Lançada do barco ao meio-dia, no esplendor do verão, num oceano tão azul quanto [*os sinos novamente*] os olhos do meu primeiro amor.

A mesma imagem, tomada vagamente de um conto de Tchekhov intitulado "Gusev", figura novamente em *A noite do iguana*, um dos últimos sucessos de crítica e bilheteria de Williams. Durante todo o péssimo ano de 1961, data em que o estado de Frank começou a se deteriorar e Tennessee respondia refugiando-se em casos amorosos e bebendo até parecer um idiota, o autor também trabalhou duro naquela que é sua peça mais compassiva e explicitamente esperançosa. Ela está repleta de questões dolorosas e quase vergonhosamente prementes sobre o desejo e o castigo, o sexo e a corrupção, sobre o preço que a arte cobra e sobre a possibilidade de sermos pessoas boas ou encontrarmos um estilo de vida que não nos faça ficar em pedaços – contraponto, ao menos nesse aspecto, a *De repente no último verão*, peça profundamente fria que ele escrevera enquanto fazia análise e na qual o opressivo poeta Sebastian Venable é dilacerado e comido por uma gangue de pivetes que lhe ofereciam sexo em troca de dinheiro.

Eu havia assistido à adaptação do *Iguana* para o cinema em meu apartamento, pouco antes de deixar a Inglaterra. Ava Gardner como Maxine, trajando seu jeans apertado e interpretando o mesmo papel que Bette Davis interpretara no palco: o de uma dona de hotel viúva, durona, falida e alegre, não obstante se encontre em queda livre e não tenha nenhuma rede de proteção para ampará-la. Richard Burton como o reverendo Shannon, sacerdote laicizado, alcoólatra e sedutor de menininhas adolescentes, alguém que caminha para o colapso ao mesmo tempo que lidera uma excursão de senhoras de igreja pelos trópicos mexicanos. Ele morre de medo de algo que denominara "o fantasma", e Deborah Kerr (no papel de Hannah Jelkes) senta-se com ele no terraço do hotel, sob aquela noite longa e quente, a fim de reiterar com a calma que muito lhe custara que existem demônios dentro de nós com os quais podemos aprender a viver.

É tudo muito próximo da realidade. O nome que Hannah dá para sua versão do fantasma é "diabo azul", termo que Tennessee vinha empregando nos diários desde os vinte e poucos anos e que certa feita foi por ele comparado à sensação "de ter gatos selvagens sob minha pele". A exemplo da barata ou *cafard* de Cheever, o diabo azul significava ansiedade, depressão, uma inundação intolerável de medo e vergonha. Questionada sobre como conseguira vencer a batalha, Hannah diz apenas: "Eu lhe mostrei que conseguia resistir e o fiz respeitar minha resistência. (...) Resistência é algo que os fantasmas e diabos azuis respeitam." Mais tarde, ela articula uma das falas mais belas de toda a obra de Williams: "Nada do que é humano me enoja, a não ser que seja descortês." Há muito dele nessa declaração: ela é tolerante, acrítica, determinada a trazer à baila todo o aglomerado vergonhoso de psicopatologias que nossa espécie desenvolveu.

O trecho sobre o sepultamento surge no meio da peça, que cobre um período de 24 horas com a mesma unidade cenográfica que fez da *Gata* uma obra tão claustrofóbica e irresistível. Maxine está contando a Shannon sobre a recente morte de seu marido. Seu último pedido, diz ela filosoficamente, foi "ser jogado no mar, isso mesmo, logo ali, naquela baía, nem mesmo dentro de uma lona, somente com sua roupa de pescador". Alguns anos depois de redigir essas palavras, Tennessee reiterou o desejo de ter o mesmo destino, observando em seu diário:

> Desejo um rito ortodoxo grego; então, retorno aos Estados Unidos e sepultamento no mar (uma dia ao norte de Havana), único lugar onde meu ídolo Hart Crane, tendo julgado seu trabalho concluído (assim como Mishima ao final de sua vida, como eu), encontrou refúgio, naquela vasta "mãe da vida".

Voltei meu olhar para ele, a ansiedade mesclada com a cobiça habitual dos nadadores. O catamarã flutuava com leveza, tremulando um pouco junto com as ondas. As pessoas se aglomeravam no cais. Estava na hora de embarcar, e então me juntei à multidão que formava uma fila única pela rampa. Logo em seguida, um arranco. O capitão, que usava um *dreadlock*, anunciou que não iríamos até os recifes de corais. O tempo estava ruim e as ondas, grandes demais. Antes, rumaríamos para o sudoeste, tomando o encapelado caminho de Havana. "Veremos o que a Mãe Natureza nos reserva", disse aborrecido. "É com vocês, pessoal. Todo o mundo aqui sabe em que está se metendo? Um bom passeio de barco, umas boas braçadas, um retorno agradável à tarde."

Por mim tudo bem. O mar estava encapelado. Tão logo deixamos o porto, tiveram início as ondulações. Sentei-me sobre o convés, a estibordo, observando o mar se abrir sob a proa, a luz se dispersando em seguida. O ar recendia a gasolina e sal. Inclinei-me e contemplei a água verde azulada, o horizonte. Nenhum sinal de Cuba – a cem quilômetros dali, do outro lado de uma água repleta de tubarões. Um peixe-voador irrompeu e foi se cansando incrivelmente enquanto subia, deixando um esguicho de espuma ao cair.

Fora por ali que Hart Crane se afogara em 1932. Certa noite, voltando do México a Nova York num navio a vapor, ele foi espancado por um marinheiro que havia tentado seduzir. Na manhã seguinte, Crane pulou da parte de trás da embarcação a 440 quilômetros ao norte de Havana e 16 quilômetros da costa da Flórida – e, não obstante o capitão tenha desligado o motor imediatamente, seu corpo jamais foi resgatado. Ao viajar, Williams frequentemente levava consigo livros e cartas de Crane, além de usar seus poemas como coletor de títulos mesmo sem entender muito mais que um único verso. Não importava. Ele experimentava o impacto, a sensação impetuosa de ser saciado pela linguagem imagística. *Os passos devem ser gentis*, uma das últimas peças que escreveu, é uma obra para dois atores em que versões fantasmas de Crane e sua mãe, Grace, expõem seus descontentamentos do mesmo modo como faziam Hemingway e Fitzgerald em *Roupas para um hotel de verão*. Ali, Crane relata os fatos ocorridos no *Orizaba* – como seu rosto ficou desfigurado após a briga, como foi para o convés trajando apenas um pijama e um casaco, o qual dobrou esmeradamente sobre a amurada antes de se lançar...

Por trás dessa aparência biográfica, a peça é uma clara reorganização do velho esqueleto de *O zoológico de vidro*, escrito quarenta anos antes. Há algo profundamente inquietante na percepção de que, nos anos finais de sua vida, Williams ainda se sentia impelido a escrever sobre jovens ávidos por fugirem de suas mães. Dessa vez, porém, não há nenhum truque do caixão, nenhuma cidade voando como folhas mortas. Mesmo a sete palmos do mar, Crane não fugira ao domínio da devoção e carência sufocantes de sua mãe.

Coincidentemente, Crane também teve influência sobre a vida interior de Cheever. Quando jovem, Cheever conhecera o poeta, amigo de seu velho mentor Malcolm Cowley. Peggy, esposa de Cowley, estivera no *Orizaba* com Crane, e Cheever gostava de contar uma maliciosa história em que Crane se suicidava porque Peggy estivera ocupada demais no salão de beleza do navio para consolá-lo após o ataque. Não obstante a impertinência, a morte do poeta se assomava na cabeça de Cheever: ela representava com enorme clareza as consequências – a violência, a rejeição, a humilhação e a morte – que poderiam se seguir à confissão pública do desejo homossexual.

Essas duas histórias pareciam se mover sob a superfície da água, repletas dos tipos de mazela que gostaríamos de afogar. O navio ancorara a 11 quilômetros da costa. Sobre o convés, a tripulação jogava caixas com máscaras de mergulho e pés de pato. Peguei meu equipamento e, cambaleando, desci os degraus amarelos até o balançar das ondas cristalinas que se chocavam contra as laterais e salpicavam meu rosto. Os cabos se retesavam e afrouxavam. Arfando, arrisquei um passo adiante e usei os pés para dar um impulso.

Não havia muito a ser visto: areia, algumas plantas, uns aglomerados de coral avermelhado formando bolas que lembravam poliestireno. O sol mergulhava em feixes. Minha respiração era audível, a mais lenta possível. Pequenas partículas de escombros passavam pelos meus óculos como estática numa tela. "A bebida e a natação", disse Tennessee em entrevista da década de 1960, "são o que me mantém em movimento: Miltown, álcool e natação."

Muito tempo antes, ocorrera-me que o sonho de se deixar levar pela água predomina na obra dos escritores alcoólatras, e então andei compilando essas pequenas fantasias de limpeza, purificação, dissolução e morte. Algumas eram saudáveis, antídotos contra uma espécie de sujeira acumulada alhures. Em "Os nadadores", conto um tanto fraco de seu período intermediário, Fitzgerald descreveu a imersão como uma prática literalmente salvadora para um homem preso num casamento infeliz.

Quando as dificuldades se tornaram insuperáveis, inevitáveis, Henry procurou desafogo nos exercícios. Durante três anos, nadar vinha sendo uma espécie de refúgio, e ele se voltou para isso do mesmo modo como alguém se volta para a música ou para a bebida. Chegou um momento em que parou resolutamente de pensar e passou uma semana na costa da Virgínia a fim de lavar a própria mente na água. Para lá das arrebentações, era possível perscrutar o contorno verde e castanho do Old Dominion, com a agradável impessoalidade de um marsuíno. O fardo de seu casamento miserável se dissolvia no contato de seu corpo flutuante com as ondulações, e então ele começava a se mover no espaço de um sonho de criança. Às vezes, os companheiros de recreação que lhe vinham à memória nadavam com ele; às vezes, com seus dois filhos ao lado, tinha a impressão de que tomava a trilha reluzente em direção à lua.

Essa atividade aprazível nos traz à memoria John Cheever, que fez Neddy Merrill dizer, em "O nadador", aquilo em que ele mesmo ardorosamente acreditava: "Ser abraçado e sustentado pela água verde-clara parecia-lhe menos um prazer do que a retomada de uma condição natural." Parece delicioso, mas na história existe um elo explícito entre o desejo de flutuar e a necessidade de pôr de lado as dificuldades com uma dose de gim. Mesmo a expressão "retomada de uma condição natural" traz um quê de regressão, evocando aquele ser que vai nadando nu no útero, irresponsável e à deriva em seu reino puramente líquido.

No final de sua viagem de regresso, vemos Neddy exausto e doente graças aos dois tipos de mergulho de que vinha se ocupando. Até mesmo a estrutura do relato é natatória, solavancando incertamente pelo tempo como as cenas de festa de *O grande Gatsby*, apresentadas como são numa explosão de fotogramas desconexos que se tornam espalhafatosos e modernos graças às junturas de apagões de Nick Carraway. Quanto ao mapeamento da derrocada do alcoólatra por meio de sua capacidade de mover-se pela água: não é precisamente isso o que vemos repetido em *Suave é a noite*, obra em que Dick Diver começa como o rei gracioso e competente da praia de Riviera e termina quase matando a si mesmo ao cair de um aquaplano, tentando fazer um truque que conseguiria realizar perfeitamente dois verões antes?

A corrente estava me levando para longe do barco. Dei duas ou três braçadas impetuosas e me soltei novamente. Havia mais. Uma carta que Hemingway redigiu em 1950, na qual descreveu como saltara do *Pilar* naquela mesma região luminosa do Golfo. Ele fora fundo em águas que possuíam dois quilômetros e meio de profundidade e, motivado por algum impulso obscuro, esvaziou seus pulmões. Suspenso sob a cálida penumbra, pensou em deixar-se afogar, e foi apenas a lembrança de seus três filhos o que o fez impelir-se violentamente até a superfície.

Mais uma. Na Canção do Sonho que tem como título "O entendimento de Henry", John Berryman recordou uma noite de férias no Maine quando tinha cerca de 32 anos. Sua esposa está dormindo e seus amigos Richard e Helen também, mas ele – ou, antes, o ele-Henry, essa máscara que cada vez se reduz mais – está de pé e lê. Quando cogita colocar o livro de lado, despir-se e ir para cama, ocorre-lhe

> que *numa* noite, em vez de pijamas quentes,
> eu tiraria toda a minha roupa
> & cruzaria o gramado úmido e frio & escarpa abaixo
> chegaria à terrível água & caminharia para sempre
> debaixo dela rumo à ilha.

Essa não é bem uma fantasia com a morte. Você não caminha para sempre estando morto. Trata-se, antes, do sonho de adentrar outro reino, um reino ao mesmo tempo protetor e destrutivo: um mundo debaixo d'água em que ficamos nus, inalcançáveis e completamente sozinhos. A ilha ao final do gramado era o P'tit Manan, que se fazia visível desde a casa de Richard (muito embora possa ser relevante o fato de seu pai, ao se matar com um tiro, estar morando em Clearwater Island, no meio do Golfo do México).

Nadei de volta até o barco, subi os degraus com dificuldade, joguei meu equipamento sobre o convés e banhei-me com uma mangueira aquecida pelo sol. O céu azul era branqueado por pequenos cirros que passavam deslizando. Alguns mergulhadores ainda estavam na água, distendidos como estrelas-do-mar, as mãos na cintura. "Vamos lá!", gritou o capitão. "Voltem para o navio!" Obedientemente, voltaram todos como um rebanho.

Enquanto voltávamos para Key West, a tripulação serviu bandejas com cerveja. Peguei para mim um copo em cujo plástico havia gotas de condensação. As pessoas se dispersavam por todo o convés, seus corpos cintilando por causa do filtro solar, todas palpavelmente relaxadas após terem nadado. Meu cabelo criara nós espetaculares, e ainda os desembaraçava com os dedos quando três, quatro, cinco nadadeiras surgiram repentinamente na superfície da água. "Golfinhos! Golfinhos! Golfinhos!", berrou o grumete mais bonito. Golfinhos-nariz-de-garrafa saltavam ao lado do barco, erguendo suas faces limpas e refulgentes para o sol. Eles dispararam para baixo mais uma vez e guinaram para o leste, e enquanto mergulhavam me lembrei de mais um trecho, dessa vez de Fitzgerald, que se unia aos outros em seu mistério: "Toda escrita boa consiste em *nadar debaixo d'água* e prender a respiração."

Havia uma última coisa que eu queria fazer em Key West. Eu vinha passando pela Santa Maria Estrela do Mar duas, às vezes quatro vezes ao dia. Ela ficava na Truman Avenue: um edifício de aparência espanhola com duas agulhas semelhantes a chapéus pontudos. Em minha última manhã na cidade, decidi entrar. Com todas as suas portas escancaradas, o lugar era inundado pela luz. O livro de orações estava aberto no Salmo 139: "Senhor, vós me perscrutais e conheceis." Abaixo, a versão em espanhol: "Señor, tu me examinas y conoces."

Gregory, o filho mais novo de Hemingway, fora batizado ali em 14 de janeiro de 1932. Também fora ali que Tennessee Williams havia se convertido ao catolicismo, no meio do pior período de sua vida. Após a morte de Frank, em 1963, Williams foi se consultar com Max Jacobson, o infame dr. Feelgood, médico que tratava seus pacientes com injeções intramusculares de vitaminas, analgésicos e anfetaminas – as chamadas "doses miraculosas". Esse foi o início do período do Tennessee drogado, tempo que se estendeu por toda a década de 1960. Ao longo desse período irredimível, ele esteve mais para lá que para cá, mal conseguindo resistir à corrente, preso a uma dieta de café, álcool, Doriden, Mellaril, barbituratos e anfetamina. Não surpreende que lhe fosse difícil falar e que a todo momento perdesse o equilíbrio em bares, teatros e hotéis. A cada ano que passava Williams produzia uma nova peça e a cada ano que passava essa peça fracassava; raramente permanecia mais de um mês em cartaz.

Em janeiro de 1969, seu irmão, Dakin, lhe fez uma visita e saiu convencido de que Tennessee estava à beira da morte. Católico como era, ele planejou sua conversão, esperando ao menos garantir que o irmão não pararia no inferno. Anos depois, na entrevista concedida em 1981 à *Paris Review*, Tennessee declarou lembrar-se confusamente de ter conhecido um padre jesuíta que parecia "bastante adorável" e que concluiu, muito provavelmente com sabedoria, que o sr. Williams não tinha condições de aprender o catecismo. Em lugar disso, ele recebeu a extrema-unção – reservada aos que estão muito enfermos – antes de ser declarado católico. O batismo se deu naquele arejado espaço azul e branco. Eu o imaginei cambaleando pelo corredor, apoiado em sua governanta e em Dakin, repetindo as respostas sob o vitral que estampava a imagem de Nossa Senhora no meio do oceano, com o sol se pondo às suas costas em raios vermelhos e dourados.

Nada daquilo o ajudou, provavelmente por não ter quase consciência de onde estava ou do que dizia. A próxima intervenção de Dakin foi mais radical. Em setembro daquele mesmo ano, Tennessee levantou para fazer café e, por alguma razão, ou sentou-se sobre o fogão, ou caiu e derrubou a cafeteira com água fervente sobre todo o seu corpo, ocasionando o que, em diferentes ocasiões, diria serem queimaduras de segundo ou terceiro grau. Fora de si, ele telefonou para uma amiga, que por sua vez entrou em contato com Dakin. Agora, Dakin levou o irmão para St. Louis, o lugar que Tennessee mais detestava em todo o universo, e fê-lo ingressar no St. Barnes Hospital, onde permaneceu numa ala trancada durante três meses. Tennessee jamais perdoou Dakin pela concretização de seu maior medo, ainda que não haja dúvidas de que tenha sido isso o que salvou sua vida.

> Dakin (...) simplesmente me jogou no Barnes Hospital (St. Louis), bem na ala psiquiátrica, que era *incrivelmente* terrível. Do nada eles pegaram todos os comprimidos que eu tinha! As injeções também se foram. Então apaguei. Estava fritando. Eles me dizem que tive três concussões cerebrais durante um único dia, além de uma coronária. Como sobrevivi, isso eles não sabem dizer. Acho que havia intenções homicidas por ali. Fiquei naquele lugar durante três meses e meio. No primeiro eu fui colocado na ala dos violentos, mesmo sem ser um. Eu ficava aterrorizado e tentava me encolher num canto para ler. Os pacientes criavam brigas terríveis pelo único aparelho de televisão. Alguém colocava no noticiário, daí outro se punha de pé num salto, gritando, e trocava para os desenhos. Não surpreende que fossem violentos.

Ao escrever para um amigo quando ainda estava naquele refúgio incerto, ele se lembrou da cafeteira e das convulsões, mas parecia confuso quanto à forma como tudo aquilo se encaixava: "O resto não foi apagado, mas está fragmentado e caótico demais para ser colocado em ordem. (...) Nessas noites intermináveis e insones eu só consigo me deitar virado para o lado direito durante uma afortunada hora de pesadelos ('Morte, o quanto você aprecia esse belo menino de olhos azuis?').

É meio engraçado te mandar uma carta. Essa máquina de escrever me persegue."

Imediatamente depois de receber alta, ele participou do programa de David Frost. É possível encontrar um trecho no YouTube. Com seu suéter e suas calças escuras, Tennessee parece magro e esmerado; é um homem muito elegante, ostentando um bigode cuidadosamente aparado. "Tô dando um tempo com a bebida", diz ele, tão bêbado que mal consegue articular as palavras. Todos riem, e então Tennessee põe faceiramente a língua para fora e declara, com a fala arrastada: "Só me permito tomar u-um drinque por dia." Em seguida, Frost o questiona sobre sua homossexualidade, como se essa fosse outra aflição que Williams poderia ter superado. O autor se sai com uma tirada que faz o público comer na sua mão: "Mas não ficou nada de fora", diz com uma risadinha, jogando-se para trás na cadeira sob uma grande salva de palmas.

Retomada sua liberdade, ele deu continuidade a seu ciclo obsessivo de produção. Ao longo da década de 1970, foram publicadas seis peças novas, um romance, um volume de poemas, uma compilação de contos e o livro das *Memórias*, este último um best-seller. Na primavera de 1979, Williams retomou o diário há muito negligenciado, agora intitulando-o *Mes Cahiers Noir*. Os textos têm início com uma entrada longa e delirante repleta de aforismos desconexos.

> Porventura morri por minhas próprias mãos ou fui destruído lenta e brutalmente por um grupo conspiratório?
>
> O melhor que posso dizer para mim mesmo é que trabalhei pra diabos.
>
> Sou velho e feio e isso é abominável, mas de uma forma diferente. Minha doença é abominável, mas de uma forma diferente.
>
> Continuei a ser uma pessoa boa, ou ao menos uma pessoa que respeitava a bondade e procurava conservá-la, durante muito, muito tempo.

Foi mais ou menos nessa época que Truman Capote o satirizou no malicioso, e também maliciosamente engraçado, *Súplicas atendidas*, romance que, a despeito de sua jactância, o autor jamais terminou e só veio a ser lançado após sua morte, não obstante partes dele tenham sido publicadas na *Esquire* ao final dos anos 1970 e suscitado o êxodo de um grande número de seus amigos. O personagem de Williams é chamado sr. Wallace, dramaturgo que mora num quarto repugnantemente imundo do Hotel Plaza, onde há roupas sujas em tudo que é canto, "merda de cachorro por toda parte e poças de mijo de cachorro secando sobre o tapete" – imagem cuja precisão os diários de Tennessee confirmam. Ele possui "uma voz muito distante, polposa como torta de batata-doce, (...) uma voz que tine com risadinhas borradas pelo gim", além de sentir calafrios enquanto coloca para dentro seu uísque. "Os alcoólatras", confidencia o narrador P. B. Jones, "na verdade desprezam o gosto do álcool" – fato que Capote, mais que qualquer outro, deveria saber muito bem.

O sr. Wallace se expressa em ciclos repetitivos de paranoia, hipocondria e autocomiseração, tom instantaneamente reconhecível à luz das últimas cem páginas dos diários. Contemplando embaciadamente o estranho despido em sua cama, ele comenta que se sente seguro:

> Tão seguro quanto um homem caçado pode se sentir. Um homem com assassinos no seu encalço. Estou sujeito a morrer muito repentinamente. E, se o fizer, não será por morte natural. Eles farão parecer insuficiência cardíaca. Ou um acidente. Me prometa, porém, que você não vai acreditar nisso. Me prometa que vai mandar uma carta para o *Times* e dizer que foi assassinato.

Com efeito, Tennessee enviou uma carta muito semelhante a essa para Dakin. Em seguida, lemos um monte de coisa sobre como o sr. Wallace está apaixonado por suas próprias heroínas – as quais nada mais são que versões de si mesmo – e sobre como ele é alguém obcecado por si próprio e incapaz de levar em consideração a existência de outras pessoas. No final da obra, está ele pedindo a Jones, uma mistura de escritor fracassado com garoto de programa, que tire a roupa e se escarrapache. Quando este lhe oferece resistência, o sr. Wallace anuncia com sua voz piegas e adocicada: "Ahhh, não quero te enrabar não, meu velho. Só quero apagar meu charuto."

Eu odiava aquela história, muito embora ela diga mais acerca de Capote que acerca de Williams. Aquele não parecia o estilo de Tennessee – ao menos não a crueldade, ainda que ele de fato objetificasse parceiros e fosse capaz de ataques violentos de fúria, muitas vezes eliminando amigos e amantes de sua vida por deslizes pequenos e inventados. De todo modo, o leitor da história acima deve levar em consideração também o que diz Marlon Brando, que interpretou Stanley Kowalski em *Um bonde chamado desejo*. Tennessee nunca achou que Brando gostasse dele, mas gostava. Eis o que aquele homem grande e silencioso, alguém cuja vida já lhe impunha seus próprios problemas, tinha a dizer sobre Williams:

> Você tem sido mais corajoso que todos os que já conheci, e é um consolo pensar nisso. Você provavelmente não se vê como corajoso porque ninguém que tem coragem de fato o faz, mas sei que você é e me alimento disso.

Seria possível dizer isso de Williams até mesmo nos últimos anos de sua vida. Em janeiro de 1979, Tennessee foi atacado em Key West por aquilo que a polícia local registrou como um grupo de quatro ou cinco homens brancos atuando diante do número 500 da Duval Street. Eles socaram seu amigo no maxilar (o mesmo amigo, a propósito, que o entrevistou para a *Paris Review*) e jogaram Tennessee no chão, chutando-o em seguida. Uma lente caiu de seus óculos, mas fora isso nada de ruim lhe ocorreu. Os homens sabiam quem ele era, mas o autor não deixou que isso o incomodasse. "E por que não?", perguntou-lhe um entrevistador alguns meses depois, ao que ele respondeu, resoluto como sempre: "Porque, meu bem, eu simplesmente não deixo."

Naquele verão, Williams escreveu *Roupas para um hotel de verão*, peça que foi encenada na primavera seguinte no Cort Theater, em Nova York. Na noite de abertura, o público se levantou de um salto ao ver Williams asseado e grisalho no balcão nobre. Estava comemorando seu aniversário de 69 anos e, tomado de prazer, se fez presente na festa do elenco. Por um alegre momento, parecia que a peça seria um sucesso, ainda que já tivesse fracassado em duas pré-estreias encenadas em Washington e Chicago. Então as críticas começaram a vir. "Estruturalmente, um desperdício", escreveu o *New York Times*, que concluiu: "O melhor dramaturgo de nosso tempo passou a noite se esforçando muito, muitíssimo, para soar como outras pessoas."

E piorou. Uma nevasca atingiu Manhattan no fim de março e, no primeiro minuto do dia primeiro de abril, os trabalhadores da área de transportes entraram em greve. O amplo e complexo mecanismo nova-iorquino entrou em colapso e a arrecadação dos teatros sucumbiu. No final de cada apresentação, o produtor subia ao palco a fim de suplicar à multidão que retornasse e trouxesse seus amigos. A peça continuará para sempre, prometeu, mas na noite do dia 16 de abril ele não deu as caras e o elenco compreendeu que ela tinha acabado. Infelizes, os atores recolheram suas coisas. Geraldine Page, que até então interpretara Zelda, mulher inamável e de olhos aquilinos, pegou até mesmo as flores de seu camarim e as jogou na mala.

Um ou dois dias depois, o cenário foi levado a um incinerador de Nova Jersey e queimado. Havia ali, entre outros objetos, uma tenda feita de fitas de seda; um conjunto de portões negros; a fachada de um prédio de três andares, com as janelas superiores gradeadas; e um arbusto de que pendiam folhas de celofane vermelho, ali colocadas para dar a impressão de que ele estivera sendo consumido por chamas. Numa peça assaz obcecada pela conflagração da promessa, da esperança e do talento, há algo de imensamente doloroso nessa fogueira. É ainda terrivelmente irônico que a reprodução do hospício de Zelda fosse também incinerada dias depois de Geraldine Page se colocar diante dela e descrever sua morte, sua transformação num pequenino monte de cinzas indistinguíveis.

Enquanto esse fogo ardia, Tennessee retornou a Key West: queria nadar até afogar a frustração e a tristeza. Eu podia imaginá-lo passando pela igreja a caminho da praia, refletindo sobre os fantasmas que chamara por tão pouco tempo ao palco. Não era fácil ressuscitar os mortos – ou, nesse caso, olhar para o espelho e registrar o que via. Pensei no que haveria pela frente: mais dois anos de viagens incessantes, e então a noite no Elysée. Ele nunca chegou a inserir o codicilo em seu testamento, e assim Dakin o enterrou ao lado de sua mãe no frio solo de St. Louis, tendo no caixão montes de rosas amarelas que não bastavam para compensar a perda daquele sonho derradeiro há muito cultivado.

Às vezes é melhor olhar para trás. Desse modo, por um mísero segundo, eu pude vê-lo com muita clareza: o Tennessee do início dos anos 1950, num bom dia, com Frank em casa. Um homem baixinho e elegante ostentando uma leve barriguinha, bronzeado tal qual uma noz, Ray-Ban no rosto, vestindo uns shorts de madras e tênis. Seu dia de trabalho chegou ao fim e a tarde, límpida, é toda dele. Imaginei-o azarando os garotos em Dog Beach, passando diante deles rumo às ondinhas esverdeadas, entregando-se à corrente, as palavras de amanhã começando a surgir, a vir à tona.

7

AS CONFISSÕES DO SR. BONES

Levei seis dias para chegar de Key West a Port Angeles, avançando, numa viagem de quase oito mil quilômetros, desde o canto mais sudeste dos Estados Unidos até sua extremidade noroeste. Dirigi até Miami, voei até Nova Orleans para pegar minha mala, passei uma noite ali e entrei num trem rumo a Chicago. Do avião eu tinha observado o tempo mudar e os rebanhos de nuvens atravessarem impetuosamente a Carolina. Havia as ultrapassado, mas agora o céu escurecia mais uma vez e a previsão do tempo anunciava chuvas e trovoadas.

Nas cercanias de Nova Orleans, passamos por uma fileira de casas cobertas por tapumes, todas abandonadas; em seguida, por um barco preso entre os galhos de uma árvore, resíduo do Katrina. Rumamos para o norte junto com o Mississippi, enquanto a tarde se esvaía. Durante quilômetros, a planície esteve repleta de árvores queimadas ou envenenadas que se erguiam, com seus cascos enegrecidos, de um pântano que tomava o céu para si e o devolvia em pequenos remoinhos alvoroçados. Comi um purê de maçãs servido num recipiente de plástico e observei uma garça com penas azuis na cabeça ciscar pela água salobra. Vi também uma tartaruga, e tão logo a notei descobri que havia centenas delas por ali, abarrotando cada galho flutuante. Mais adiante, novas casas, seguidas de uma placa que enaltecia as virtudes da LIPO A LASER.

Colmeias na floresta, cavalos pastando, terra vermelha. O vento se intensificara, levando a poeira como se de paraquedas. A luz pulsava, elétrica. Nuvens grandes se formavam, e havia ao oeste uma tonalidade amarelada, da cor de teclas de piano velhas, de dentes velhos. Os postes de luz se acendiam, no que eram seguidos pelas luzes do vagão acima de nossa cabeça. "Acho que ninguém ganhou na loteria", disse um homem. "Ótimo. Está agora em 30 milhões." Então as nuvens sobrevieram como uma espécie de tampa, o céu assumiu um verde lustroso engraçado e a chuva começou a golpear as janelas até o vidro ficar irregular. Em poucos segundos, o mundo exterior tornou-se imperceptível. Trovoadas baixas se seguiam, e em intervalos de segundos tremeluziam relâmpagos.

Eu não via chuva havia muito tempo. Era possível cheirá-la: trazia o odor doce e revigorante de terra. "Uma baita pancada de chuva", disse alguém ao telefone. "Está chovendo por aí? O céu ficou muito escuro, daí começou a cair. (...) Estou bem perto de Jackson." Às seis já estava claro novamente. Os rios tinham ficado marrons por causa da lama – a mesma cor das ruas, que estavam também escorregadias em virtude da água. Observei o dia distendendo-se, consumindo-se. Atravessamos durante muito tempo um único campo, e a marca rubra na qual o sol se pusera mostrava-se pequena como o fogo de uma lareira contra acres de terra arada.

Naquela noite, eu jantei com dois estranhos, ambos muito tímidos. "Espero que as duas não se importem", disse o homem, "mas onde cresci nós comíamos frango frito com a mão." Então, exausta após tantos quilômetros percorridos, voltei para meu lugar e adormeci, embalada pelo trem.

Acordei às cinco, bem na hora em que o sol nascia. Havíamos adentrado o cinturão do trigo à noite e agora viajávamos Illinois adentro, passando por quilômetros e mais quilômetros de restolhos de milho, pontuados como eram por silos de metal e cemitérios de caminhões e carros abandonados. Coloquei Sufjan Stevens para tocar no iPod e observei o mundo sem cor se encher de luz. Os campos pareciam infindos, um mar que, à medida que o sol se erguia, ia do chumbo ao peltre e do peltre ao dourado.

As pessoas iam e voltavam pelo corredor com xícaras de café nas mãos. Numa viagem, há momentos que jamais podemos prever – ao menos não sua riqueza, o impacto que terá sobre nosso coração. A luz incidia homogênea e agradavelmente sobre a Harvey Christian Bookstore, a Stewart Roofing e o Corpo de Bombeiros de Harvey; sobre as crianças à espera de seu ônibus escolar amarelo; sobre casas de madeira, igrejas de tijolos e plataformas campestres. "Esperança": eis o que tudo aquilo anunciava inequivocamente, e enquanto o trem desferia seu lamento baixo e harmonioso eu me recostei no assento e abri um livro que trazia, na capa, o alegre título de *Recuperação*.

Recuperação é o nome de um romance inacabado de John Berryman, poeta cujo pai se matara com um tiro no dia 26 de junho de 1926, em Clearwater Island. Na esteira da catástrofe, a mãe de John e seu novo padrasto levaram a família para Nova York a fim de começarem do zero. Dois anos depois, John foi enviado para South Kent, internato espartano em Connecticut onde, segundo se recordaria, uma turma inteira fora obrigada a ler seus livros de história enquanto atravessava de joelhos uma varanda de cascalhos. Ele não ligou muito para essa punição em particular, mas a escola como um todo lhe parecia um tormento. Berryman era um garoto bobo e mirrado, dono de óculos grossos e de um rosto que se tornara lívido graças à acne. Imprestável no futebol e inteligente demais para ser benquisto, só veio a ter sucesso quando, aos 17 anos, ingressou em Columbia, universidade nova-iorquina de primeira linha.

A academia foi-lhe ao mesmo tempo refúgio e fonte de euforia. Em seu primeiro ano, ele se entusiasmou demais ante as possibilidades sociais, de modo especial ante a proximidade das jovens deslumbrantes da Barnard, para conseguir prestar atenção nas aulas. Namorar, dançar e escrever poemas consumiam seu tempo, e Berryman foi mal em quase todas as disciplinas do período. Então trancou sua matrícula e retornou, com renovada seriedade, na primavera. Dorothy Rockwell, amiga da época, descreveu-o como alguém

> (...) magro e irritantemente intenso – meio austero, mas volta e meia se abria em seu rosto um risinho diabólico. Viraria poeta e era o protegido de Van Doren, e se pararmos para pensar isso o colocava acima de todos nós.

Tratava-se de um jovem nervoso, que por vezes ameaçava suicidar-se (Lionel Trilling, que lecionava em Columbia nesse período, lembra-se de tê-lo considerado "afetado"). Quanto ao seu brilhantismo, contudo, não havia dúvidas. Em 1935, ele já publicava poemas com regularidade na *Columbia Review*, tendo um deles veiculado pelo *The Nation*. Sua obra acadêmica também se aguçou, impulsionada por seu obsessivo costume de estudar à noite. Em 1936, Berryman recebeu uma bolsa de Cambridge. O costume se consolidara. Ao longo de toda a sua vida errante, ele permaneceria ancorado na academia.

Em Cambridge, Berryman assistiu a preleções de T. S. Eliot e Auden, conheceu Yeats e Dylan Thomas e varou noites dedicando-se a Shakespeare. Após um período de "monasticismo involuntário", apaixonou-se por uma inglesa convenientemente chamada Beatrice. Todavia, a despeito daquela que viria a se tornar uma anglofilia vitalícia, ele regressou para os Estados Unidos em 1938 e deixou Beatrice para trás. Berryman queria arrumar um emprego como professor, muito embora isso não tenha se mostrado tão fácil quanto esperava. No final das contas, Mark Van Doren, seu velho professor, escreveu-lhe uma recomendação ("estou certo de que se trata de alguém brilhante e promissor: ótimo poeta, crítico muito bem preparado, leitor insaciável e – não obstante já deva ser de vosso conhecimento – pessoa encantadora"), e com isso em mãos ele enfim conseguiu um emprego no Departamento de Inglês da Wayne State University.

A carga de trabalho era pesada, e naquele ano Berryman foi acometido por uma insônia severa. Muitas noites ele passou perambulando por Detroit, chegando abatido e fedorento à universidade a fim de ministrar o que, ao que tudo indica, eram aulas inspiradas, nas quais falava sobre Shakespeare ou poesia, citando trechos longuíssimos de cor. Ele tremia ao falar, andando de um lado para o outro da sala e aumentando pouco a pouco a voz à medida que seu entusiasmo crescia. Retornando ao apartamento que dividia com um casal, ele frequentemente desmaiava logo ao passar pela porta. Ir para a Wayne, começou a pensar, tinha sido "um erro imenso, cujo preço estou pagando agora – com minha saúde, meu temperamento e meu *tempo*". Ele mal comia; às vezes, sofria alucinações. Ainda assim, recusou-se a interromper a frenética rotina de leituras, aulas e estudos. Certo médico suspeitou de que sofria do "pequeno mal", enquanto um psiquiatra declarou-o neurótico, alguém que estava prestes a sofrer um colapso nervoso completo.

Aos poucos, Berryman se recompôs. Em 1940, assumiu o cargo de instrutor de literatura inglesa em Harvard, onde passou bastante tempo com os poetas Robert Lowell e Delmore Schwartz, dois homens que bebiam em demasia e também possuíam uma saúde mental turbulenta. Em 1942, Berryman se casou com Eileen Mulligan, jovem de cabelos negros e espírito agudo que viria a se tornar psicanalista. Após alguns anos fazendo bicos como palestrante, os dois foram morar juntos em Princeton, onde ele deu aulas de escrita criativa enquanto trabalhava numa biografia analítica de Stephen Crane e num estudo sobre *Rei Lear*, além de ter publicado seu primeiro livro de poemas, *Os desapropriados*.

Até então, ele só havia bebido socialmente, mas em 1947 alguns acontecimentos precipitaram uma grande mudança tanto em sua escrita quanto em seus hábitos. Berryman se apaixonou pela esposa de um colega e iniciou com ela um caso, dissecando-o simultaneamente numa febricitante sequência de sonetos. Foi esse o momento, concluiria, em que começou a beber a sério – fosse para suprimir a culpa, fosse para apagar as chamas de seu desejo. Eileen disse o mesmo. Em *Poets in Their Youth*, relato maravilhosamente vívido de sua vida ao lado de Berryman, ela o descreveu à época:

> (...) ora histérico, ora deprimido, não conseguia dormir, tinha pesadelos violentos quando conseguia e, o que era mais preocupante, bebia de maneira terrivelmente atípica. (...) Para John, que acordava tomado pela culpa e cansado de sua batalha contra os demônios, um "brilhante" martíni se tornava a cura da ressaca, uma ou duas doses de bebida antes de dormir viravam cura da insônia.

Durante esse período, ele começou a escrever um poema sobre Anne Bradstreet, ao mesmo tempo uma biografia e uma sedução dessa poetisa variolosa, e há muito falecida, da Nova Inglaterra. A "Homenagem à senhora Bradstreet" quase o levou à morte, mas era um poema excelente: quente ao toque, primorosamente trabalhado. Há nele um verso que adoro, um verso que serve como tributo tanto à facilidade da arte do biógrafo quanto à íntima afeição que podemos sentir pelos que há muito se foram. O poeta se dirige diretamente ao espectro de Anne, trazendo-a de volta mediante a força magnética de sua devoção.

> Nossos dois mundos nos largaram. Deitada e nua,
> os olhos me contemplam, tenros. De grão e ar
> seu corpo é feito, e move-se. Evoco-o, vê,
> desde os séculos.
> Não creio que ficará. Como nos demoramos,
> diminutos, no ar nosso dos amantes,
> implausivelmente visíveis, para quem, um ano,
> anos, por um intervalo de tempo: ou não; para alguém
> há muito estranho: ou não; tremulamos e desaparecemos.

O que se seguiu ao poema, porém, não foi nada agradável. Em 1953, ano de sua conclusão, Eileen deixou Berryman, destruído como estava pela ansiedade, pela bebedeira, pela promiscuidade e por sua culpa venenosa. Ele então se mudou para o Chelsea Hotel, em Nova York, onde também se hospedava seu velho amigo Dylan Thomas. No dia 4 de novembro, Thomas teve um colapso em seu quarto após encher a cara de uísque no White Horse. Foi levado ao St. Vincent Hospital, no Village, onde alguns dias depois Berryman, ao adentrar o leito temporariamente sem vigilância, encontrou-o morto em sua tenda de oxigênio, com os pés descalços à mostra debaixo do lençol. Tratava-se de um alerta – um alerta que talvez fosse exigente demais para ser traduzido.

Em 1954, Berryman foi contratado para passar um semestre lecionando escrita criativa na Universidade de Iowa, mesmo local em que, duas décadas depois, John Cheever e Raymond Carver também lutariam para encontrar um equilíbrio entre suas compulsões e seus deveres. Em seu primeiro dia, ele caiu da escada de seu apartamento novo e chocou-se contra uma porta de vidro, fraturando o punho esquerdo. Usando uma tipoia para lecionar, esteve inspirador e incansável como de costume, a despeito da depressão crescente. O poeta Philip Levine, um de seus alunos naquele ano, dedicaria ao velho mestre uma elegia intitulada "Meu próprio John Berryman". Trata-se de um testemunho de seu decoro e de seu comprometimento com a literatura:

> Toda noite, ele adentrava a sala tremendo de nervoso e equipado com um maço de fichas que raramente consultava. Em particular, confessou-me que passava dias se preparando para aquelas sessões, e quando ia embora estava à beira de um colapso (...). Não importa o que você venha a ouvir ou ler sobre sua bebedeira, sua loucura, sua inconfiabilidade: estou aqui para garantir-lhe que, no inverno e no verão de 1954, quando vivia isolado e sozinho numa das cidades mais deprimentes de nosso difícil Meio-Oeste, John Berryman nunca deixou de lado suas obrigações como professor.

O trabalho chegou abruptamente ao fim no outono daquele ano, quando Berryman travou uma embriagada discussão com seu senhorio. O poeta foi preso e passou a noite numa cela, onde os policiais aparentemente lhe mostraram as genitálias. Quando as notícias dessa aventura humilhante vazaram, ele foi convocado pelos decanos e demitido. Por sorte, um amigo conseguiu-lhe outro cargo na Universidade de Minnesota, lugar que se tornaria seu quartel-general pelo resto da vida. Berryman se mudou então para um apartamento em Minneapolis e iniciou a sequência de poemas que denominaria Canções do Sonho.

Não há nada no mundo que se equipare a essas mensagens mescladas de amor e desespero. O que de mais próximo me vem à mente é Gerald Manley Hopkins, caso Hopkins tivesse sido um alcoólatra galanteador solto pelo século XX e estivesse por dentro de seus ritmos, de seu jazz radiante. Três estrofes de seis versos rápidos, compactos, repletos de *ênfases* e... lacunas. Temos Henry ao centro (Henry Pussycat, Huffy Henry), às vezes visitado pelo *Sr. Bones*, seu companheiro inominado. A voz desses dois varia de formas jamais vistas na poesia até então, elevando-se e arrastando-se por meio do dialeto, do tatibitate, da gíria e das compilações arcaicas de um especialista em Shakespeare. À medida que crescia, o poema tomava forma, levando Henry para além dessa vida – para a morte – e trazendo-o de volta. Nesse ínterim ele tece queixas, retornando a todo momento à sua vida funesta, a seu finado pai, a seus amigos mortos e vivos, a seu alcoolismo e a seus problemas com o corpo compacto e delicioso das mulheres. Henry é um homem no confessionário, ávido por todo e qualquer tipo de consolo, repreendendo, tal qual Jó, um Deus que é incapaz de admitir ou acolher muito bem.

Fora do âmbito do poema, teve início um período de paz domiciliar. Em 1956, uma semana após seu divórcio com Eileen lhe ser concedido, Berryman desposou Ann Levine, mulher um tanto mais nova que conhecera em Minnesota. Nesse mesmo ano, o poeta recebeu uma bolsa da Rockefeller, e em 1957 ganhou também o Harriet Monroe Poetry Prize pelo poema sobre Bradstreet. Pouco tempo depois, Ann deu à luz um filho, que recebeu o nome de Paul e o apelido de Poo. "Ele está criando uma pança, contemplar seu queixo duplo é maravilhoso, sua pele é toda ela encantadora e ele cheira muito bem", escreveu apaixonadamente o novo pai, que porém logo ressentiria a divisão das atenções de Ann.

Após meses e meses de briga, ela enfim o deixou em janeiro de 1959, levando consigo a criança. Berryman começou a beber como nunca; algumas semanas depois, após um episódio de *delirium tremens*, ingressou numa ala fechada para alcoólatras do Gleenwood Hills Hospital, localizado na Golden Valley Road, em Minneapolis. Não obstante experimentasse as dores do que descreveu como "uma agonia mental, uma saúde abalada e a dupla destruição de meu casamento", Berryman conservou seu ritmo de trabalho e estudo, escrevendo e reorganizando as Canções do Sonho enquanto, cambaleante, tomava táxis para ministrar suas aulas. Uma vez liberado, ele retomou a bebedeira e voltou. Seu sono era terrível mesmo sob o efeito de sedativos, "então estou praticamente morto o tempo todo".

As duas coisas, a escrita e a bebida, eram concomitantes. Em novembro daquele mesmo ano, ele passaria um dia inteiro na biblioteca da universidade lendo sobre a história das apresentações dos menestréis e tentando arrumar uma forma de encaixar os procedimentos de Tambo e Bones nas Canções do Sonho. Veio daí a decisão de dar a Henry seu companheiro – essa testemunha deplorável, esse parceiro de brigas. Naquela mesma noite, cambaleando embriagado rumo ao banheiro, ele caiu e torceu o braço direito. Homem abatido. Homem que segue em frente.

Em 1960, Berryman aproveitou a oportunidade de ir para o sul e aceitou lecionar durante um semestre em Berkeley. Desse refúgio incerto ele escreveu jubilosamente a um amigo: "A propósito, consumo aqui uma quantidade incrível de bebida. Não bebo *tanto* quanto bebia em Mpls, mas aproveito muito mais porque não vou a bares; apenas peço e fico na minha." Ele estivera lecionando com a elegância e o rigor de costume, mas em seu tempo livre sofria intensamente com o isolamento e a paranoia, ainda que tudo isso se abrandasse um pouco quando conheceu uma católica chamada Kate Donahue, filha de alcoólatra que em 1961 tornou-se sua terceira e última esposa.

E assim as coisas continuaram. Em 1962, ele passou o verão na Bread Loaf, escrevendo Canções e tomando martínis de gim. No outono, seu comportamento era errático. Gritava; às vezes, chorava também. Em novembro, foi levado contra a própria vontade para o McLean's Hospital, nas cercanias de Boston, onde Robert Lowell também estava sendo tratado. No terceiro dia, jurou que jamais misturaria álcool e poesia novamente. Recebeu alta no dia primeiro de dezembro, após sete dias sóbrio; 24 horas depois, sua esposa deu à luz a primeira filha do casal: Martha, que logo seria conhecida como Miss Twiss.

Então, mais um ferimento, dessa vez quase cômico. No dia seguinte, ele visitou Kate e o bebê no hospital e foi tomar um drinque com amigos para comemorar. Por alguma razão, o táxi que o levou para casa passou por cima de seu pé e quebrou seu tornozelo. Quando faltou à consulta com seu psiquiatra, amigos foram procurá-lo e o encontraram escondido na cama, com o pé já supurando. Levado à emergência, disse com a voz elevada: "Estou parecendo um personagem secundário de um romance ruim do Scott Fitzgerald." No dia seguinte, mais uma vez extremamente bêbado, Berryman acusou Kate de negligenciá-lo.

Em 1964, o poeta foi hospitalizado três vezes, derramando suas Canções do Sonho por toda a parte. Não surpreende que tenha descrito, melancolicamente, que Henry estava "perdendo altitude"; não surpreende que parecesse encontrar-se "fora de tudo / exceto uísque & cigarros". Não obstante, notícias boas continuaram a chegar e, de algum modo, continuaram também incapazes de preencher o vazio. Em 27 de abril, o livro *77 Canções do Sonho* veio a público. As críticas não foram tão calorosas e acolhedoras quanto o autor gostaria, em especial aquela de seu velho amigo Lowell ("De início, o cérebro dói e enregela ante tanta escuridão, tanta desordem e tanta estranheza"), mas houve críticos – e, melhor ainda, poetas – que entenderam em que ele e Huffy Henry consistiam. No *The Nation*, Adrienne Rich descreveu a obra como "horripilante e mordaz", observando que "seu livro deve muito de sua beleza e seu estilo a uma espécie de coragem infalsificável, a qual transborda tanto na comédia quanto na cólera, tanto nas explosões de ternura quanto no desacato". Vieram também outras recompensas. Naquele ano, ele ganhou o Russell Loines Award; no ano seguinte, um Pulitzer.

Em 1965, a combinação de sucesso e autodestruição se intensificou. Berryman fraturou o braço esquerdo ao caminhar só de meias sobre um piso de madeira. A seu amigo William Meredith, escreveu: "Ultimamente, tenho entrado & saído com tanta frequência de hospitais que me sinto atordoado." Ele recebeu uma bolsa Guggenheim para continuar trabalhando nas Canções e, em 1966, usou o dinheiro para levar sua família à Irlanda por um ano. Em Dublin, conheceu o poeta John Montague, que mais tarde se sentiu levado a comentar:

> Berryman é o único poeta que conheci para o qual beber parecia ser um estímulo positivo. Ele bebia demais e fumava inveteradamente, mas isso soava como parte de um padrão de trabalho, fazendo desabar as barreiras do cérebro à medida que ele se apressava para concluir as *Canções do Sonho*. Com efeito, aos meus olhos ele era alguém positivamente feliz, um homem empenhado em completar a obra de sua vida, com uma esposa e uma filha que adorava.

Na melhor das hipóteses, essa era uma meia verdade. No Ano-Novo de 1967, ele levou um tombo e machucou as costas, danificando um nervo; em abril, foi mandado para o hospital psiquiátrico Grange Gorman a fim de desintoxicar-se. No mês de maio, Berryman tomou um avião rumo a Nova York para receber um prêmio da Academia de Poetas Americanos; na ocasião, hospedou-se no Chelsea Hotel, lugar que nunca lhe era seguro. Quando seus amigos o encontraram vomitando sangue, levaram-no "quase morto" para o Hospital Francês. Ele se submeteu a um tratamento, mas insistiu em manter meio copo de uísque ao lado de sua cama. Outra Canção do Sonho: "Era *todo arrependimento*, engolindo o próprio vômito / decepcionando as pessoas, arriando todos / nas florestas da alma."

Naquele outono, foram publicados os *Sonetos de Berryman* – aqueles que escrevera em Princeton durante o furor de seu romance. Em 1968, o segundo volume das Canções do Sonho, *Seu brinquedo, seu sonho, seu repouso*, veio a público; a ele se seguiram, no ano posterior, *As canções do sonho*, reunião de todas elas. Também a torrente de prêmios teve continuidade. *Seu brinquedo* recebeu o National Book Award na categoria poesia, bem como o Bollingen Prize. Berryman foi nomeado professor regente de humanidades em Minnesota e rodou o país fazendo leituras. Então, em 10 de novembro de 1969, deu entrada no Hazelden, hospital de Minneapolis, com graves sintomas de alcoolismo e um tornozelo esquerdo que torcera ao tropeçar quando no próprio banheiro.

Dessa vez, Berryman não ficou apenas completamente sóbrio, amparado pela Torazina. O Hazelden era um dos pioneiros do modelo de Minnesota, técnica hoje rotineira, mas à época radical, que interna os alcoólatras em comunidades terapêuticas, onde os pacientes seguem os Doze Passos dos Alcoólicos Anônimos, assistem a palestras e aprendem, por meio de constantes desafios e da autoexposição, como desistir das desculpas que perpetuam a doença.

Não era nada fácil o processo de reverter hábitos que já somavam duas décadas, quanto mais os terrores que subjaziam a eles. No dia primeiro de dezembro, um conselheiro colocou no papel suas impressões de Berryman:

Pcte. admite que é alcoólatra. (...) Indícios de depressão, ansiedade, imaturidade, falta de discernimento, interesses estéticos elevados, sensações de alienação & dependência. (...) Admitiu estar tomado pelo medo.

Liberado, ele permaneceu sóbrio por 12 dias, quando então voltou a beber. Ao mesmo tempo, no trabalho teve início um período de euforia – novas letras, outra tentativa de dedicar-se à biografia de Shakespeare... Em carta a William Meredith, ele parecia um maníaco:

> Estou tendo o melhor inverno de que consigo me lembrar – na maior parte do tempo, mergulhado em comentários e críticas a Shakespeare, mas também num poema intitulado "Washington apaixonado", que vai avançando espasmodicamente (...), em meus dois cursos pouco interessantes na universidade, um sobre *Hamlet* e outro sobre o personagem americano, e na leitura diária da maravilhosa *Última crônica* de Trollope, do *Gênesis* e dos *Astecas* de Vaillant, esta em preparação por três semanas ou um mês no México durante o próximo verão.

Então, no dia 26 de fevereiro de 1970, Berryman foi levado de volta para o hospital com as pernas enegrecidas de tantas contusões e incapaz de andar ou ficar de pé. Ele retornou quatro vezes nas seis semanas seguintes, em cada ocasião permanecendo apenas o bastante para desintoxicar-se, quando então saía mais uma vez e voltava para o copo.

Em 2 de maio, foi levado às pressas para o Centro Intensivo de Tratamento do Álcool do St. Mary's Hospital, em Minneapolis, a fim de tentar pela segunda vez um tratamento. Ali ele deu o Primeiro Passo, no qual o alcoólatra reconhece que é impotente perante o álcool e que perdeu o domínio sobre a própria vida. Tentando assimilar as implicações enormes e terríveis desse veredicto, Berryman escreveu e leu, para seu grupo de tratamento, essa autobiografia veloz e sem amarras de seu eu beberrão.

> Bebi socialmente até 1947 durante um romance longo & terrível, primeira infidelidade à minha mulher em cinco anos de casamento. Minha amante bebia demais & eu bebia c. ela. Culpa, homicida & suicida. Alucinações um dia ao caminhar para casa. Ouvi vozes. sete anos de psicanálise & terapia de grupo em NY. Caminhei de um lado para o outro bêbado sobre um parapeito de 30 cm no oitavo andar. Paquerei mulheres bêbado, muitas vezes com sucesso. Esposa me deixou após 11 anos de casamento por causa de bebida. Desespero, enchendo a cara sozinho, sem emprego, sem dinheiro, em NY. Perdi depois de apagar a carta profissional mais importante que já recebi. Seduzi alunas bêbado. Fiz investidas sexuais bêbado, 4 ou 5 vezes. Um Antabuse diário durante cinco dias, agonia no chão após uma cerveja. Briga c. senhorio bêbado à meia-noite pela chave do meu apartamento, ele chamou a polícia, passei a noite na cadeia, as notícias de alguma forma chegaram à imprensa & rádio, fui forçado a pedir demissão. Dois meses de intensa autoanálise-interpretação-de-sonhos etc. Casei de novo. Chefe do departamento me disse que eu tinha telefonado bêbado para uma aluna à meia-noite e a ameaçado de morte. Esposa me largou por causa da bebida. Dei palestra pública bêbado. Bêbado em Calcutá, perambulei perdido pelas ruas a noite toda, incapaz de lembrar endereço. Casei com esposa atual oito anos atrás. Muitos barbituratos & tranquilizantes intermitentes nos últimos dez anos. Muitas hospitalizações. Muitos álibis para beber, mentindo sobre isso. Grave perda de memória, distorções de memória. Episódio de DT em Abbott, durou horas. Um litro de uísque por dia durante meses em Dublin, dando duro num poema longo. Sóbrio quatro meses há dois anos. Esposa escondendo garrafas, eu mesmo escondendo garrafas. Xixi na cama bêbado em hotel de Londres, gerente furioso, tive de pagar

um colchão novo, $100. Dei aula fraco demais para ficar de pé, tive de sentar. Dei aula mal preparado. Doente demais para aplicar uma prova, colega teve de aplicar. Doente demais para lecionar um dia. Trabalho literário parado por meses. Um litro de uísque ao dia por meses. Esposa desesperada, ameaçou me deixar se não parasse. Dois médicos me levaram para o Hazelden novembro passado, 1 semana na unidade de cuidado intensivo, 5 semanas de tratamento. AA 3 vezes, um tédio, não fiz amigos. Primeiro drinque na festa dos Newlbars. Dois meses bebendo pouco, dando duro em obra biográfica. De repente comecei novos poemas há 9 semanas, bebendo mais & mais & com mais frequência, até um litro por dia. Defequei incontrolavelmente no corredor da universidade, cheguei a casa sem ser notado. Livro concluído num furor de cinco semanas, trabalho mais intenso de toda a vida, exc. talvez as duas primeiras semanas de 1953. Minha esposa disse ou vai para o St. Mary's, ou tchau. Vim pra cá.

Não funcionou. Em 12 de junho, Berryman recebeu alta sem ter sido curado. No dia 18, escreveu outra carta loquaz e preocupante para Meredith: "Acabei de sair de 6 sms no hospital (alcoolismo como sempre) & meus médicos dizem que levará um ano para eu ficar bem. Acrescentei 17 poemas, alguns muito importantes, a *Amor & fama*."

No mesmo dia, ele retomou a bebedeira num bar de St. Paul, muito embora continuasse, a despeito dos lapsos recorrentes, a frequentar o AA. No início de outubro, após uma leitura, tomou um avião de Nova York para Minneapolis; do aeroporto, ligou para Kate e disse-lhe estar a caminho de casa. Então, desapareceu por dois dias, dando as caras novamente no domingo em condição maltrapilha, devastada, ignóbil. Recordava-se da ligação, recordava-se de ter parado num bar para tomar uma saideira. Após essa ninharia, todos os fatos se apagaram. Interpelado por sua esposa e amigos em sua própria sala de estar,

Berryman concordou em retornar para o St. Mary's e tentar, pela terceira vez, permanecer sóbrio.

—⊙—

Essa história terrível deságua, quase incólume, em *Recuperação*. Durante anos, nas Canções do Sonho, Berryman utilizou Henry House para processar e reorganizar vários elementos de seu próprio passado, entre os quais o suicídio de seu pai ocupava posição central. Agora, ele toma para si uma máscara nova, uma máscara mais fina e transparente. Alan Severance é um intelectual público, um professor de imunologia que vencera o Pulitzer e fora "duas vezes convidado para o Dick Cavett Show (uma vez chapado, além de um tumulto)". O trabalho dos dois é diferente, bem como alguns detalhes sobre uma tia. Fora isso, quase tudo o que diz respeito a Severance – de seu quarto bagunçado, sua tosse seca e sua voz vibrante até sua grandiosidade, seu brilhantismo, sua bondade, sua arrogância, seus ferimentos e suas inúmeras desilusões – tem origem na deteriorada experiência de Berryman.

A obra se inicia com um prelúdio. Alan está bêbado. Muita luz, uma escuridão inexplicável. Ah, e ele se encontra no saguão de entrada da própria casa, com figuras familiares por perto. Sua esposa traz um copo na mão – longe de ser grande o suficiente, pensa ele consigo mesmo. De pé também se encontram dois policiais e seu decano. Sua esposa decreta, com frieza: "Esta é a última bebida que você tomará." *Que se dane*, pensa ele, que registra também a sensação "enervante e apocalíptica" de que dessa vez aquilo talvez fosse verdade.

Quando se dá conta, ele está de volta à Ala W, que aqui faz as vezes da ala de Berryman no St. Mary's. Terceira chance: imerso na abstinência, envenenado por ela – ainda que, no que lhe diz respeito, sua mente esteja tão limpa quanto o ar da montanha. Ele sabe *exatamente* o que deu errado. Ou ao menos acha que sabe. Um erro no Primeiro Passo, cometido em sua última passagem pela reabilitação. Alan sorri para si mesmo no espelho e caminha cambaleando até a Sala de Lanches, a fim de encontrar seus companheiros de sofrimento. Durante sabe-se lá quantas semanas, ele não terá à disposição nada mais potente que café, sorvete de baunilha com chocolate e cigarros. Junto com isso, submeter-se-á a rodadas diárias e cansativas de palestras, terapias de grupo, trabalhos em dupla, aconselhamentos, estudos privados e orações.

Em carta enviada ao amigo Saul Bellow, escrita enquanto o livro florescia rapidamente em sua cabeça, Berryman revelou-lhe o que a obra traria: "Dados enciclopédicos, quase tão densos quanto os de Melville sobre a caça de baleias." E é verdade. *Recuperação* é quase um curso intensivo sobre o modelo de Minnesota, um livro que parece trancafiar-nos na ala de um centro de tratamento. A obra está impregnada dos odores da recuperação – cigarros e café, de maneira geral – e de seu discurso singular, uma linguagem criada explicitamente para capturar essa que é a mais fugidia das doenças.

Ao ler o livro, eu havia compilado um incompleto glossário de termos referentes ao álcool; alguns me eram familiares, outros não. *Negação*: o tom da personalidade alcoólatra. A recusa em admitir que há um problema. A disposição para dizer tudo o que possa garantir a continuidade da bebedeira. *Demolição*: prática de contestar as ilusões de outro viciado. *Deslizes*: bebidas consumidas após a reabilitação. *Minimização*: uma espécie de negação. A difundida tendência do alcoólatra de fingir que não há nada de incomum e excepcional nem em sua bebedeira, nem nos desastres que ela traz, os quais sequer merecem o esforço de serem examinados. *Ilusões sinceras*: as ilusões em que o alcoólatra genuinamente acredita. *Reagrupamento*: o reinício das desculpas após um período de honestidade e abertura. *Buscar gente*: corretivo à tendência do alcoólatra ao isolamento, ao "confinamento solitário autoimposto", à autocomiseração, à crença em que é excepcional e sofre mais que os outros. Com efeito, toda a estrutura grupal do AA tem como objetivo refutar isso, conscientizando os dependentes das incríveis semelhanças de suas histórias. *Projeção*: atribuir a outra pessoa os sentimentos que você nega em si mesmo. *Bêbado seco*: alguém que, embora sem beber, não se compromete em mudar as estruturas de personalidade do alcoolismo; pessoa que se vale apenas da força de vontade. Trata-se de uma posição muito perigosa. *Grupo de recreação*: outra espécie de negação, na qual o dependente repete os princípios do AA sem tê-los de fato aceitado ou se aberto.

Para Alan Severance, o processo é ao mesmo tempo doloroso e revigorante. Ele está mudando de rumo a toda velocidade, recobrando as próprias forças. Faz amizades, se submete a críticas, lixa as camadas incrustadas de suas próprias ilusões. Às vezes parece infindável a capacidade que sua doença tem de defender a si mesma. Ainda assim, ele permanece esperançoso. Num impulso, decide que se tornará judeu e passa horas estudando fervorosamente. No Grupo, fala em demasia e irrita a todos. Outro paciente, durante uma partida de "Animal, vegetal ou mineral?", descreve-o como um *"leão* velho e doente*"*, e logo todos resolvem fazer o mesmo e declaram que ele é pomposo, arrogante, nojento. É verdade; Alan muitas vezes respalda suas declarações com comentários arrogantes sobre sua fama e seus encantos sexuais. Deparar com aquilo dói. Todavia, ele se recupera, encontra nisso algo positivo e segue adiante. Noutra ocasião, os conselheiros o colocam contra a parede, arrancando dele a confissão de que não via seu filho há dois, talvez três anos. Eles querem que Alan entenda que não se trata apenas da bebedeira, que tudo em sua vida está desconjuntado. "Isso era duro, muito duro. Ele não conseguia pensar, apenas sentir."

Alan Severance não é lá o mais simpático dos personagens. Na realidade, eu muitas vezes sentia vontade de lhe dar um soco. Ele está ridiculamente convencido da magnificência de sua enfermidade, da integridade extraordinária de seu cérebro – ou, quando em outro estado de espírito, da espantosa insignificância de sua existência. "Talvez seja mais fácil ser um monstro", diz um de seus conselheiros, "do que um ser humano." E depois: "Os alcoólatras são inflexíveis, infantis, intolerantes e programáticos. Eles *precisam* levar vidas furtivas. Sua única chance é se abrir."

Às vezes ele o faz, e são esses momentos, os momentos em que Alan se humaniza, é franco e baixa a guarda, que conferem a *Recuperação* sua força extraordinária. Além disso, à medida que seu tratamento avança, torna-se cada vez mais claro que ele não se encontra sozinho. A ala está repleta de gente envolvida numa hercúlea batalha contra a própria mente. Wilbur, com seus pais intimidadores. O poeta Jasper. A deplorável Sherry, cujos cuidados Alan toma para si. É cativante observar esse grupo de americanos comuns tentando mudar, tentando se livrar do vício. Então, na página 224, o livro subitamente chega ao fim. Seguem-se ainda algumas páginas com notas rabiscadas, mas, para todos os efeitos, a *Recuperação* de Berryman fora deixada de lado.

Em Chicago, entrei no Empire Builder e parti para Seattle. Dois dias pela frente. Repassei os estados que estavam por vir. Illinois, Wisconsin, Minnesota, Dakota do Norte, Idaho e Washington. Mais tarde, naquela mesma noite, passaríamos por St. Paul, cidade de Berryman e de Fitzgerald. No final do *Grande Gatsby*, Fitzgerald empresta a Nick suas próprias lembranças de quando voltava da escola para casa. Gatsby acabara de morrer, e após o terrível funeral sob a chuva o personagem pensa no trem de inverno que, menino, pegava de Chicago para St. Paul. Ele recorda a iluminação sombria das pequenas estações de Wisconsin e os vagões amarelo-escuros, quando então diz a si mesmo: "Esse é meu Meio-Oeste. Nada de trigos, pradarias ou cidades suecas perdidas, e sim os balouçantes trens de regresso de minha juventude, os postes de luz e os guizos na escuridão gelada."

Dessa vez, eu finalmente conseguira uma cabine, um cômodo minúsculo e agradavelmente tosco com duas cadeironas azuis que se juntavam para formar uma cama. Havia um monte de amishes no trem – as mulheres de capota, os homens com chapéus escuros e barbas grandes, lembrando a de Berryman. No jantar, sentei-me na companhia de um casal de Montana e de um geólogo de Michigan que trabalhava com poços de petróleo na Dakota do Sul. Ele sofria de obesidade mórbida e tinha um rosto pálido, os olhos embutidos em montes de pele massuda. Tomou duas Pepsis enquanto esperava pela comida e, após me mostrar sua aliança – um anel feito de nós celtas –, acrescentou com pesar: "Só que não consigo dormir com ela à noite." Enquanto comíamos bife grelhado com molho de cogumelos, passamos um bom tempo conversando sobre a Irlanda. Em La Crosse ergui os olhos e avistei, sobre a plataforma, um negro idoso que vendia rosas vermelhas tiradas de um balde. Tão logo retornei para a cabine, cruzamos o Mississippi e sua planície de inundação, avançando oito pés acima da água parada. Só Deus sabe quão extenso era aquilo. Um quilômetro e meio, contando com as ilhas? Mais?

Juntei os dois assentos e repousei sobre a cama estreita. Ao ler a obra pela primeira vez, o fim abrupto de *Recuperação* me deixara alarmada, mas soava-me ainda pior agora que sabia quais tinham sido as circunstâncias em que fora escrita. Berryman recebeu alta de sua segunda passagem pelo St. Mary's no final de novembro de 1970, determinado a continuar sóbrio. Em algum momento daquele inverno, escreveu para si mesmo um Décimo Terceiro Passo: "Evitar *todo esforço nervoso & mental evitável* pelas próximas semanas. *Apenas dê aula,* & isso *o mínimo possível.* (Deus não pode evitar um colapso mental: fisicamente alcoólatra, ele irá beber.) PEGUE LEVE!" Bom conselho, mas o autor já estava imerso em sua habitual prisão feita de trabalho e autoaperfeiçoamento – costumes que tivera desde garotinho, quando escrevia cartas para a mãe gabando-se de sua dedicação. Ele leu Emily Dickinson e sublinhou o "não posso mais ficar" de uma de suas cartas: "Não posso mais ficar num mundo de morte." Leu o *Mal-estar na civilização*, de Freud e sublinhou: "Sou incapaz de assinalar qualquer necessidade tão forte na infância quanto a necessidade da *proteção paterna.*"

No início de 1971, Berryman começou a escrever poemas políticos, inflamado pela sensação de que a própria sociedade estava desconjuntada, quiçá até deformada. Poemas sobre Che Guevara, sobre Mỹ Lai.

Em 27 de janeiro, um Berryman bêbado fez uma leitura em Chicago. Seu querido amigo Saul Bellow, que lá estava, escreveria num ensaio publicado antes de *Recuperação* que ele parecia decadente e que a leitura propriamente dita fora um desastre. Berryman murmurejara inaudivelmente sobre o palco. Além disso, vomitou no carro, desmaiou em seu quarto e dormiu durante uma festa organizada em sua homenagem. "De manhã, porém, acordou repleto de uma alegria inocente. Estava radiante. A noite fora ótima. Lembrava-se de seu imenso sucesso. O táxi chegou, nós nos abraçamos e ele seguiu para o aeroporto debaixo de um sol congelado."

Berryman logo tomou as rédeas da própria vida, retornou ao AA e recuperou a sobriedade. Na primavera, ministrou dois cursos: "O sentido da vida" e "O pós-romance: a ficção como obra de sabedoria", o qual incluía *À sombra do vulcão*, clássica contribuição de Malcolm Lowry sobre o alcoolismo. Em março, corrigiu as provas de uma entrevista concedida à *Paris Review* enquanto estivera no St. Mary's pela segunda vez. Assinalou ali seis casos de ilusão, entre eles a afirmação de que tivera grande importância para o desenvolvimento do país – como Jefferson e Poe – e de que não sentia vergonha por querer ser "quase crucificado" a fim de produzir boa poesia.

Em 24 de abril, Berryman decidiu que daria a *Recuperação* a forma de um romance. No dia 20 de maio, "seco como um osso há quase quatro meses", ficou sozinho num hotel de Hartford, Connecticut. Naquela noite, teve a enervante sensação de que Cristo estava no quarto com ele. Iniciou então um poema que continuou a escrever, em ritmo quase frenético, madrugada adentro. Eis como ele termina:

> Deixe-me ser claro quanto a isso. Não tenho dúvidas
> de que *Cristo* suportou o homem & traição & golpes
> & chicotadas, sede, exaustão, a pua, pelos *meus* vícios
> patéticos & nojentos,
> para fazer desse ser humano em particular, tardio,

distante, de 1,78m & moribundo,
feliz. Pois bem, e fez!
Estou tão feliz que poderia gritar!
Basta! Eu NÃO AGUENTO MAIS.
Assim seja. Já *deu*. Não posso esperar.

Há algo muito errado por aqui. O texto é marcado pela velha artimanha alcoólica da autocomiseração, pela convicção de que nada, nem mesmo Deus, é grande o bastante para impedir o sofrimento, de que a felicidade de Cristo depende, na realidade, da felicidade de Berryman. Trata-se de um poema atemorizante, em especial se sua recuperação se baseia na crença (Passo Dois) de que um Poder Superior a si pode devolver-lhe a sanidade e na crença (Passo Três) de que é possível entregar sua vontade e sua vida a um Deus misericordioso e benevolente.

Nos diários que se referem àquele verão, encontramos as mesmas expressões a todo momento. *Pegue leve. Vá com m. calma*. Era difícil dar ouvidos a isso: ele fora arrebatado pelo seu novo livro, pelo entusiasmo que a obra trazia, por sua enorme responsabilidade. Em carta enviada a Eileen, sua primeira esposa, ele afirmou: "É claro que estou determinado a escrever a narrativa mais poderosa e bem-feita desde *Dom Quixote* – que mais eu faria?"

Em 13 de junho, sua mãe, que andava cada vez mais esquecida e apresentava comportamento cada vez mais estranho (demência, talvez; talvez não), finalmente aceitou se mudar para um caro apartamento do outro lado da rua, financiada por seu zeloso filho. Naquele mesmo dia, Kate entrou em trabalho de parto. Algumas semanas depois, Berryman enviaria a Bellow a extática carta em que diz que *Recuperação* era um livro repleto de dados enciclopédicos. Nela pululavam também outros planos. Um método de instruir seus filhos, incluindo Paul, que lhe visitava naquele verão. Novos livros, uma série deles. Um estudo sobre Shakespeare há muito negligenciado. Uma biografia de Cristo para crianças. Um livro de ensaios sobre o onipresente tema do sacrifício na literatura e na arte. Regozijante, ele fez as contas: 13 livros ansiando fervorosamente por sua conclusão.

"Reconheço", escreveu a seu velho mentor, Mark Van Doren,

> que neste verão estou fazendo um intensivo de 20 obras que deveria ter dominado enquanto eram lançadas, além das complexas leituras relacionadas com o romance, textos médicos e coisas assim. PORÉM, insisto em 10 pp. rascunhadas-datilografadas-revisadas-redatilografadas por semana; não sei, portanto, de que modo poderia perder o rumo. Também tenho estudado teologia antes do café e depois de uma da manhã, seguido um ótimo programa de exercícios e passado duas noites por semana no hospital, além de estar colocando em dia 60-70 cartas ainda não respondidas (a propósito, muitas com manuscritos, incluindo alguns de Eileen, que deu para escrever histórias – nada ruins, também –, e uns poemas de velhas amantes e vários protegidos espalhados pelo Ocidente) e apoiando com vivacidade & atenção & dinheiro várias pessoas, várias causas.

Como era de se esperar, ele sucumbiu ao peso dessas boas obras. Nos últimos dias de julho, *Recuperação* empacou. Escrevendo para Kate desde a Califórnia, para onde fora a fim de escapar da barulheira de seu lar recém-inflado, ele comparou sua situação com aquela de estar "no Coliseu com as leoas". Na mesma carta, descreveu ainda um pesadelo em que encontrava um aristocrata russo decadente dormindo em frente à sua lareira. Enxotando-o dali, Berryman percebeu que o intrometido estivera fazendo buracos em suas notas sobre Shakespeare. Kate demonstrara simpatia por aquele vagabundo, e essa traição onírica lembrou ao autor que ele tinha outras roupas sujas para lavar.

> Fiquei comovido com sua "depressão", etc. Sabe lá Deus por quê. "Faz dez anos que ando desgostosa" – não ouço uma bobagem tão grande desde o "Você está bêbado há nove anos" (a ilusão agressiva

dá lugar à ilusão defensiva). (...) Acho que você sofre, entre outras coisas, do ódio invejoso que os muito fracos sentem pelos que são resolutamente fortes (sim, querida, eu mesmo). (...) Quero que você se trate antes de eu voltar. Também não caio nessa de "estou ocupada o tempo todo" no que diz respeito às cartas. Jesus, você cuida do bebê, cozinha, só isso... Sim, estou fazendo uma projeção, sem dúvida.

E assim teve fim o abandono do ressentimento e da autocomiseração, principais responsáveis – como ele bem sabia e fizera Alan Severance afirmar – pela volta do alcoólatra em reabilitação à bebida. Naquele verão, um amigo antigo e muito querido, Ralph Ross, chefe de Berryman na universidade e um de seus arrimos mais leais, observou que "ele não demonstrava nenhuma cordialidade para conosco ou para com qualquer pessoa, nenhuma vivacidade de espírito, nenhum ardor. Concluí que o único John que conseguíamos amar era um John com 2 ou 3 drinques na barriga, nada mais & nada menos que isso, & um John assim não poderia existir".

Todo aquele ano ele passou receando que seu retorno vacilante ao catolicismo se convertesse em mais uma ilusão. Durante seu primeiro tratamento no St. Mary's, em maio de 1970, ele experimentara o que lhe parecia ser uma experiência de conversão. Berryman queria deixar o hospital por algumas horas a fim de dar uma aula, recebeu autorização para fazê-lo e, no último minuto, disse que não poderia ir. Uma grande briga se seguiu, ao cabo da qual ele desistiu desesperado, tomado pela culpa de ter deixado seus alunos na mão. Então, inesperadamente, um conselheiro se ofereceu para lecionar em seu lugar. Algo naquela intervenção imprevisível suscitou nele um novo sentimento de fé, e desde então Berryman estivera escrevendo poemas religiosos, os quais foram posteriormente publicados sob o título *Ilusão etc*. Talvez seja possível descrevê-los como mensagens dirigidas ao Senhor, como tentativas de entrar em acordo com o Deus que, mais de quarenta anos antes, ele acreditara ter levado seu pai e toda a sua sensação de segurança. Seguiu-se então um período de fé jubilosamente renovada, mas agora ela começava a amolecer como tiras de papel sobre uma parede molhada.

Em 13 de dezembro, Berryman escreveu um texto longo e miseravelmente erradio em seu diário. "Ontem inteirinho, terrível." "Não *acredite* na arma ou na faca; *não*." Ele passou em revista suas angústias, tanto as pequenas quanto as grandes. Sua tosse fazia Martha ranger os dentes. Sua casa não fora quitada. Tinha medo de seu chefe novo, estava nove quilos abaixo do peso e "VELHO". Dormia mal, tinha sonhos ruins, temia o inverno. Seu pênis estava se encolhendo virilha adentro. "Dúvidas religiosas me acometem", escreveu, acrescentando: "imagino se o Inferno..." – e deixou o irrequieto pensamento sem conclusão. Berryman descreveu os dias que passara na cama, obcecado pelo túmulo de Papai. Na mesma entrada, registrou ainda que desistira de vez de *Recuperação* ("*desisti* do romance. Triste decepção").

Em dezembro, ele foi acometido pela ideia do suicídio. Na véspera do Ano-Novo, esteve numa festa em que alguém tirou uma fotografia sua: tenso, de terno e gravata, a luz refletida em seus óculos. No dia 5 de janeiro, comprou uma garrafa de uísque e tomou metade dela. Em seguida, escreveu um poema em que se imaginava cortando a própria garganta depois de escalar a cerca alta de uma ponte. "Não o fiz", diz logo no início. "E não o fiz." Então traçou uma linha sobre o papel, jogou-o na lixeira e telefonou para um amigo do AA, perguntando se outra pessoa não poderia assumir a próxima reunião, pois ele não conseguiria ir. Por fim, no dia 7 de janeiro, uma sexta-feira, Berryman pegou o ônibus matinal até a Washington Avenue Bridge, escalou a cerca e se jogou, caindo sobre um píer após trinta metros e rolando por parte do dique do rio Mississippi. Seu corpo foi identificado graças a um cheque em branco que carregava no bolso e ao nome gravado nos óculos quebrados.

Não surpreende que *Recuperação* ficasse inconcluso. Que título! Que risco insano! Olhei pelo vidro grosso. Estávamos ingressando em St. Paul. Era muito tarde. Após uma longa pausa para reabastecer, o trem atravessou ruidosamente Minneapolis, passou a menos de oitocentos metros da velha casa de Berryman, no Prospect Park, e, fazendo uma curva, se aproximou da universidade em que ele trabalhara com tanto afinco e dedicação, deixando sua marca na vida de muita gente.

Arranha-céus, com suas janelas brilhando na escuridão. Construções que mais pareciam fábricas, laboratórios. Edifícios sem janelas, moinhos, armazéns fechados com tapumes – tudo iluminado pelo mesmo laranja pálido. Em seguida, uma escuridão parcial, interrompida por postes de luz que revelavam indistintamente alguns escritórios e estacionamentos. A silhueta de um homem descendo um lance de escada. Havia água em algum lugar por ali; era possível distinguir o reflexo de manchas laranja que se dissipavam e recompunham. Em seguida, uma estrada, um caminhão e os limites turvos e confusos da cidade, com formas que deviam ser chaminés, torres d'água e, é claro, cerca de tela metálica.

Despertei novamente durante o amanhecer. Dessa vez, o mundo exterior estava branco. Dakota do Norte, plana como um lençol que ainda não fora passado. Havia trechos de cor parda, onde a neve derretera. Tratava-se de uma paisagem de cores reduzidas. Postes telefônicos, fazendas, o horizonte limpo pela neblina. Um céu tão azul que me deixou sem fôlego.

No café da manhã, sentei-me na companhia dos mesmos amigos da noite anterior. Conversamos sobre petróleo – sobre quantos barris havia na Dakota, sobre quantos barris tinham os sauditas, se a intensidade do vento era grande por ali. Doug havia trabalhado como maquinista, na produção de tampas de cromo para pistões. O desengordurante que utilizava continha o cancerígeno diclorometano, e muitos dos que trabalhavam com ele tiveram câncer de próstata, incluindo seu pai. Então a fábrica fechou e parte de sua produção foi transferida para a Colômbia e para a Índia. "E ainda usam o desengordurante nesse lugares?", perguntou Diane. Doug respondeu, dando de ombros: "Acho que sim. As leis trabalhistas são diferentes por lá."

Passei o resto da manhã no vagão panorâmico, vasculhando mais uma vez a *Recuperação*. No ensaio de Bellow que antecede o romance, havia um trecho sobre a bebedeira de Berryman que eu achava duro de engolir. Apos descrever a produção febricitante das Canções do Sonho, Bellow acrescenta: "A inspiração continha uma ameaça de morte. Ao escrever as coisas pelas quais esperara e rezara, ele sucumbia. Beber era um estabilizador; reduzia um tanto a intensidade fatal."

Nos anos 1970, sabia-se muito menos sobre o alcoolismo do que hoje – fosse pelos médicos e psicólogos, fosse pela população no geral. Só muito recentemente ele havia sido classificado como doença, e a maioria das pessoas comuns entendia pouquíssimo do que dizia respeito a ela. Aquela era também uma época considerada mais alcoólica e menos repreensiva. Além disso, Bellow talvez estivesse experimentando a negação impregnante e insidiosa que tende a afetar até mesmo os mais perspicazes dos amigos e parentes dos alcoólatras. Ainda assim, tratava-se uma declaração tola. Os poemas não estavam matando Berryman. Eles não causaram o *delirium tremens*, não lhe deram uma ginecomastia, não o fizeram cair de lances e mais lances de escada, não o levaram a vomitar ou defecar em espaços públicos. O álcool pode muito bem ter abrandado a sensação quase onipresente de pânico, mas a rotina de bebedeiras também gerara tanto uma vida de desintegração física e moral quanto uma vida de desespero.

Por quê, então? Por que alguém dotado de uma inteligência tão prodigiosa, de dons tão grandes, recorria sem parar a uma substância que vinha destruindo todo o tecido de sua vida? Em *Recuperação*, Alan Severance não cansa de levantar essa mesma dúvida, a despeito das pacientes tentativas dos terapeutas de arrastá-lo para o presente. O modelo de Minnesota é – ou era, em 1970 – essencialmente pragmático, passando longe da psicanálise e da busca de *motivos*; antes, ele ataca e trata o comportamento que o viciado apresenta no agora. Todavia, Severance se mostra resolutamente obcecado por dois elementos de seu passado: o suicídio do pai e a desconcertante lacuna de um período de sua adolescência. A todo momento ele os evoca no Grupo, sendo incapaz de perceber que aquela é uma forma de fugir de sua situação atual e da responsabilidade de mudá-la.

Nem tudo o que diz respeito a Alan Severance teve origem na vida real, e parte da força do personagem advém da irônica distância entre sua perspectiva e a perspectiva do leitor. Isso sugere que Berryman compreendeu muito mais a doença do que seu dublê, ainda que a leitura dos poemas presunçosos, iludidos e jactantes de *Amor & fama*, de 1970, nem sempre nos levem a acreditá-lo. Dito isso, o conteúdo que se refere a seu pai foi diretamente extraído da realidade. Berryman estava certo de que o suicídio de John Allyn fora o acontecimento central de sua vida. Durante anos, ele se deixou angustiar por isso e procurou compreender quão grave era a chaga que o assolava.

O problema era que Berryman quase não conseguia se lembrar dos acontecimentos ocorridos em Clearwater Island. Não lhe eram claros nem o que ocorrera, nem o que ele sentira à época, e portanto era preciso depender do precário testemunho de sua mãe. Segundo *Poets in Their Youth*, livro de memórias de Eileen Simpson, foram várias as conversas dos dois sobre o assunto – tanto em pessoa quanto por cartas –, de modo particular nos momentos em que John estava sob tensão. Em cada uma delas, a história da sra. Berryman mudava, e embora seu filho às vezes achasse isso engraçado, essa falta de confiabilidade lhe causava acessos de desespero.

Quando no St. Mary's pela última vez, Berryman escreveu para a mãe a fim de pedir-lhe que colocasse no papel, de uma vez por todas, tudo o que lembrava acerca da morte de Allyn. Suas perguntas vinham numeradas e eram dolorosamente precisas.

1. Eu *ouvi* o Papai ameaçando nadar comigo (ou Bob?), ou então afogar a nós dois? ou você me contou isso depois? *quando*?
2. Quando descobri que ele havia se matado?
3. Como eu *pareci receber* sua morte ao ser informado sobre ela? E antes de voltar para Tampa naquela manhã? Como eu *agi* no carro? E em Tampa? na funerária? No cemitério de Holdenville? em Minn? Gloucester? na 8ª série? (em Was DC? – onde um dia achei tê-lo visto na rua – arrasado?)

A sra. Berryman lhe respondeu com uma carta enorme e tortuosa. Disse que o tema era doloroso, que preferia não recordar, que passara muito tempo de sua vida atormentada pelo que havia acontecido com seu marido. Ela descreveu as circunstâncias de sua morte de maneira confusa e vacilante. Disse que havia retirado cinco balas da arma e as enterrado, mas que ele deve ter escondido uma sexta em algum lugar, inserindo-a na câmara e apertando o gatilho tantas vezes até enfim chegar a ela (a ideia de que a morte de Allyn fora um acidente se tornara comum em seu repertório e era utilizada sobretudo com estranhos e novos amigos). Ela não respondeu como o filho se comportara ou parecera se comportar naquela lista desoladora e patética de lugares.

A resposta de Berryman, escrita poucos dias antes de ele deixar o St. Mary's, é quase abjeta. Ele se desculpa por tê-la afligido. Diz então que decidira deixar o assunto para lá: tinha ficado algumas horas sem se preocupar com ele e se sentira muito melhor, e portanto optara por jamais abordá-lo novamente. (Essa guinada da experiência breve ao compromisso extravagante, a propósito, é característica de sua recuperação, uma ambiciosa corrida que ele iniciava antes mesmo de conseguir andar e que o tornava perigosamente suscetível ao fracasso. Trata-se, em suma, de uma sabotagem, uma vez que a decepção inevitável o levaria de volta para a bebida.)

O assunto não foi descartado, é claro. Antes, ele o confiou a Severance do mesmo modo como, por uma década e meia, o estivera confiando a Henry, que também é atormentado pelo suicídio de seu "pai melancólico", "esse terrível banqueiro", e que passa grande parte das Canções do Sonho repetindo os acontecimentos ocorridos em Clearwater Island ou tentando escavar, fisicamente, o túmulo de seu pai.

Preso na Ala W, Alan passa a maior parte do seu tempo ponderando sobre sua perda. Após uma sessão malsucedida de análise transacional, ele escreve em seu caderno:

> Novo problema. Sentiria eu, talvez, alguma *culpa* – há muito reprimida, no caso, por enquanto mera especulação (defesa, aqui) – *com relação à morte de Papai*? (Sem dúvida captei demais a autocensura da Mãe a ponto de certa feita acusá-la, bêbado e furioso, de tê-lo assassinado e forjado um suicídio.) Conferencista ultimamente sobre crianças que se culpam pelo pai bêbado (= O que fiz para que Papai ficasse brabo e se embriagasse?). LACUNA, provavelmente estranha. Ele *estava* bebendo demais, todos os quatro bebiam demais naquelas últimas semanas, brigas atemorizantes. Morte por arma ao amanhecer, como a de Hemingway, imitando seu pai. Minha bebedeira frenética porventura imita a dele, assim como minhas fumadas frenéticas (ambas "virilmente")? Então é possível que não fosse raiva/autocomiseração, mas uma culpa que apenas ficou sob a superfície durante um ano (Nesse caso, por quê?) antes de enfim emergir e debilitar meus dias de ginásio.

Ele segue nesse mesmo estilo por mais um parágrafo, quando então, desnorteado, solta a caneta. "Papai grande e elegante", reflete consigo mesmo, "adorado e perdido tão cedo!"

Essa declaração em muito se assemelha à que lemos no diário hospitalar de Berryman, e também os debilitados anos de ginásio foram extraídos da realidade. Em South Kent, ele havia sido intimidado terrivelmente, e certa vez, após receber uma surra terrível numa pista de *cross country*, esforçou-se para se atirar debaixo de um trem ("péssimo controle dos impulsos", talvez observasse aqui um psiquiatra, tomando para si a caneta de Berryman).

Ao recordar o período quando adulto, o que mais o inquietou foi a penetrante sensação de que havia ali espaços vazios. Sua meninice lhe parecia envolta em névoas, algo estranhamente desinteressado. Que droga – ele sequer conseguia lembrar-se do que havia *lido*! Em *Recuperação*, Alan retorna com frequência ao tema, chegando a expor ao Grupo o mistério de seus "atípicos (...) anos desperdiçados". (Disse o conselheiro, entretido: "Todo o mundo desperdiça anos.")

Reclinei-me no assento com a caneta na boca, mastigando-a. Passávamos agora por Rugby, onde os carros traziam os pneus afundados na neve. Terra escura, um gelo semelhante à prata sem brilho. Tambores enferrujados repousando no campo. Era possível ver o que havia a quilômetros de distância, as colinas ondulantes cobertas de pinheiros. A todo momento, ouvia-se aquele som pesaroso e admoestatório: *Ruuu Ruuu! Riiiii Riiiii!*

Havia algo, no espetáculo desse homem envelhecido que remoía suas velhas feridas, que de fato me tocou. Dava para notar que, em determinado aspecto, aquilo nada mais era que outra técnica de fuga, mais uma forma de não encarar o papel desempenhado pela bebida na contínua devastação da própria vida. Além disso, como ele bem sabia, o álcool é viciante por uma série de motivos, alguns genéticos e outros meramente circunstanciais. A tarefa mais premente não é descobrir por que nós bebemos, e sim ficar sóbrio e permanecer assim. Não obstante, aquele período repleto de lacunas me deixara balançada. "Sentir falta de alguém que é amado e almejado", observou Freud em certa ocasião, "é a chave para entender a ansiedade."

Recentemente, eu havia me deparado com uma pesquisa que reafirmava de maneira radical a relevância das experiências infantis para a saúde da vida adulta. O "Estudo sobre experiências adversas na infância" foi realizado em San Diego de 1995 a 1997, não obstante suas pesquisas ainda estejam em andamento. Ali fora examinado um grupo de 17 mil americanos adultos e de classe média, pertencentes a diversas etnias. Trata-se de um empreendimento enorme, sem dúvida grande o suficiente para produzir resultados estatisticamente significativos. Cada participante teve de responder um questionário que lhe perguntava se havia sofrido oito tipos diferentes de trauma infantil, entres os quais vício dos pais, violência, abuso sexual, perda e outros tipos de ruptura. As respostas foram então correlacionadas à presença de uma série de doenças mentais e físicas na vida adulta, incluindo o alcoolismo.

Os resultados eram espantosos. Em cada uma das enfermidades, do vício em nicotina às doenças do coração, havia uma relação inequívoca entre a percentagem de acometidos e o grau do trauma infantil. Num artigo intitulado "As origens do vício: evidências do 'Estudo sobre experiências adversas na infância'", um dos principais pesquisadores, o dr. Vincent Felitti, resumiu as descobertas acerca da dependência:

> Em nosso estudo detalhado (...) nós descobrimos que o uso compulsivo de nicotina, de álcool e de drogas injetáveis aumenta de maneira proporcional, com uma força, uma gradação e uma curva de resposta às dosagens que correspondem intimamente à intensidade das experiências adversas durante a infância. Isso, é claro, respalda velhas posições da psicanálise e contradiz conceitos correntes, incluindo aqueles da psiquiatria biológica, dos programas de tratamento de drogados e dos programas de erradicação das drogas. Nossas descobertas são inquietantes para alguns porque dão a entender que as causas fundamentais da dependência jazem em nosso *interior* e na forma como tratamos uns aos outros, e não nos traficantes ou em substâncias químicas perigosas. Elas sugerem que bilhões de dólares foram gastos em toda parte, menos onde a resposta deve ser encontrada.

Abaixo dessa declaração havia uma tabela com os resultados referentes às experiências adversas da infância e ao alcoolismo adulto. Tratava-se de uma das coisas mais sóbrias que eu já tinha visto. Cinco barras negras cresciam continuamente. No canto esquerdo, a barra era minúscula. Pouco mais de 2% dos adultos com uma contagem de zero experiência adversa na infância (o que significava que haviam respondido "não" a todas as oito perguntas) tinham se tornado alcoólatras. A barra seguinte era levemente maior. Quase 6% dos adultos de pontuação 1 haviam abraçado o alcoolismo. A próxima aumentava novamente. Cerca de 10% dos adultos com 2 pontos tinham se tornado alcoólatras. E subia. Quase 12% dos adultos com uma contagem de 3 pontos seguiram esse rumo. A última barra era a maior; 16% dos adultos que lograram nota 4 ou superior haviam desenvolvido o vício em álcool.

Na conclusão desse artigo, um dos muitos publicados pela equipe das Experiências Adversas na Infância dedicou a suas numerosas descobertas, Felitti escreveu:

> O conceito corrente de dependência está mal fundamentado. Nosso estudo sobre a relação entre as experiências adversas na infância e as condições de saúde na vida adulta, realizado com mais de 17 mil pessoas, revela que o vício é uma tentativa imediatamente reconhecível, ainda que em grande parte inconsciente, de buscar alívio de traumas antigos e muito bem dissimulados por meio de materiais psicoativos. Uma vez que é difícil ter o bastante de algo que não funciona muito bem, a tentativa é, no final das contas, malsucedida, sem falar em seus riscos. O que demonstramos não surpreenderá a maioria dos psicanalistas, muito embora a magnitude de nossas observações seja nova e nossas conclusões às vezes sejam vigorosamente contestadas por outras disciplinas.
>
> As evidências que respaldam nossas conclusões sobre a causa basilar do vício são imperativas e têm implicações assombrosas.

A preponderância das experiências adversas na infância e de seus efeitos de longo prazo claramente constitui grande determinante da saúde e do bem-estar social da nação. Isso se mostra verdadeiro seja quando visto desde o ponto de vista dos custos sociais, seja quando visto desde o ponto de vista da economia da saúde pública ou dos efeitos da política pública. As experiências adversas da infância suscitam questões difíceis, questões que se tornam ainda mais árduas pelo fato de afetarem pessoalmente muitos de nós. Voltar a elas gerará a dolorosa provação da mudança, mas também concederá a muitos a possibilidade de levar uma vida melhor.

Críticas contra o estudo foram tecidas, de modo particular afirmando que suas descobertas são retrospectivas e partem do princípio de que os participantes estão dizendo a verdade e possuem uma memória rigorosa. Ele também levanta toda sorte de questões, e nenhuma delas chegou a ser plenamente respondida – incluindo a que diz respeito à rota pela qual os traumas de infância conduzem a uma saúde precária posterior e a que diz respeito aos mecanismos de proteção existentes na maioria daqueles que sofrem reveses precoces, mas não acabam por desenvolver a enfermidade na vida adulta. Ainda assim, trata-se de uma prova radical da popular crença de que o lugar em que você termina tem raízes no lugar em que começara.

A pontuação de Berryman no estudo das Experiências Adversas da Infância foi 3. *É difícil ter o bastante de algo que não funciona.* Céus. Isso dava outro sentido a todos aqueles poemas. Canção do Sonho 96, primeira estrofe:

Debaixo da mesa, não. Aquela última estava impressionante,
a botija tinha peitos. Alguns deitam raízes, amaldiçoados.
Por que beber assim, dois dias sem parar?
dois meses, ah, estações, anos, duas décadas sem parar?

Respondo (sorrisos) a minha pergunta de pronto:
Cara, andei com sede.

A botija tinha peitos. Berryman estava viciado numa falsa fonte de nutrição, mas a sede lhe era bem real. Não surpreende que, a exemplo do que vem dito no poema, também ele tenha acabado no hospital, com seu "rum, seu Cointreau, seu gim com xerez e seu *bourbon*" ameaçados por figuras de jaleco branco.

Pensei novamente em seus anos de ginásio. Eles transcorreram na esteira de três perdas consecutivas: primeiro, o terrível período no internato de Oklahoma, quando o autor tinha 11 anos; depois, a morte de seu pai; e, por fim, o segundo casamento da mãe, que adorava, o qual engoliu até mesmo seu nome de batismo. Após dois anos na casa nova, em Jackson Heights, Berryman foi enviado para o South Kent, onde se tornou abjetamente impopular. Não havia ninguém de confiança, e de todo modo tratava-se de um ambiente em que o sentimento mesmo era perigoso. As cartas que enviou para casa trazem poucos traços de seu sofrimento – consistem em alusões rápidas e pseudocasuais aos meninos que quebravam seus óculos ou o trancafiavam nos armários. Em urgente necessidade de defender-se, ele começou a esconder-se por trás de um eu falso, de uma máscara que se faz manifesta em todas as cartas jubilosas e fraudulentas que mandou para a mãe. ("E só faltam 18 dias para ir para *casa*! Imagine só! Não faço ideia de como a casa estará. Vocês todos já se acomodaram, e eu vou chegar como um completo estranho. Jesus!") Ele estava aprendendo a ausentar-se de si mesmo, a negar e minimizar sua infelicidade – técnica que lhe faria muito mal nos anos que estavam por vir. Debaixo de tudo aquilo, é claro, seus verdadeiros sentimentos borbulhavam: sentimentos inadmissíveis e, como tais, impossíveis de serem escoados, exceto nos momentos de selvageria, como no dia em que se atirou no caminho de um trem em movimento.

Então, algo mais me veio à mente. Talvez se tratasse de algo irrelevante, talvez não. De todo modo, parecia ter relação com aquele entrelaçamento de necessidade e apego, separação e ansiedade. Na Canção do Sonho 96, Berryman fez referência explícita à associação entre garrafas e peitos, à nutrição que poderia lograr ao mamar uma botija. Em *Nós sonhamos com a honra*, publicação (que segundo um crítico só interessaria a um psiquiatra) que traz a correspondência entre o poeta e sua mãe, há uma pequena brecha que nos permite entrever o que a sra. Berryman pensa sobre o tema. A introdução reproduz o fragmento de um conto por ela escrito em agosto de 1931, durante o segundo verão que seu filho, ainda no South Kent, passou em casa. Trata-se de uma história fantasiosa sobre uma mulher que dá a mamadeira ao filho pequeno, uma história cujo tom se equipara ao tom ardente e sedutor que ela muitas vezes empregava em suas cartas a John, ainda que seja impossível saber se aquilo tinha ou não tinha origem na vida real.

> Estavam sozinhos (...). Ele empurrou a mamadeira com a língua, a fome abrandada, o sono pressionando as pálpebras. Enternecida, ela gotejou leite sobre o peito e enfiou o bico endurecido em sua boca relaxada; por uma, duas vezes, ele o cuspiu, mas então, porque o toque da pele o estimulava, fechou a boca e sugou, dando puxões longos e árduos. Parava apenas para lamentar em voz alta o fracasso, ao que voltava a buscar o mamilo, sugando e puxando, lamuriando e choramingando ante aquele nada pouco natural. Uma dor lancinante lhe foi infligida pelo êxtase daquela necessidade; o fracasso fê-la ser atacada por garras de ferro, angustiadas ante seu peito estéril. (...) À medida que ele agora relaxava, a amargura do sofrimento se tornava menos pungente.

Essa parece uma cena de sedução do século XIX. *O êxtase daquela necessidade*: que coisa perigosa de se inculcar! Além disso, o seio está vazio e o alimento verdadeiro vem de uma garrafa. Para piorar, o relato assume um tom sexual – *o toque da pele o estimulava* – e o mistura com uma falta de satisfação punitiva. Se isso teve qualquer influência sobre a verdadeira relação entre mãe e filho, talvez explique por que ele se sentiria acometido, durante toda a vida, por uma estarrecedora sensação de sede.

O terreno mudara novamente após Minot. Havia agora vales fluviais fechados, parcialmente revestidos de arbustos e casinhas com celeiros vermelhos refulgentes. Observei um falcão pairar sobre a grama danificada. Quando o sol surgiu, as cataratas de gelo emanavam azul, prata, cinza, peltre, um marrom arenoso – cores que se mesclavam como no mármore. Nas cercanias de Stanley, vi uma raposa mover-se a meio galope pela neve, com sua pele assumindo o amarelo seco e amarronzado da grama hibernal. A seu lado, perto dos trilhos, assomou um trem de carga destruído. Em seguida, um poço de petróleo, com fogueiras ardendo à distância. "Atenção, por favor", pediu o alto-falante. "Estamos nos aproximando de Williston, Dakota do Norte. Williston, Dakota do Norte, é nossa próxima parada."

Almocei naquele dia com um homem chamado Bob, antigo eletricista-chefe da residência de Bill Gates. Duas mulheres se juntaram a nós, ambas na casa dos 60 anos. Uma era muito amalucada; a outra, austera. As duas ficaram conversando enquanto ingeríamos nosso macarrão com queijo e nossas tortas de manteiga de amendoim. A austera descreveu como criara os filhos e o formato de seu rancho. "Tenho duzentos acres", disse. Não estava se gabando, mas apenas descrevendo. "Um poço de água um pouco dura e três fontes, para que não falte água mesmo se a bomba pifar. Plantações de pinheiro ponderosa para dar sombra ao gado. Do outro lado da propriedade, o lado norte, você tem os veados e os alces, que vão pra lá na hora de parir. Não deixo os coiotes e as onças-pardas entrarem na minha propriedade. Quando os vejo, dou um tiro de alerta no chão. Meu marido não gosta disso, mas eu cresci no meio das armas. Meu pai é praticamente um lobo. Conseguia pegar uma truta de rio com as próprias mãos." Então ela nos contou sobre quando sua mãe calçou botas de abotoar para ir à escola na década de 1920, esmagando enormes tarântulas marrons ao longo do caminho.

Depois do café, voltei para minha cabine. Desde Glasgow, estivéramos acompanhando o rio Milk. Sua ribanceira se rompera, e aqui e ali a água só deixava à mostra as barras mais altas das cercas. Estávamos a caminho das Rochosas. A neve ondeava do lado da janela. Pelo mapa, supus que estivéssemos no East Glacier Park, quase cinco mil pés acima do nível do mar. Colei o nariz no vidro. Nuvens vagas, sem forma. Apenas as árvores mais próximas estavam verdes. Sobre todas as montanhas havia pinheiros, o preto sobre o branco traduzindo-se no cinza monocromático de um papel-jornal.

Conversar com aquela gente durante o almoço me lembrara de algo mais. Na biografia compassiva e exigente que John Haffenden dedicou a Berryman, o autor assinala que uma das formas como *Recuperação* se afasta da experiência do poeta diz respeito a seus relacionamentos com os outros habitantes da ala. Alan Severance em geral é benquisto, ainda que sua dicção culta e suas declarações presunçosas, articuladas num arroubo, possam às vezes repelir os outros pacientes. Eles o julgam arrogante e iludido, mas isso já era de se esperar, e em muitas das cenas mais doces nós o vemos se relacionando cordialmente com os outros.

A realidade, porém, não era bem assim. Ao que parece, Berryman tinha grandes dificuldades para ver a si próprio como parte desse coletivo de pessoas educadas e infelizes. Em *Recuperação*, por exemplo, Severance faz alusão a uma "grande amiga" de boa estirpe, com a qual esperava criar um grupo de AA mais exclusivo. Infelizmente, segundo Haffenden, a versão real dessa mulher, cujo nome era Betty Peddie, não gostava muito de Berryman. Ela tinha a impressão de que ele a tratava como se fosse superior e de que se gabava demais de seu sucesso, incluindo como sedutor. Betty leu *Recuperação* após a morte de Berryman e, numa sessão de terapia em grupo, ofereceu um parecer que no futuro Haffenden registraria em seu livro:

> Quando tentava se relacionar com as outras pessoas, ele fazia amigos, mas jamais quis ser plenamente um de nós; refugiava-se a todo momento em sua singularidade, mas de fato achava que era tudo o que tinha o que o fazia valer alguma coisa. Então permaneceu fechado em si, e era-lhe impossível prosseguir sozinho.

Essa é uma das declarações mais tristes que já li, além de dizer muito, e com grande simplicidade, sobre os efeitos corrosivos da grandiosidade e do orgulho alcoólatra. Para piorar, é provável que se trate de uma avaliação bastante precisa do motivo que levara Berryman a dar fim à própria vida. O problema, claro, é que o alcoolismo muitas vezes está relacionado a um sentimento de confiança terrivelmente ferido. Os Doze Passos exigiam que Berryman se deparasse com uma parte de seu interior que duvidava profundamente da existência de qualquer tipo de presença amorosa no universo, de qualquer tipo de sentido. (Nas "Onze mensagens ao Senhor", escritas em 1970, ele declarou, desolado: "meu pai estourou tudo quando eu tinha 12 anos / apagou a vela fulgentíssima de minha fé.") Durante anos, ele estivera usando a bebida para proteger-se desse terror abjeto; e, embora isso jamais tenha funcionado, sem ela Berryman de fato não sabia como seria possível viver. Portanto, não é mera coincidência que a única conclusão que ele tenha encontrado para *Recuperação* fosse a morte iminente de Alan Severance.

Antes de o livro afundar, Berryman esboçou onde queria que ele terminasse: com uma versão do passeio que fizera com seus filhos, incluindo Paul, no pico Pikes, em Colorado, onde sentira a morte insinuar-se quando no meio dos pinheiros. Ele redigiu numa ficha as sete frases finais, futuramente publicadas no apêndice junto com alguns outros fragmentos. "Estava completamente preparado. Nenhum remorso. Sentia-se mais feliz que nunca. Sortudo, e não o merecia. Era muito, muito sortudo. Bem-aventurados todos. Sentia-se... bem."

Isso, contudo, não é uma recuperação, e sim a atuação de hordas angélicas que cantam para niná-lo, isto é, o tipo mais conclusivo de esquecimento, de escapismo. Talvez se trate de uma ilusão sincera, mas tal felicidade é quase tão crível quanto a daquele poema de Hartford em que ele termina gritando com Cristo.

Tudo era extremamente devastador, incansavelmente destrutivo. Pensei mais uma vez no sonho que ele relatara a Kate, no qual um aristocrata russo decadente fazia buracos em suas notas sobre Shakespeare. Em seguida, lembrei-me de outro sonho que ele tivera quase quatro décadas antes de morrer, quando não passava de um jovem em Cambridge encantado pela linguagem, parcialmente inebriado pelas possibilidades do que poderia criar. Acordado tarde da noite em seus aposentos, ele entrou numa espécie de transe e, ao fechar os olhos, viu Yeats, alto e de cabelos brancos, esforçando-se para levantar um grande bloco de tição. Yeats o ergueu acima de sua cabeça e o lançou contra o chão lustroso, onde o bloco se partiu em pedaços que saíram rolando, todos eles prateados. Que abismo não havia entre as duas cenas! É isso o que o alcoolismo faz com o escritor. Você parte da alquimia, do trabalho duro, e termina deixando um degenerado grandioso, um aspecto horrível de si mesmo, fixar residência onde fica a lareira, o fogo central, lugar em que ele começa a destroçar o coração da obra que você ainda tem de terminar.

8
METADE DELE

Na manhã seguinte, quando acordei, estávamos atravessando um vale enorme, coberto de neve e de pinheiros. O sol acabara de nascer e a cadeia de montanhas resplandecia. Enquanto observava tudo aquilo, uma onda de luz banhou o declive e fez os pinheiros assumirem um dourado opaco e puxado para o verde. Comovida, tomei meu café. Ao ver o sol restaurar o mundo, é impossível não experimentar uma espécie de satisfação, o sentimento de que um pacto foi mantido.

O alcoólatra *pode* parar de beber. Eu sabia disso por causa de minha infância e também por causa de minhas leituras. A ex-companheira de minha mãe largara a bebida num centro de tratamento que descreve como um "buraco" e voltou sóbria para nossas vidas. As duas continuam sendo boas amigas, e Diana não bebe uma só gota de álcool há 29 anos, feito que julgo espantosamente heroico.

John Cheever também conseguira, ainda que experimentasse muitas das mesmas dificuldades que Berryman havia experimentado. Seu último ano de bebedeira foi purgatório, uma viagem vertiginosa na montanha-russa dos estágios finais do alcoolismo. Depois de passar um ano em Iowa com Raymond Carver, ele assumiu em 1984 o posto de professor adjunto da Universidade de Boston. Mudando-se para um dois-quartos mobiliado no quarto pavimento de um prédio sem elevador, logo começou a beber desvairadamente. Os alunos lhe pareciam menos brilhantes que os de Iowa, e seu isolamento se aprofundou com rapidez. Vivia, segundo ele mesmo, à base de laranjas e hambúrgueres;

em seu apartamento pululavam garrafas vazias, e de manhã ele mal conseguia segurar um copo, quanto mais formar uma frase.

Em circunstâncias assim, escrever lhe era impossível, e Cheever pediu demissão no meio do período primaveril, confiando suas aulas ao colega John Updike. Por sorte, seu irmão, Fred, veio em seu auxílio; caso contrário, é bem possível que ele tivesse sucesso nas deprimentes simulações de suicídio a que estivera se dedicando durante todo o período. Fred foi até o apartamento, vestiu o irmão nu e desconexo e o levou de volta para Mary, numa viagem em que Cheever secou um litro de uísque e urinou na garrafa vazia. Tão logo regressou a Ossining, ele foi hospitalizado e transferido, não sem relutar, para o Smithers Alcohol Treatment and Training Center, em Nova York.

Durante sua estadia no Smithers, Cheever foi muitas vezes censurado por sua pompa. A exemplo de Berryman, sua dicção jogava contra ele, bem como o costume de se colocar para cima chamando a atenção para seus feitos prodigiosos, tanto na capa quanto no papel. De fato, ele leu Berryman enquanto esteve lá, e sua conselheira comparou explicitamente os dois. "Só que ele foi um poeta brilhante e um acadêmico estimável, e eu não sou nenhum dos dois", afirmou o autor numa falsa modéstia, ao que ela respondeu: "Sim, mas ele era também uma fraude e um beberrão, e agora está *morto*; é isso o que você quer?"

Mais tarde, a conselheira desenvolveu sua avaliação num relatório de progresso: "Ele é um negador clássico que perde e recupera o foco. Não gosta de se ver negativamente e parece ter internalizado muitas daquelas mesmas atitudes imperiosas da classe alta de Boston que tanto ridiculariza quanto adota." Então, acrescentou uma observação tática: "Pressioná-lo para que lide com a própria humanidade."

Por algum milagre, Cheever conseguiu fazê-lo. Durante os 28 dias em que permaneceu internado, ele deixou de ser um homem cauteloso e rigorosamente defensivo para tornar-se um homem inseguramente aberto, quiçá até afável. A despeito de seu esnobismo e do costume de fazer pouco caso do sofrimento (ao qual reagia, à Tennessee Williams, com uma desconcertante risadinha), ele nutria um interesse genuíno pelas outras pessoas e conseguia, ao menos ocasionalmente, reconhecer-se nelas. "Saí da prisão nove quilos mais magro e uivando de prazer", escreveu em carta a um amigo russo no dia 2 de junho de 1975, um mês após receber alta. E, embora nenhuma cura fosse encontrada para sua solidão ou para seu sentimento de confusão sexual, Cheever jamais voltou a beber.

Esse uivo de prazer, liberdade e autoaceitação reverberou em seu novo romance. Por muito tempo, ele estivera negociando sozinho seu *Sobrevivendo na prisão*, história de um homem que, após assassinar o irmão, acaba parando na cadeia. Em 1973, Cheever o havia vendido para Robert Gottlieb, da Knopf, mediante um adiantamento de 100 mil dólares, mas, não obstante suas afirmações em contrário, nem antes nem depois houve algo no papel a ser mostrado ("De porre, cogito um romance homossexual na prisão."). No diário que conservou quando no Smithers, porém, Cheever vinha escrevendo sobre o livro quase na mesma medida em que vinha escrevendo sobre sua recuperação. Então, mais saudável e mais enérgico do que estivera em anos, ele enfim arregaçou as mangas de sua camisa da Brooks Brothers e começou a trabalhar.

Em toda a extensa ficção de Cheever, encontramos uma hesitação que, em circunstâncias normais, pareceria incompatível com as ambições de um romance. A descontinuidade que vemos em seus livros faz com que eles pareçam sonhos – sonhos em que passamos por uma sucessão de cômodos iluminados, cada qual trazendo um quadro vivo que é, de uma só vez, tanto inexplicável quanto encantador. De tempos em tempos, o controle da narrativa passa inexplicavelmente às mãos de um estranho, de um transeunte, e, ainda que uma hora retorne aos trilhos, depois disso ninguém sabe ao certo qual é o destino ou a direção da viagem. Se essa prática não nos priva de frustrações, ao menos capta com grande precisão a esfera em que a maioria de nós habita: um lugar de enfraquecimentos e interrupções, irresoluto, incompleto, permeado pela melancolia e, às vezes, por uma beleza exultante.

Esse hesitar ainda se faz claramente presente em *Sobrevivendo na prisão*, mas com nova intensidade. Claro fica que algo imperativo está se desenrolando sobre a página, muito embora essa premência muitas vezes pareça desproporcional à fragilidade dos participantes. O romance começa quando um homem de boa estirpe chamado Farragut é levado para a Casa de Correção Falconer (o nome Casa do Amanhecer não pegara) e termina quando ele foge dali. Nesse ínterim, o personagem se recupera do vício em heroína, sobrevive a uma rebelião e se apaixona por outro preso, Jody, que põe em prática sua própria fuga passando-se pelo assistente de um bispo visitante. Privado da liberdade, confinado, Farragut empreende uma viagem por recordações que, na verdade, são em sua grande maioria as recordações do próprio Cheever. O pai de Farragut quisera abortá-lo; o pai de Farragut tentara o suicídio numa montanha-russa em Nagasakit; Farragut é acometido por lapsos de memória; a esposa de Farragut é extremamente fria; Farragut se pega apaixonado por um homem, não obstante se considere o protótipo da burguesia virtuosa.

Sua fuga não é planejada. Seu amigo Galinha Número Dois morre e, num impulso, Farragut entra no saco do cadáver e sai da Falconer carregado como um defunto. "Quão estranho era ser carregado em idade tão avançada", pensa ele, "na direção de nada que conhecia, aparentemente livre de sua crueza erótica, de seu desdém fácil e de sua risada de desgosto – não um fato, mas uma oportunidade, algo como a luz da tarde nas árvores altas, um tanto inútil e impressionante."

Conversando casualmente sobre carros, bem como sobre um homem chamado Charlie e seus problemas com um carburador, eles deixam o corpo do lado de fora e se afastam. Farragut escapa ao rasgar o saco com uma lâmina escondida, do mesmo modo como Cheever um dia escapara de uma camisa de força durante um ataque de *delirium tremens*, quando ainda estava confinado a seu vício. Ele ouve o som de um piano vindo da casa dos pobres. Há sangue na sua bota. Então espia pela janela iluminada de uma lavanderia e observa as roupas se agitando nos secadores. Num ponto de ônibus, conhece um homem que fora despejado e que vai com a sua cara, pagando-lhe a passagem e presenteando-o, por livre e espontânea vontade, com um casaco de inverno. O livro termina com Farragut descendo do ônibus num lugar aleatório. Ao caminhar por uma rua desconhecida, "ele percebeu que tinha perdido o medo de cair e todos os outros medos de natureza semelhante. Tinha a cabeça erguida, as costas eretas e caminhava muito bem. Alegre-se, pensou, alegre-se".

Não há ironia nenhuma num retorno à vida assim, como o de Lázaro. Imagino que haja quem o julgue sentimental, quiçá até meloso. Não era o meu caso: aquele era um retorno merecido ("Fico pensando", escrevera no Smithers, "se tenho coragem de deixar esse confinamento e tomar posse de minha liberdade natural."). Não se tratava, também, de algo meramente autobiográfico, ao menos não no sentido unilateral que costumamos atribuir à palavra. Antes, a libertação de Farragut parecia se estender à vida do próprio Cheever, impedindo-o de afundar mesmo enquanto a colocava no papel. Tratava-se de uma confirmação e um testemunho de sua libertação mesma, mas também uma forma de antecipar-se, de criar uma fantasia em que, de alguma forma mágica, ele pudesse se agarrar, quiçá até habitar. Isso não era muito diferente do que Berryman tentara fazer em *Recuperação*; no entanto, inadvertidamente ou não, Berryman usara Alan Severance para fugir de seus deveres para com a sobriedade, enquanto Cheever transformara a fuga do vício e da prisão empreendida por Farragut num modo de ressaltar e estimular a sua.

Das várias críticas positivas que a obra recebeu, há uma que Joan Didion publicou no *New York Times*. Muitas vezes presciente e com a cabeça sempre fria, observou ela, Farragut passara por

(...) uma purificação, um período de sofrimento, no intuito de mais uma vez adentrar as cerimônias da inocência. Nesse contexto, a questão de quando ficará "limpo" possui uma pungência considerável. Na realidade, é essa a pergunta que Cheever estivera fazendo o tempo todo – *quando ficarei limpo* é a pergunta por trás de cada gramado de verão –, mas que não havia jamais levantado de maneira direta, nem com uma arrogância estilística tão transcendente.

Essa é uma avaliação muito precisa da ficção de Cheever, mas o que Didion não tinha como saber era o quanto a questão da limpeza ocupava também o homem, quão frequentemente, em seus diários, ele se inquietava com o abismo existente entre o imaculado cenário exterior e seus desejos íntimos e sujos, quiçá até depravados. Abalado após dois desconhecidos terem se insinuado para ele, Cheever certa vez escreveu em seu diário: "Preparo para mim um gim com vermute. O balde de gelo refinado, as flores brancas sobre o piano, a música sofrida, tudo isso é parte de uma fortificação moral que me protege dos dois estranhos" – ainda que com *dois estranhos* ele no fundo queira dizer a experiência de ver seus próprios anseios refletidos em ambos.

Como era de se esperar, esse cisma não foi propriamente resolvido quando alcançada a sobriedade, não obstante a eliminação do gim com vermute tenha decerto ajudado tanto o seu comportamento exterior quanto sua autoestima ("Não sou melhor que ninguém, mas sou melhor que antes", escreveu em 1976). Com o passar do tempo, Cheever ficou cada vez mais à vontade com o fato de seus impulsos eróticos incluírem homens, ainda que, ao fazê-lo, tenha iniciado um relacionamento coercitivo com um aluno heterossexual. Tratava-se de Max Zimmerman, jovem que por uma série de razões – das quais nenhuma parece relacionada à atração física – achava muito difícil dizer não a ele. Ao lermos os diários de Cheever, temos a impressão de que o autor seria hoje diagnosticado com dependência sexual. Não há dúvidas de que há uma semelhança clara entre seu desejo de "me chafurdar, lambuzar, saciar" com álcool e sua necessidade de contato erótico – ambos suscitados (como ele mesmo reconheceu em carta a seu médico) por "minha compulsão ansiosa e ávida por ter mais prazer animalesco do que me cabe".

Nenhuma maravilha, portanto. Contudo, a sobriedade não indica necessariamente um caráter novo, e sim uma espécie de transformação gradual do espírito. Certo tempo antes, ao vasculhar os documentos da Coleção Berg na Biblioteca Pública de Nova York, eu havia me deparado com algumas páginas datilografadas que me pareceram ser rascunhos de um discurso sobre o AA, religiosamente frequentado por Cheever nos anos remanescentes de sua vida.

> Receber a confirmação numa basílica enorme e esplêndida, ensurdecido pela música e obcecado pelo fogo das velas, é muito mais fácil que dizer, numa sala de aula repleta de fumaça, num domingo, que meu nome é John e que sou alcoólatra, ainda que todos eles o sejam também.
>
> As dificuldades de confessar a fé fora de uma religião organizada são muito mais que meramente superficiais. Nós não temos história, não temos um Manuscrito do Mar Morto, não temos passado. Nos mitos e lendas religiosas mais antigos, o álcool é um dos primeiros dons dos deuses. Dionísio é filho de Zeus. Há pouca censura à embriaguez na Bíblia Sagrada, quiçá nenhuma. No que diz respeito aos pecados capitais, a bebedeira talvez possa ser abarcada pela preguiça, mas não há nada específico. A crença de que estar bêbado equivale a estar abençoado está muito arraigada. Morrer de tanto beber é às vezes encarado como morte graciosa e natural – negligenciando assim os transtornos amnésicos, as convulsões, o *delirium tremens*, as alucinações, os terríveis acidentes de carro e os suicídios malogrados. Vários amigos me disseram que tudo estava em ordem, que seus filhos estavam casados, que seu dinheiro fora investido com sabedoria e que iriam beber tranquilamente até não

poderem mais. Um deles morreu sufocado no uísque. Outro pulou de um penhasco. Um terceiro colocou fogo na própria casa e incinerou a si mesmo e seus filhos. Outro está numa camisa de força. Durante certo tempo, por alguma razão achei tudo isso inclusivo, gracioso como o cair das folhas no outono. Beber até morrer só se tornou alarmante, creio, quando descobri que eu mesmo estava bebendo até morrer.

Pois então: nós na verdade não possuímos nenhuma história religiosa. Ainda assim, aquilo em que acreditamos é tão antigo quanto a mais antiga das crenças. A religião é a certeza de que podemos compreender e vencer a morte e o medo que sentimos dela. Pela primeira vez na história religiosa, nós declaramos que, para alguns de nós, a embriaguez é um guia para a morte, uma forma de suicídio. Para alguns de nós, é terrivelmente importante evitar a rabugice das sociedades de temperança e as tentativas coletivas de renúncia. Nós reconhecemos a bebedeira como guia para uma morte obscena, e ajudando uns aos outros nós podemos vencer isso.

E ele venceu. Mesmo no período em que o câncer o matava e apenas um de seus médicos afirmava que ele não poderia voltar a beber, Cheever preferiu permanecer sóbrio. "Eu queria manter a própria dignidade", disse, e embora o pobre Max pudesse ter objeções quanto ao mecanismo utilizado para isso, não deixa de ser verdade que, durante os últimos sete anos de sua vida, Cheever ficou sóbrio como uma pedra: ainda deprimido, ainda sozinho, ainda à mercê de suas ereções, mas também em posse de sua inteligência e de sua velha e mágica capacidade de não ser catapultado pelo júbilo.

Eu havia conseguido um lugar no vagão panorâmico. Ainda viajávamos lado a lado com o Skykomish, cuja água era de um verde vítreo, muito fria. Ela fluía ao lado do trem, agitava-se acima dos seixos e descia barranco abaixo, quando seus borrifos então subiam qual espuma numa garrafa. Tudo ali era úmido, em tudo a água infiltrava, tudo estava empapado; as árvores se revestiam de um musgo verde luminoso.

Eu poderia muito bem ter ficado ali para sempre, mas no meio da manhã nós voltamos à terra firme. Com efeito, parecia que tínhamos chegado aos *Home Counties*. Tudo aquilo era absurdamente familiar – os céus acinzentados, os arbustos emaranhados sobre os campos úmidos. Era engraçado ver um cenário tão inglês num dia em cuja tarde eu encontraria minha mãe pela primeira vez em meses.

Quando me ocorreu que eu poderia viajar para os Estados Unidos, um dos primeiros destinos que me vieram à mente foi Port Angeles, cidade ao noroeste em que Raymond Carver passou grande parte de sua última década de vida. Anos antes, eu tinha levado para minhas férias na Grécia seu volume de poemas reunidos, intitulado *Todos nós*. Ainda era possível encontrar pétalas de buganvílias comprimidas entre as páginas, bem como algumas folhas de oliveira. Quanto aos poemas, eles tinham criado raízes na minha cabeça. Muitos foram escritos ali ou um pouco mais ao oeste, na Península Olympic, cenário isolado e complexamente entrecortado por riachos e rios de truta – um equivalente à riqueza de uma vida em que o álcool deixara de ser a força predominante.

Eu queria visitar aquele lugar havia muito tempo, e, quando perguntei à minha mãe se ela gostaria de me encontrar nos Estados Unidos, não me surpreendeu que fosse essa a parte da viagem de sua escolha. Seu voo chegaria naquela tarde, e, depois de ter deixado as malas no hotel e tomado um banho, fui encontrá-la no Aeroporto de Sea-Tac, feliz e um pouco nervosa ante a possibilidade de ter companhia.

O terminal pululava de soldados com uniformes de deserto, a maioria muito jovem. Observei um desses garotos cumprimentando a namorada: abraçados, ambos ignoravam a multidão a seu redor. Então, no final da fila, avistei a minha mãe, com as bochechas rosadas e um casaco acolchoado embrulhando-a, trazendo a tiracolo uma bolsa do Festival Literário de Oxford. Também nós nos abraçamos com força. Ela era só animação, e naquela noite, em Seattle, nós tomamos juntas algumas garrafinhas de Coors e colocamos em dia meses de novidades.

A gente alugou um Ford branco, robusto e nada glamoroso, salvo por um conjunto de placas de Wyoming. Após o café da manhã do dia seguinte, dirigimos até Edmonds e pegamos a balsa que atravessava o estuário de Puget rumo a Kingston. A Olympic Highway – a rota 101 – contornava exatamente a cabeça da península. Montanhas com o cume coberto de neve se faziam visíveis adiante, agigantando-se de maneira um pouco ameaçadora. Olhei para o mapa, investigando os nomes. Cordilheira Hurricane. Monte Deception. Do outro lado do estreito de Juan de Fuca, era possível ver a sombra azul das ilhas, além das quais surgia, como um borrado bosquejo, o Canadá.

Chegamos a Port Angeles no meio da tarde, deixando para trás oficinas mecânicas e pátios repletos de materiais de construção. O Red Lion ficava na rua principal. Do meu quarto era possível ver a cidade de Victoria com clareza, além da água azul e leitosa que mais parecia gelo batido. Raymond Carver costumava pescar ali em barcos excêntricos e inseguros. Só sabia dar três tipos de nós e os usava de qualquer maneira, sem saber se eram adequados ou não. Certa feita, ele ficou sem combustível e teve medo de ligar para a guarda costeira e contar o que fizera. Em vez disso, se deixou levar pela correnteza em direção oeste, chocando-se contra uma grande baliza vermelha e quase rachando o barco.

Por sorte, alguns pescadores avistaram a embarcação e a sirgaram até o porto. Carver escapou sem ferimentos. O único dano estava numa notável marca colorida abaixo das defensas – outro memento de uma existência quase destruída. O autor sempre foi ávido por peixes, regozijando-se ao capturá-los e alegrando-se, depois, ao devolvê-los. Esse é o Raymond Bom, claro, o escritor bem-sucedido do final da década de 1970 e do início dos anos 1980, alguém que conseguira escapar do inferno que criara para si próprio, do chiqueiro que sua vida se tornara.

Ao contrário do amigo John Cheever, Carver jamais tentou esconder a pobreza de suas origens. Mais velho de dois irmãos, ele nasceu em 25 de maio de 1938 em Klatskanie, Oregon. Seu pai trabalhava num moinho e gostava de pescar e beber, ainda que não possuísse grande resistência ao álcool. O velho Raymond – C. R. – conheceu sua futura esposa numa calçada de Leola, Arkansas, enquanto saía de uma taberna. "Estava bêbado", disse Carver no ensaio "A vida de meu pai", recordando o que sua mãe lhe revelara. "Não sei por que deixei que falasse comigo. Seus olhos brilhavam. Quem me dera ter ali uma bola de cristal!" No mesmo ensaio ele expôs os delitos de seus pais, narrando a noite em que C. R. chegou a casa trêbado e Ella o deixou trancado do lado de fora de casa, golpeando-o entre os olhos com um coador que, segundo os cálculos posteriores de Ray, deveria pesar o mesmo que um rolo de massa. Noutras noites, ela colocaria água no seu uísque ou o despejaria na pia.

Os Carver se mudaram para Yakima, cidade de Washington famosa por suas maçãs e seu lúpulo. Ray foi um menino rechonchudo e forte que não brilhou na escola, não obstante adorasse ler. A despeito da bebedeira, a família se virou confortavelmente bem até 1955, quando C. R. perdeu o emprego. O pai então viajou sozinho para a Califórnia, onde encontrou trabalho num moinho em Chester. Por alguma razão, caiu doente. Em seguida, enviou uma carta para casa dizendo algo sobre um corte de serrote que inflamara, ainda que um postal anônimo enviado na mesma mala alertasse Ella de que seu marido estava à beira da morte, além de acrescentar ominosamente que também andava bebendo uísque puro.

Quando a família chegou a Chester, C. R. tinha aparência abatida e confusa; algo lhe parecia ter sugado as forças. Pouco depois, teve um colapso e retornou a Yakima, onde foi tratado com eletrochoques no quinto andar do Valley Memorial Hospital. A essa altura, Ray já engravidara sua deslumbrante e inteligente namorada de 16 anos. Carver se casou com Maryann em 7 de junho de 1957, poucos dias depois de ela se formar no segundo grau. Em "A vida de meu pai", o autor escreveu: "Meu pai ainda estava internado quando minha esposa ingressou naquele mesmo hospital, apenas um andar abaixo, para dar à luz nosso primeiro filho. Após o parto, eu subi as escadas para dar a ele a notícia."

Quando adulto, Carver lamentaria amargamente o fato de ter assumido muito cedo o fardo de uma família. Quando Christine nasceu, ele e Maryann mal tinham dinheiro para desfrutar de uma refeição adequada ou para aquecer dois cômodos – situação que não melhorou nem um pouco quando, seis semanas depois, ela descobriu que estava grávida novamente. Ainda que estivessem chafurdados em dívidas, os dois continuaram determinados a estudar e melhorar de vida.

Em *Como costumava ser*, seu afetuoso, e por vezes chocante, livro de memórias, Maryann Burk Carver recordou-se de uma discussão de casal travada poucos dias após o casório, na qual o recém-esposo anunciou que se arrependia de ter casado e que sempre optaria pela escrita em detrimento da mulher. Engolindo suas próprias ambições, Maryann concluiu que seu dever era "preservar as chances que Ray tinha de se tornar escritor. (...) Eu caminharia sobre a corda bamba que separava a vida de Ray como escritor e nossa família. Caminharia sobre ela melhor que qualquer um". Na prática, esse compromisso se traduzia em trabalho duro, numa sequência de atividades punitivas que teve início com um bico de verão num armazém, onde ela empacotava cerejas a fim de comprar o primeiro presente de Dia dos Pais de Carver: uma máquina de escrever da Underwood.

Maryann não era a única a trabalhar à exaustão. É quase impossível superestimar as dificuldades daqueles anos, durante os quais Carver, ao mesmo tempo que aproveitava cada minuto livre para escrever, se matava para estudar e colocar comida na mesa de casa. Em circunstâncias tão miseráveis, não é difícil compreender por que o álcool começou a parecer-lhe um aliado, ou mesmo uma chave capaz de abrir uma porta trancada. Seu pai tinha bebido para fugir da monotonia do trabalho e para aliviar o jugo da sobrevivência. Em Ray, era preciso sufocar também a amargura – a amargura e a autocensura, bem como a sensação de estar perdendo tempo. É esse o tipo de coisa que pode azedar em sua cabeça quando, aos 27 anos, você ainda está trabalhando como zelador, esfregando os corredores sujos do Mercy Hospital. É esse, ademais, o tipo de coisa que você pode tentar amenizar indo ao Fireside Lounge, na H Street, e colocando pra dentro um uísque e uma cerveja no final do turno da noite, como preparação para outro dia na companhia de seus filhos desgastantes.

Não há dúvidas de que as circunstâncias lhe eram completamente desfavoráveis; ao mesmo tempo, também não pode haver dúvidas de que, seis dias por semana, ele mesmo era seu pior inimigo. Ler o livro de Maryann fez com que eu me lembrasse de Brick dizendo que o bêbado são duas pessoas, dois homens brigando entre si pela posse de uma garrafa. As coisas que Carver fazia parecem estupidamente autodestrutivas. Enquanto um Raymond – o Raymond Bom, suponho – entraria num mestrado ou encontraria um emprego decente, o outro, o Raymond perverso e maléfico, daria um jeito de arruinar as coisas. Durante seus anos de beberrão, o autor escreveu três livros de poesia e quase quarenta contos, entre eles "Você poderia ficar quieta, por favor?", "Diga às mulheres que a gente vai dar uma volta", "Mudinho" e "Tanta água tão perto de casa". Ao mesmo tempo, saía por aí tendo casos e arrastando sua família de um lado para o outro do país. Carver fez a esposa desistir de seu trabalho mais bem pago e emocionalmente mais satisfatório. Ele não era um homem confiável. Além disso, mostrava-se paranoico e violento. Para piorar, à medida que se aproximava do fundo do poço com sua bebedeira, mal apresentava condições de escrever. Anos depois, ao recordar-se do período numa entrevista à *Paris Review*, o autor afirmou:

> Eu estava saindo da casa dos 20 anos ou entrando na dos 30. Ainda vivíamos na penúria. Tínhamos uma falência nas costas e anos de

> trabalho duro que nada havia rendido além de um carro velho, uma casa alugada e novos credores em nosso encalço. Aquilo era deprimente, e eu me sentia espiritualmente destruído. O álcool se tornou um problema. Eu meio que desisti, joguei a toalha, dei para beber em tempo integral como se fosse uma ocupação séria. (...) Creio que comecei a beber em demasia após perceber que as coisas que mais queria para mim e minha escrita, para minha mulher e meus filhos, simplesmente não iam se concretizar. É estranho. Você nunca começa na vida com o objetivo de ser um falido, um alcoólatra, um trapaceiro e um ladrão. Ou um mentiroso.

O Raymond Bom saiu do meio dos escombros aos poucos, como um homem que luta para se desvencilhar de um carro batido. A exemplo de Berryman, ele passou um longo período indo e voltando da reabilitação, ficando sóbrio e tornando a beber. Durante os anos desfavoráveis na Califórnia, ele tivera um ataque epilético quando prestes a deixar o centro de tratamento e abriu a testa. O médico o alertou de que, se continuasse a beber, poderia ficar com o *cérebro molhado*, termo ilustrativo que indica o dano cerebral causado pelo álcool. Segundo Maryann, Carver passou aquela noite "sugando *brandy* de uma garrafa como se fosse Pepsi, com seus pontos escondidos sob uma bandagem, indiferente à advertência do médico".

Em 1976, foi publicado *Você poderia ficar quieta, por favor?*, seu primeiro volume de contos. Naquele mesmo ano, o autor deu entrada no Duffy's, centro de tratamento privado em Napa que se tornaria o cenário do conto "De onde estou ligando". O programa consistia em reuniões frequentes do AA e na abstinência controlada por meio de *hummers*, doses cada vez mais fracas de um *bourbon* vagabundo diluído, ministrado a cada três horas durante três dias. Logo depois de receber alta, ele anunciou ter compreendido que jamais poderia tomar bebidas pesadas novamente e afirmou que, doravante, ficaria só com champanhe André.

Como era de se esperar, Carver retornou dois meses depois, na véspera do Ano-Novo. Essa seria sua última passagem pelo tratamento formal. Naquela primavera, mais ou menos na mesma época em que John Cheever publicou *Sobrevivendo na prisão*, ele deixou sua família e alugou sozinho, em McKinleyville, uma casa que dava para o Pacífico. Durante os meses que se seguiram, frequentou reuniões do AA e tentou, nem sempre com sucesso, conservar o equilíbrio na seca. O divisor de águas veio em 29 de maio de 1977, quando a McGraw-Hill lhe ofereceu cinco mil dólares de adiantamento por um romance. À época, ele estava no meio de um período de bebedeiras, mas quatro dias depois tomou seu último drinque no bar Jambalaya, em Arcata. "Dia 2 de junho de 1977", recordar-se-ia na *Paris Review*. "Para ser sincero, eu me orgulho mais disso, de ter largado a bebida, que de qualquer outra coisa em minha vida. Sou um alcoólatra recuperado. Vou ser um alcoólatra para sempre, mas não sou mais um alcoólatra praticante."

Naqueles primeiros meses, Carver se agarrou no AA, frequentando suas reuniões uma ou duas vezes ao dia. Seu casamento estava sucumbindo e seus filhos o odiavam. Durante muito tempo, o autor permaneceu com o alerta ligado, paranoico e desconfiado de qualquer responsabilidade. O romancista Richard Ford, que o conheceu mais ou menos nessa época, escreveria sobre o amigo num ensaio veiculado pelo *New Yorker*.

> Em 1977, ele era um homem alto, macilento, ossudo e hesitante cuja fala mal excedia um sussurro. Parecia amistoso, mas levemente assustado; não, porém, de uma maneira que parecesse assombrosa, mas antes de um modo que dava a entender que andara havia pouco com a corda no pescoço e definitivamente não gostaria de passar por isso mais uma vez. Seus dentes precisavam de um trato. Seu cabelo era denso e quase emaranhado. Tinha mãos ásperas, costeletas longas e gordas, óculos negros de armação grossa, calças cor de mostarda, uma horrorosa camisa de listras marrons e roxas

que comprara na liquidação da Penney's, bem como um gosto para calçados que incluía falsificações da Hush Puppies. Ele parecia ter saído de um ônibus da Greyhound de 1964, vindo de algum lugar em que andara realizando sobretudo trabalhos de vigia. E era completamente irresistível.

Pouco a pouco, ao longo dos dois anos seguintes, esse homem magricelo e irresistível se afastou de sua família, cujos problemas intermináveis certamente seriam capazes de arruinar sua recuperação. Por um tempo, quase não escreveu, mas logo novas histórias começaram a surgir – histórias repletas de "pequenas conexões humanas", histórias para cuja redação ele "regressara do túmulo". Em junho de 1980, Carver entregou a Gordon Lish, seu querido editor na Knopf, uma compilação dessas histórias e outros textos mais antigos, aos quais deu o temporário título de *Tanta água tão perto de casa*.

Lish comprou o livro e o renomeou *Do que estamos falando quando falamos de amor*, mas não sem fazer algumas alterações. Ele expurgou brutalmente cada uma das histórias, cortando até 70% delas e extirpando todo e qualquer traço de sentimentalismo ou ternura. Lish cortou as seis páginas finais de "Se é do seu agrado", nas quais James Packer, sabendo que o câncer de sua esposa voltara, reza por todos os que conhece, tanto os vivos quanto os mortos. Cortou as 18 últimas páginas de "Uma coisinha boa", eliminando o fim redentor em que um padeiro oferece bolinhos de canela e pão preto quente a um casal recém-enlutado.

Carver ficou arrasado com os cortes, com aquela paisagem, há pouco reduzida ao mínimo, de silêncio e supressões. A expansividade a que Lish objetava estava intimamente ligada à sua sensação de recuperação e a seu sentimento de graça renovada. "Tenho medo", disse ao editor numa longa carta iniciada às oito da manhã do dia 8 de julho, "um medo mortal de que, se o livro for publicado na forma como agora está editado, eu jamais venha a escrever outra história, e é assim profundamente, credo!, que elas estão relacionadas ao que me parece ser a recuperação de minha saúde e meu bem-estar mental."

A seus olhos, aquelas mudanças, bem como o meio-termo que representavam, eram diametralmente opostas à sua sobriedade; além disso, caso o mentiroso objeto que o livro se tornara fosse publicado em sua forma atual, ele provavelmente deixaria de escrever e voltaria à bebida. Carver falou sobre o surgimento de demônios que se apoderavam dele; sobre confusão e paranoia; sobre a sensação de que poderia perder a própria alma e sua frágil autoestima. A carta continua em ritmo frenético, suplicando perdão, rogando para que a publicação fosse interrompida. "Pelo amor de Deus, Gordon", escreve. "Por favor, perdoe-me. (...) Escute-me, por favor. (...) Por favor, ajude-me."

Dois dias depois, o autor redigiu uma carta mais breve, na qual solicitava algumas alterações específicas. Mais quatro dias e foi a vez de uma terceira. Agora, seu humor havia mudado. "Estou empolgado com o livro e sua iminente publicação." Mais uma vez, ele requisitou algumas reinserções para que a história conservasse um pouco de sua visão original. Nada feito. Lish se mostrava inflexível, certo de que sua visão era a correta. *Do que estamos falando* foi publicado em 1981 e impulsionou Carver para a fama.

É difícil saber como interpretar essas três cartas, a súbita mudança de opinião que elas representam. Na primeira, Carver estava claramente tomado pelo que às vezes chamava de "calafrios", pela intolerável sensação de inquietação que sentem os alcoólatras recém-recuperados. No entanto, é difícil estimar se a decisão de aceitar as edições de Lish resultou da percepção de sua própria ansiedade ou se não passou de uma rendição suscitada por uma vontade fraca e um desejo exagerado de agradar. Carver decerto tinha Lish em altíssima conta. ("Você é meu suporte", escrevera na primavera de 1980. "Cara, eu te amo. E não digo isso levianamente.") De todo modo, ele jamais voltou a permitir que o editassem com tamanha brutalidade. Quando *Catedral* veio a público, em 1983, o autor estava inteiramente no comando, e as alterações de Lish foram apenas superficiais.

Essa elevação da autoconfiança estava fortemente atrelada a um relacionamento iniciado naquele mesmo período de turbulência que marcara os primórdios de sua sobriedade. No verão de 1978, Carver se apaixonou pela poetisa Tess Gallagher, sua defensora e companheira nessa nova vida. À época, ela acabara de construir uma casa em Port Angeles, sua cidade natal, e Ray se mudou para lá no finalzinho de 1982. Foi nesse período que ele escreveu – muito embora talvez preferisse a palavra *capturou* – cada um de seus poemas, esquivos e prístinos como o salmão dos sonhos que às vezes encontrava em suas noites na cidade.

Um deles eu havia lido tantas vezes que sua página estava quase marcada. Seu título é "Onde a água se junta com outra água". "Adoro os córregos e a música que fazem", começa o narrador, que então lista, exultantemente, todos os cursos d'água que conhece, bem como os efeitos expansivos que impõem a seu coração. "Tenho hoje 45 anos", anuncia.

> Alguém acreditaria se dissesse
> Que já tive 35?
> Um coração vazio e seco aos 35!
> Cinco anos foram necessários
> para que começasse a fluir novamente.

Ele então se põe a dizer como lhe agrada adorar os rios, concluindo com uma frase tipicamente sincera e curta, uma espécie de credo ou manifesto: "Adorar tudo o que me faz crescer."

Era possível viver muito bem assim, em especial depois de sentir, como ele sentira, que todas as suas atitudes acabavam contaminando as nascentes de sua vida. Na realidade, era possível ler aquilo como uma espécie de versão concentrada e idiossincrática do Passo Três:

Decidimos entregar nossa vontade e nossa vida aos cuidados de Deus, na forma em que O concebíamos. O poema possui a mesma fé no alargamento, na possibilidade de uma bênção que advém de fontes oblíquas e inesperadas.

Em determinado momento, eu havia descoberto que o título do poema se referia a um lugar específico. A Sky House, nome pelo qual a nova propriedade de Gallagher tornou-se conhecida, não ficava muito longe do Morse, um velho córrego habitado por trutas-arco-íris que desembocava no estreito de Juan de Fuca. Carver caminhava e pescava frequentemente por ali, e era naquela confluência que estava pensando quando escreveu o verso sobre os lugares que, na sua cabeça, se destacam como se fossem sagrados. Eu sabia o que ele queria dizer com isso. Eu mesma partilhava dessa suscetibilidade à água, e agora que nos encontrávamos na cidade eu estava louca para encontrar o córrego.

Nós fomos até lá naquela tarde, retornando pela 101 e deixando o carro numa vaga perto da ponte. O rio fluía intensamente embaixo dela, ostentando uma cor verde-garrafa e avançando sem ordem nenhuma por cima de pedras e rochas dilapidadas pela água. Havia um caminho que dava a impressão de culminar numa costa, ainda que primeiro contornasse uma área de casas incongruentemente suburbanas. Muitas das plantas à beira do caminho me eram conhecidas. Contei urtigas, amores-de-hortelão, dentes-de-leão, até mesmo bolsas-de-pastor. Todavia, seria necessário meu *Guia de campo da National Audubon Society para o noroeste pacífico* se quisesse identificar o salgueiro de Scouler e o *salmonberry*, cujas flores rosáceas eram uma mistura de clematite com rosa heráldica.

A praia era arenosa e trazia espalhada uma série de estacas de madeira flutuante. Alguns daqueles objetos eram enormes – árvores inteirinhas arrancadas pela raiz, com o tronco desbotado até assumir um cinza leitoso e arenoso que parecia aprazivelmente vivaz ao toque. Ervas marinhas cresciam entre pedras grandes como ovos de avestruz, assumindo matizes tão variados quanto o couro e o bronze de canhão, a greda e a ardósia. Algumas tinham riscos ou pintas; outras poucas eram rosa-claro. Continuei recolhendo os nacos de madeira flutuante – alguns galhinhos cor de marfim, outros cinza. A todo momento ouvia-se o som aspirante e tumultuoso da água, rebentando e recuando num movimento contrapontístico, no qual cada onda era afogada pela onda posterior. De perto, ela tinha o cinza de uma foca e pequenos pontos escuros, como gotas de chuva sobre paralelepípedos.

Alguns metros adiante, o rio se unia ao mar. O córrego Morse cortava um trecho de areia enegrecida, passando sobre pedras que iam de cascalhos a rochedos. O fluxo era agora muito intenso, e sua profundidade talvez alcançasse quatro pés. Abrindo caminho, sua superfície se dividia em dobras. Ajoelhei-me e mergulhei a mão, mas logo recuei. A água vinha direto da montanha: era neve derretida, gelo velho, limpo e adstringente como o gim. Dois pássaros preto e branco passaram voando, fazendo força para vencer o vento. Tinha começado a chover. Escorei-me novamente sobre os saltos e tentei assimilar tudo. Uma balsa se dirigia ruidosamente para o mar, e sobre o horizonte era possível discernir a esmaecida serrania de Victoria, quase encoberta pelas nuvens.

Num lugar como esse, era possível recobrar as próprias forças após passar a vida inteira estragando tudo, destruído pela incompatibilidade espantosa de suas necessidades. Todas as coisas ruins que você fizera no passado poderiam ser lavadas ali; elas poderiam ganhar tempo, um cenário explicitamente dedicado à exposição do longo alcance temporal. Ao observar a água lutando contra a rocha, você poderia chegar a uma espécie de reconciliação com o fato de um dia ter batido a cabeça de sua esposa contra a calçada porque ela olhara para outro homem, de tê-la espancado com uma garrafa de vinho e ferido uma de suas artérias, fazendo-a perder quase 60% de seu sangue. E também com outras coisas – com coisas bobas, esquivas: dirigir bêbado, passar cheques sem fundo, não pagar as contas, cometer fraude, decepcionar pessoas, inventar mentiras idiotas e sem sentido. Não surpreende que o apelido de Carver fosse Cão em Fuga, nem mesmo que viesse a dizer, muito tempo depois: "Deixei devastado tudo aquilo em que toquei."

No caminho de volta para o carro, uma mulher que mascava um chiclete nos parou e disse: "Não sei se vocês gostam de aves, mas tem umas cinco águias-americanas ali pela ponte." Nós a agradecemos e partimos apressadas. Chegando lá, havia apenas duas, pousadas numa árvore entre nós e a 101. Voando, pareciam um casaco lançado para o alto, denteado e enorme. Verde e cheio de bolhas, o córrego embaixo delas. As aves estavam pescando, dissera a mulher. A mais próxima despertou e eriçou as penas, mostrando as asas entreabertas. Então se inclinou para amolar o bico em seu peito e olhou para o alto aguçadamente, enquanto dois patos passavam bem acima dos alnos. Imagine um dia só disso. Imagine anos – o crescimento, o impacto que teria em seu coração.

—⊱—

Na estrada a caminho de Elwha, havia uma igreja apostólica com uma placa externa: *Satanás subtrai e divide, Deus soma e multiplica*. O céu estava claro, com camadas delgadas de cirros. Havíamos tomado a Olympic Hot Springs Road rumo às montanhas, parando de tempos em tempos a fim de olhar para baixo, na direção do rio que fluía, com seu verde acinzentado, por um desfiladeiro rochoso e repleto de musgo. É aquele o cenário de "Limonada", poema que versa sobre um homem cujo filho se afogara numa viagem pesqueira e que observara seu corpo diminuto ser retirado da água com o auxílio de um helicóptero, que para isso se valia do que parecia ser um conjunto de pinças de cozinha.

Sobre a ribanceira íngreme, havia abetos e árvores adornadas com musgos dourados. Engatinhamos perto de um rebanho de cervos de cauda negra. Enquanto passávamos, eles levantaram a cabeça e revelaram rostos mansos, descuidados como o de um sonâmbulo. O ar acima da Elwha Bridge estava repleto de andorinhas que arrojavam seus contornos desdobrados neblina adentro. O rio agora se aproximava do azul-claro e estava muito fundo, ondeando e se abrindo como uma panela de água fervente.

Subimos de carro na direção das nascentes. Debaixo da luz úmida, as árvores refulgiam. Espruces, tsugas, mais abetos do que eu conseguia identificar. A chuva começou a cair e logo se intensificou. A estrada ziguezagueava, cada vez mais alta. A chuva transformou-se em água-neve e, então, em neve propriamente dita, a qual caía na forma de flocos gordos por entre as árvores e tornava o ar denso e ensopado. Fizemos uma pausa para olhar para baixo. Os flocos passavam por nós e se esvaíam a centenas de pés dali, naquela bacia verde de água. Por fim, minha mãe guinou o carro e nós serpeamos pelo caminho em ziguezague até a relativa segurança da estrada dos caminhoneiros.

Naquele dia, nós almoçamos numa cabana de beira de estrada chamada Granny's Café. No bar, um homem vestido com uma jaqueta jeans e um boné de beisebol ostentava seu rosto enrugado e cômico; já tinha para lá de seus 80 anos. Enquanto esperávamos nossos hambúrgueres, ele se aproximou para puxar conversa. "Março teve duas vezes mais chuva do que costuma ter", disse. "Tenho uma fazendona ali mais pra baixo. Você pisa no feno e afunda." Perguntei-lhe o que criava, e ele respondeu: "Gado de corte, feno." E então, impassível: "É preciso fazer algo pra ficar entretido."

As pessoas estão sempre querendo conversar com a minha mãe, fazê-la rir, gozar de sua atenção. Existe algo nela que atrai gente estranha, uma espécie de luz. Ela era a melhor companhia que eu poderia querer para aquele dia. Nós raramente passamos tempo juntas, só eu e ela. A gente dirigiu por toda parte, uma berrando para a outra a fim de que tomasse cuidado com as pedras e os caminhões que transportavam lenha. Fomos até o lago Crescent e passeamos às suas margens, deixando-nos maravilhar pela cor da água, que mudava à medida que o sol se escondia e se desvencilhava das nuvens, assumindo diferentes tons de anil, verde-claro e, por fim, um azul saturado denso, parecendo um campo cheio de escovinhas.

Era difícil exprimir o impacto daquele cenário sobre mim. Tratava-se de um lugar em que se instalar, um lugar em que ficar quieto e abrir mão do passado. Naquela noite, eu e minha mãe começamos a falar sobre a recuperação de Diana, sobre quão miraculosa fora a sua transformação e sobre quão querida ela era para nós. Durante essa conversa, quis saber o que havia ocorrido nos últimos dias em Tall Trees. Eu andara duvidando de meu próprio relato, suspeitando de que algo não se encaixava direito ou fora mal interpretado. A história que minha mãe relatou naquela ocasião, quando estávamos num restaurante italiano em Port Angeles, era uma história que eu jamais ouvira antes e que pouco tinha a ver com minha versão fragmentada.

Ela disse que minha irmã e eu tínhamos passado o final de semana na casa de nosso pai, como fazíamos todo mês. À época, o trabalho de Diana era muito estressante, e durante dois dias ela ficou bebendo e matutando em seu escritório, com o álcool gotejando, tal qual ácido de bateria, até contaminar todas as esferas de sua vida. No domingo, às seis, provavelmente sob o peso dos presentes que meu pai quase sempre nos dava, nós nos arrojamos porta adentro e corremos até minha mãe, tagarelando sem parar. Imagino que Diana tenha se sentido terrivelmente excluída. Então, ela se dirigiu a nossos quartos, recolheu tudo o que um dia nos dera – braçadas e mais braçadas de roupas e brinquedos – e o jogou pela balaustrada.

Minha mãe foi conosco até o andar de cima e entrou no único cômodo que tinha tranca. Após fechar a porta e pressionar a cama contra, pôs o rádio no volume máximo a fim de afogar o que Diana, ajoelhada do outro lado da porta, dizia aos berros. Durante horas nós permanecemos ali, tagarelando e brincando – e esse período de tempo foi completamente eliminado de minha memória. Por fim, minha irmã precisou ir ao banheiro. Minha mãe então abriu a porta, empurrou Diana até seu escritório – no qual havia uma escrivaninha e algumas cadeiras de carvalho com assentos de couro verde – e ficou segurando a maçaneta. Quando enfim a soltou, Diana já tinha ligado para a polícia e estava dizendo, aos gritos, que fora feita refém em sua própria casa.

Os policiais chegaram em minutos, e aí acho que minha memória dá as caras com a cena na escada, cujo elemento mais forte era minha certeza de que, se pudesse falar com ela, decerto conseguiria acalmá-la – momento de uma codependência absurdamente irreal, cujas consequências se estenderiam aos relacionamentos de minha vida adulta.

Naquela noite, quando prostrada em meu quarto no Red Lion, fiquei remoendo essa história. O estreito de Juan de Fuca fluía sob a escuridão a alguns metros de distância. Não importava o quanto pensasse naquilo: eu não conseguia precisar onde havia armazenado aquela tarde. As únicas coisas que me pareciam remotamente familiares eram o som do rádio e a voz colérica que ele encobria, muito embora Deus saiba que nunca na vida me faltaram noites em que havia alguém gritando enquanto eu estava na cama, lendo historinhas infantis e ouvindo *O fantasma da ópera* ou *Thriller* no meu walkman amarelo.

De repente, fiquei extremamente irritada. Não gostava de me imaginar naquele cômodo minúsculo e odiava a impotência de ter perdido episódios inteiros de minha infância. Para piorar, havia também algo ridiculamente irônico nisso. O que sempre me pareceu mais assustador no alcoolismo era a forma como ele afetava a memória – os apagões, os lapsos, as obliterações. Eu tinha a impressão de que isso corroía diretamente o sentimento moral do usuário, uma vez que é impossível retificar coisas de que você não se recorda.

Ocorreu-me, então, que um esforço considerável do Programa dos Doze Passos se volta para a memória. Como era mesmo? Passo Quatro: "Fizemos minucioso e destemido inventário moral de nós mesmos." Passo Cinco: "Admitimos perante Deus, perante nós mesmos e perante outro ser humano a natureza exata de nossas falhas." Passo Oito: "Fizemos uma relação de todas as pessoas a quem tínhamos prejudicado e nos dispusemos a reparar os danos a elas causados." Passo Dez: "Continuamos fazendo o inventário pessoal e, quando estávamos errados, nós o admitíamos prontamente."

Essa linha de raciocínio me trouxe à lembrança algo mais de que desgostava, um fio solto no tecido da recuperação de Carver. "Tenho uma memória péssima", reconheceu num famoso ensaio intitulado "Fogos":

> Com isso quero dizer que esqueci muito do que aconteceu em minha vida – uma bênção, de fato –, mas há esses longos períodos de tempo que simplesmente não consigo explicar ou evocar: cidades e municípios em que vivi, nomes de pessoas, as pessoas mesmas. Grandes vazios (...). Talvez seja por isso que às vezes dizem que minhas histórias não têm adornos, que foram despojadas (...). Nenhuma de minhas histórias de fato *aconteceu*, é claro – não escrevo autobiografia –, mas a maioria traz alguma semelhança, por mais distante que seja, com certos acontecimentos ou situações da vida real. Quando me esforço, porém, para recordar o ambiente físico ou a mobília relevante a determinada narrativa (que espécie de flor havia ali, caso de fato houvesse uma? Exalava por acaso algum odor? etc.), com frequência me vejo completamente perdido. Então preciso sair inventando o que as pessoas da história dizem umas às outras, bem como o que fazem depois disso e daquilo, o que se disse e o que lhes acontece na sequência.

Porém, algo está faltando nesse relato, algo que na verdade possui um traço estranhamente amnésico. Alhures, Carver foi muito claro ao falar sobre o papel do álcool no enfraquecimento de sua capacidade mnemônica. Na entrevista concedida em 1983 à *Paris Review*, por exemplo, ele afirmou: "Ao final de minha vida de bebedeira, eu estava completamente fora de controle e numa situação muito grave. Apagões, tudo isso – ocasiões em que você não se lembra de nada do que disse ou fez durante determinado período de tempo. Você pode dirigir um carro, fazer uma leitura pública, dar uma aula, arrumar uma perna quebrada, ir para a cama com alguém e não se lembrar de nada depois. Você fica numa espécie de piloto automático."

Nada disso é mencionado em "Fogos". O ensaio é uma tentativa de esclarecer a questão da influência; de nomear as coisas que motivaram e moldaram sua escrita. À parte a péssima memória, a principal influência que vem à mente de Carver – influência que primeiro denomina "opressiva e muitas vezes maléfica" e, depois, "pesada e muitas vezes perniciosa" – é a existência de seus dois filhos.

Com amargura, o autor descreve um nadir em particular: uma tarde nos meados da década de 1960, quando estava em Iowa pela primeira vez, ainda como aluno de mestrado na Oficina de Escritores. Numa tarde de sábado, enquanto sua esposa se encontrava no trabalho e seus filhos, numa festa, ele estava numa lavanderia aguardando, com cinco ou seis cestos de roupa molhada, que um secador vagasse. Uma das máquinas enfim ficou livre, mas antes que pudesse pegá-la outro cliente lhe tomou a frente. Naquele momento de fracasso inevitável, em que viu frustrado todo o seu esforço, Carver percebeu que jamais alcançaria as coisas que almejava. Logo em seguida, disse, seus sonhos todos vieram abaixo, e não havia dúvidas de quem eram os culpados.

> Iam e vinham os momentos em que tudo aquilo que minha esposa e eu tínhamos como sagrado, tudo aquilo que considerávamos digno de respeito, todo valor espiritual, se esfacelava. Algo terrível acontecera conosco, algo que jamais tínhamos visto em qualquer outra família. (...) Tratava-se de uma erosão, e não conseguíamos pará-la. De alguma forma, sem que prestássemos atenção, as crianças assumiram o banco do motorista. Por mais louco que isso possa parecer agora, eles tomaram não só as rédeas, mas também o chicote.

Ele conclui acusando os filhos de comê-lo vivo e acrescenta que sua vida sofrera uma "parada súbita após seguir por um ramal. (...) Se um dia houvera algum ardor, esse ardor tinha se extinguido".

É difícil exprimir quão desconcertante esse relato era para mim. Ele fora escrito em Yaddo no ano de 1981, quando Carver já vinha sóbrio havia cinco anos. A despeito dessa sobriedade, o autor parecia exemplificar a disposição psicológica do alcoólatra, essa tendência a culpar fatores externos em vez de encarar a própria responsabilidade no desencadeamento de problemas. Os psicólogos dizem tratar-se de um locus de controle externo, problema comum entre os que sofrem de algum tipo de vício. Quem possui um locus de controle interno costuma achar que suas ações são responsáveis pela experiência que vivencia, ao passo que o locus de controle externo leva o indivíduo a culpar as circunstâncias, a ser supersticioso ou sentir-se à mercê de forças extrínsecas. Nos alcoólatras, essa sensação de impotência tende a levar diretamente ao copo. (Cheever, referindo-se a mais um psiquiatra: "Acho que meus problemas reforçam minha bebedeira. Ele diz que invento meus problemas para justificá-la.")

Em "Fogos", Carver foge de qualquer responsabilidade pelo seu alcoolismo. Antes, ele joga a culpa pela erosão de sua escrita e sua família naqueles que se mostram mais vulneráveis e mais afetados por sua bebedeira. Trata-se de uma espécie de apagão moral, da recusa em fazer uma ligação relevante entre causa e consequência – o que não quer dizer, é claro, que a pobreza não cobre seu preço nem influencie profundamente o destino de um escritor.

A reabilitação não é algo simples. Não se trata de uma substituição fácil do mal pelo bem. Trata-se, antes, de uma espécie de evolução, uma evolução lenta e às vezes gaguejante. Noutra ocasião, Carver enfrentou seu comportamento de maneira mais honesta. No poema "Álcool", de 1982, o autor escreveu, com uma hesitação deliberada:

e então... algo mais: o álcool –
o que você de fato fez
e para outro alguém, aquela
que deveria amar desde o início.

Também esse poema tem fim com um lapso de memória: "Mas você não se lembra. / Você sinceramente não se lembra." Dessa vez, porém, parece haver a sugestão, contida na suave ironia do *sinceramente*, de que o narrador percebe que suas desculpas e elipses talvez não sirvam mais. Sem falar na aparente impotência com que estão sendo proferidas.

Mudei de posição em minha cama enorme. As cortinas não haviam sido fechadas por completo: era possível ver duas escuridões do lado de fora – uma delas imóvel; a outra, em movimento. Há um ditado no AA que diz que o vício não é culpa sua, mas que a responsabilidade pela recuperação é. Isso soa como algo bastante simples, mas, como Berryman muito bem descobriu, afastar-se da culpa é tão fácil quanto se levantar e dançar sobre uma camada de gelo negro.

Liguei então a luz e peguei a edição de *Todos nós* que colocara no criado-mudo. Eu tinha marcado o poema "A cordilheira de Wenas" havia muito tempo. Ele tem início com o narrador lembrando-se de uma tarde de sua meninice que passara caçando tetrazes com dois amigos. Ele acabara de engravidar uma garota, a exemplo do mesmo Carver na primavera de 1957. Os meninos – bobalhões, segundo ele – atiram em seis tetrazes e, na serrania acima do rio, se deparam com uma cascavel: gorda e escura, grossa como o punho de um menino. Ela se empina, entoando seu silvo sinistro. Os garotos recuam e descem correndo, passando por cima de árvores caídas, rastejando pelas sendas dos cervos, vendo serpentes em toda e qualquer sombra.

Durante sua descida, o menino se põe a rezar para Jesus, mas em outra região de sua mente uma oração concomitante se inicia – uma oração destinada à própria cobra sibilante. "Continue a acreditar em mim", dizia, e em resposta o menino faz um "pacto obscuro e criminoso". A estrofe final o traz de volta à vida adulta. "Escapei, não foi?", pergunta com indiferença, ao que ele mesmo responde: mais ou menos. Então, o narrador recorda-se dos problemas que se seguiram àquele dia: havia envenenado a vida de sua esposa; mentiras "começaram a se enroscar em meu coração e chamá-lo de lar". Ele pondera sobre as duas forças, colocando a atemorizante cascavel contra a presença incerta e duvidosa de Jesus. O poema tem fim com outra declaração ambivalente, eixo de um de seus versos:

> Mas alguém, algo é responsável por isso.
> Agora tanto quanto antes.

É possível seguir dois rumos a partir daí. Você pode continuar marinando na culpa, numa submissão completa às suas circunstâncias, ou pode parar, parar de vez, e assumir o fardo libertador que é tornar-se responsável por si próprio.

O dia seguinte era meu aniversário de 34 anos, e eu não havia feito plano algum. Fomos então à Cornerhouse para comer ovos Benedict e tomar café. Minha mãe não conseguia ficar quieta, e por fim me revelou, toda orgulhosa, que encontrara um lugar em que eu poderia atirar. Ela saíra da cidade no dia anterior para encontrar um estande e, ao ver dois homens de cabelos longos caminhando pesadamente rodovia acima, decidiu encostar o carro. Desconfortáveis, eles ficaram ali matutando, quando então se lembraram de Matt Dryke na estrada para Sequim. Em seguida, um dos dois lhe pediu cinco dólares e ela os deu, completamente satisfeita com a transação.

Essa história de tiro tinha começado em New Hampshire, onde alvejei algumas garrafas de vinho com uma pistola de ar comprimido da Crossman. Gostei do negócio – gostei da estabilidade, da concentração. Depois, passei para o rifle CZ do meu amigo John. Nós fomos a um areal deserto no seu caminhão e montamos o alvo em forma de coiote sobre um suporte de madeira todo furado. Durante toda a tarde nós andamos de lá pra cá a fim de verificar os tiros, com um urubu-de-cabeça-vermelha pairando no céu. Eu adorava carregar os cartuxos, me acocorar sobre a capota, comprimir a coronha contra a bochecha, dobrar o joelho esquerdo e espiar através daquele visor circular que tudo ampliava. Poucas coisas na minha vida tinham sido tão gratificantes quanto olhar pela mira daquele rifle e perfurar o alvo bem no círculo rosa que representava seu coração.

Em Sunnydell, as coisas eram muito diferentes. "Vire à esquerda na cadeira de balanço amarela", dissera a mulher do departamento à minha mãe, ao telefone. "Se chegar ao Kitchen Dick's, é porque foi longe demais." Havia lá um lago com patos, um estande de tiro e uma velha quadra de tênis com uma mesa de pingue-pongue empenada. Nós tocamos a campainha e, muito tempo depois, veio Matt galopando pelo quintal. "São as senhoras que querem dar uns tiros?", perguntou. "Vocês têm tudo o que precisam? Protetores de ouvido? Pistolas?" Minha mãe parecia um pouco estarrecida. "Não", disse ela. "A mulher do departamento falou que você tinha pistolas." "Não, a gente não tem pistola, não", retrucou o homem laconicamente. "Tenho espingardas. Posso arrumar pra vocês umas espingardas." De um armário trancado, ele tirou duas armas: uma .410 e um treco enorme e feio, com a coronha coberta de estofo e fita crepe. Então, nós subimos juntos até a plataforma. "Nunca atirei em discos", disse a ele, que então forçou um riso e me entregou a primeira arma. "Encaixa bem perto do ombro", falou. "Encosta a bochecha e não fica com medo, desse jeito não vai ricochetear. Fica de olho no alvo, não na mira." Errei um atrás do outro, mas depois de um longo tempo meu olho se ajustou. "Manda!", falei, e então o disco verde subiu tremulando pelo ar; eu o acompanhei e, após pressionar o gatilho, ele se estilhaçou e espatifou na água. Aquele jeito de ir balançando rumo ao céu parecia quase mágico. Meu coração batia veloz, e o ar emanava um cheiro forte de cápsulas usadas. "Segue ele", disse Matt. "Segue ele. Está um pouco acima. Agora sim. Não deixa passar."

Quando a caixa de discos acabou, nós voltamos ao escritório para acertar as contas. Havia medalhas na parede, e eu resolvi dar uma olhada. "Caramba, Matt", falei. "Você foi ouro nas Olimpíadas." Ele então forçou um sorriso, aquele mesmo sorriso ligeiro. "Ahã. Cresci por aqui. Atirei a vida toda."

No caminho de volta, eu ainda podia sentir as mãos tremendo por causa das reverberações daquela espingarda enorme. Engraçado: eu costumava odiar armas. Por alguma razão, o velho rifle de ar comprimido de Tall Trees havia se tornado um símbolo de tudo o que eu destestava naqueles anos. Mamãe o usava para acertar esquilos da janela de seu quarto, e como era minha a tarefa de colocar o lixo para fora, eu muitas vezes encontrava aqueles corpinhos congelados no meio do lixo, encurvados. Quando foi levada pela polícia, a arma de certa forma ficou na minha cabeça como uma maneira de codificar a desordem do alcoolismo e seus possíveis riscos. Esta era a única coisa daquela noite que eu lembrava com clareza: os policiais saindo pela porta da frente com o rifle.

Em algum momento, é preciso deixar o passado de lado. Em algum momento, é preciso aceitar que todo o mundo estava dando o seu melhor. Em algum momento, é preciso se recompor e tocar a vida para frente. Naquela noite, eu saí para caminhar sozinha pela praia e fiquei pensando no conto de Carver que mais me agrada: "Ninguém falou nada", por ele escrito em 1970, bem na época do Raymond Mau. Carver talvez o tivesse produzido em seu escritório; talvez o tenha feito, como muitas vezes fazia, no próprio carro, arqueado e com seu caderno de anotações, tentando fugir por uma ou duas horas às exigências desconjuntantes de sua vida doméstica.

A narrativa se desdobra em primeira pessoa, a partir do ponto de vista de um garoto chamado R, que desperta ao som de seus pais discutindo na cozinha. Em seguida, resolve acordar o irmão mais novo, mas George não entende o cutucão e acha que o outro está querendo briga. "Para de me cutucar, seu idiota", diz. "Vou te dedurar!" R decide então que não quer ir à escola e convence a mãe de que não está se sentindo muito bem. Ele a observa enquanto se arruma para ir para o trabalho, despejando instruções e proibições: não ligue o fogão; tem atum na geladeira; tome o remédio. Antes de a mãe sair, o menino liga a TV com o som baixo, mas ela nada diz quanto a isso.

Quando a mulher enfim se vai, R toma posse da casa. Perambulando pelo quarto dos pais à procura de algum vestígio da vida sexual dos dois, ele não encontra camisinha nenhuma, mas fica empolgado ao achar um pote de vaselina. Havia alguma safadeza naquilo, sem dúvida. Em seguida, abre algumas gavetas, vasculha-as em busca de dinheiro e decide caminhar até o riacho das Bétulas, para ver se consegue pegar uma truta. Era outono, e a temporada de caça às trutas ainda ficaria aberta por mais uma ou duas semanas.

Enquanto caminhava pela Sixteenth Avenue, um carro vermelho passa por ele e encosta. Uma mulher magricela e com manchinhas ao redor da boca lhe oferece uma carona. Ele a escuta e fica imaginando como seria levá-la para casa, não obstante fique claro, a partir da sequência fragmentada dos acontecimentos, que o personagem não sabe muito bem o que duas pessoas fazem na cama. Quando no rio, ele se masturba e ejacula na água. Então, lança o anzol algumas vezes, almejando diferentes pontos. O nível da água está baixo, e em alguns lugares há folhas amarelas boiando.

Perto do aeroporto R tenta mais uma vez, colocando ovos de salmão na linha e lançando-os numa poça mais funda. Tão logo começa a se imaginar beijando de língua a mulher espinhenta, a ponta de sua vara começa a sacudir-se. Pegara uma truta, uma truta verde que então se virou de lado e não lutou contra a linha. Havia algo de estranho nela. "Tinha cor de musgo, aquela cor verde. Era como se tivesse sido embrulhada em musgo por muito tempo e a cor passasse toda para ela."

Ele leva a truta para a ponte. Agora, há um menino mais novo por ali. Magricelo, desleixado e dentuço, tem mais ou menos o tamanho de George. Está muito exaltado porque vira certo peixe, e quando R resolve espiar seu coração também dá um pulo. O peixe é gigante, do comprimento de seu braço. Os dois decidem encurralá-lo. A primeira tentativa não dá certo, e o garotinho termina todo ensopado, com água até o pescoço. Eles gritam um com o outro e então tentam pegar o peixe mais uma vez. Agora, R pede para o menino fazer o peixe nadar em sua direção, o agarra e o arremessa sobre a margem. É enorme, o maior peixe que já pegara, mas também com ele há algo de errado. "Seus flancos tinham cicatrizes, com marcas brancas do tamanho de moedas de 25 centavos, um pouco inchadas. Havia cortes em sua cabeça, ao redor dos olhos e no focinho, onde acho que deve ter-se chocado contra as rochas enquanto se debatia. Mas era muito magro, magro demais para seu comprimento, e quase não dava para ver a listra rosa nas laterais de seu corpo; além disso, sua barriga era cinza e folgada, e não branca e sólida como deveria ser. Mesmo assim eu o achei incrível."

R mata o peixe empurrando sua cabeça para trás, até a espinha quebrar. Então, os meninos o perfuram com uma vara e o carregam juntos pela estrada. Há certa tensão quando tentam definir quem é o dono do peixe, mas os dois acabam decidindo cortá-lo ao meio com o canivete de R. Um avião levanta voo acima de suas cabeças. O dia está esfriando e o garotinho parece estar com frio. Ambos querem a parte que tem a cabeça, mas R consegue convencê-lo a levar o rabo após suborná-lo com a truta verde.

Quando R chega a casa, encontra seus pais discutindo de novo e a cozinha repleta de fumaça. Essa é mais uma daquelas cenas domésticas corrosivas, uma versão mais violenta das tensões que fervilham nas histórias de Nick Adams. A mãe de R joga o conteúdo da panela quente contra a parede. O garoto abre então a porta, bem no momento em que seu pai está limpando a bagunça. "Vocês não vão acreditar no que peguei lá no riacho das Bétulas", diz ele, que em seguida mostra o cesto para a mãe. Ela espia o que há dentro e começa a gritar. "Ai, meu Deus! O que é isso? Uma cobra! O que é isso? Tire essa coisa daqui, por favor, antes que eu comece a vomitar." Em vez disso, ele leva o cesto, com sua truta-arco-íris gigantesca, até o pai, que também dá um grito. "Tire essa porcaria daqui! Que diabos você tem na cabeça? Tire essa porcaria da cozinha e jogue na droga do lixo."

R volta para o lado de fora. Com o cesto nas mãos, espia lá dentro: sob a luz da varanda, seu conteúdo ficara prateado. O peixe enche todo o recipiente. "Tirei lá de dentro", diz. "Fiquei segurando. Fiquei segurando aquela metade dele."

Na manhã seguinte, eu ainda estava com essa história na cabeça. Aquele era nosso último dia em Port Angeles, e eu acordei pouco antes do amanhecer. À tarde, levaríamos o carro de volta a Seattle, e no dia seguinte eu pegaria um avião no Aeroporto de Sea-Tac. Era difícil assimilar tudo aquilo. Fazia muito tempo que eu estava longe da Inglaterra. Precisava chegar a casa, dormir na minha cama. Ainda assim, havia uma última coisa que queria fazer antes de deixar os Estados Unidos.

Eu me vesti e fui para o lado de fora. Estava muito frio. Parecia que as montanhas tinham sido polvilhadas com açúcar de confeiteiro ao longo da madrugada. Emanava delas uma neblina que o vento conduzia pelos vales. Dei partida no carro, raspando o gelo do para-brisa com um cartão de crédito. Perdi-me duas vezes, uma perto da fábrica de papel da Nippon e outra perto do aeroporto. Por fim, encontrei o cemitério de Ocean View e estacionei o carro sob uma árvore encharcada.

Nos limites do campo havia pinheiros; além deles, o chão baixava, caindo cerca de 120 metros até a água. Era possível ouvir as ondas se movimentarem com enorme suavidade, produzindo um som sumarento, tranquilizante e incrivelmente rico. Em setembro de 1987, Carver esteve ali com seu barco e um amigo, quando então olhou para cima e avistou um grupo de pessoas sobre a escarpa. "Acho que estão enterrando alguém", disse, e voltou sua atenção para o mar. Ele estivera tossindo durante todo o mês, mas ainda se passariam algumas semanas antes que descobrisse a existência de tumores malignos em seus pulmões.

Uma nuvem que mais parecia coalhada e soro de leite esmaltava o céu. Graças às fotografias, identifiquei de imediato sua lápide: tratava-se de um mármore escuro, no qual fora gravado o poema "Fragmento tardio". Antes, porém, eu não havia percebido que aquela era na verdade uma sepultura dupla: a outra lápide pertencia a Tess Gallagher. Ambas traziam a mesma divisa – *Poeta, contista e ensaísta* –, muito embora o restante da dela estivesse em branco. Separando-as havia um aro de que pendiam flores artificiais levemente encardidas, bem como outra placa que trazia gravada o texto de "Excelente", com a assinatura de Carver sob os dois poemas.

Debaixo de um banco eu encontrei a caixa escura de metal de que ouvira falar. Abrindo-a, tirei de lá um saquinho da Ziploc. Havia ali um caderno espiral, então eu me acocorei sobre a grama e comecei a lê-lo. O sol escorria por entre as árvores em feixes empoeirados que mais pareciam mel. Tratava-se de um livro de visitas, com cada uma de suas entradas redigidas numa caligrafia diferente. Gallagher era quem mais o tinha usado, mas havia também muitas cartas de estranhos e velhos amigos. Alguns desejavam dizer o quanto a escrita de Carver lhes era significativa; outros dissertavam sobre o vício de tal modo que pareciam estar falando com um padre ou um patrono do AA, isto é, com alguém compreensivo e solidário.

"Gastar é uma fuga tanto quanto o álcool", lia-se. "Todos nós estamos tentando preencher esse buraco vazio." E também: "Comecei a beber… bastante. Se conseguir manter a cabeça pra fora da água, espero não me afogar. Fiz 23 anos ontem." Tess havia rabiscado uma resposta para essa. "Ray diria para você ter fé, se agarrar a alguma coisa e *frequentar o AA*."

Nesse momento, eu já estava chorando. Fé. No final das contas, a recuperação depende de uma espécie de fé. Carver certa vez declarou não acreditar em Deus. "No entanto, preciso acreditar em milagres e na possibilidade da ressurreição. Não há dúvidas quanto a isso. Todo dia em que acordo, fico feliz por ter acordado." Foi essa fé que se tornou manifesta em suas histórias tardias – "Catedral", "Encargo", "Intimidade" –, não obstante já encontremos traços dela em alguns textos bem anteriores.

Ocorreu-me então que, ao dirigirem até o túmulo, todos aqueles anônimos infelizes estavam depositando sua fé nas histórias, na capacidade que a literatura tem de mitigar a sensação de dor e de fazer com que não nos sintamos tão medrosamente a sós. Lembrei-me da minha infância, de como começara a ler porque algumas esferas de minha vida me eram insuportáveis. Em 1969, seis anos antes de John Cheever ficar sóbrio, a *Paris Review* lhe perguntou se porventura se sentia como um deus quando à máquina de escrever. Talvez vocês leiam sua resposta como uma ilusão, palavra que Berryman rabiscou por todas as provas de sua própria entrevista. Mas talvez não se trate disso. Talvez seja possível tomá-la ao pé da letra.

> Não, eu nunca me senti como um deus. Nada disso. O que sentimos é nossa plena utilidade. Todos nós temos a capacidade de controlar isso, faz parte de nossas vidas: no amor, no trabalho que adoramos fazer. É uma sensação de êxtase, simples assim. A sensação de que "essa é minha utilidade e posso colocá-la em prática até o final". Você sempre termina se sentido ótimo. Em suma, sua vida passou a ter sentido.

Então pensei em todos eles. Pensei no menino Fitzgerald com suas calças de cotim, cantando, de pé, "Far Away in Colon Town" e achando que iria morrer de vergonha. Pensei em Berryman indo para o funeral do pai, em Tampa ("como eu *agi* no carro?"), bem como em Cheever trajando um paletó de sarja azul muito pequeno, encerrado na "aflitiva solidão de minha adolescência". Pensei em quando Williams ainda se chamava Tom e o vi caminhando a todo vapor pelas ruas de St. Louis, tentando acalmar seu coração palpitante. Pensei em Hemingway com 9 anos, escrevendo para o pai naquela que é sua carta mais antiga a chegar até nós: "Peguei seis amêijoas no rio e seis trigos de dois metros de altura."

Pensei em tudo o que eles tinham escrito, no sentido que deram a suas vidas desfiguradas. Então, sentada sobre a grama ali, no alto daquele despenhadeiro, enfim descobri por que adorava a história sobre R e o peixe repartido. Às vezes, nós todos somos como aquele garoto: todos carregamos, dentro de nós mesmos, algo que pode ser rejeitado, que pode parecer prateado sob a luz. Você pode rejeitá-lo, pode jogá-lo no lixo. Pode desprezá-lo a ponto de beber até não poder mais. No final das contas, porém, a única coisa a ser feita é recompor-se, recolher os próprios cacos. Só então a recuperação começa. Só então tem início a vida nova – a vida boa.

DATAS DOS AUTORES

F. Scott Fitzgerald: 24 de setembro de 1896 – 21 de dezembro de 1940

Ernest Hemingway: 21 de julho de 1899 – 2 de julho de 1961

Tennessee Williams: 26 de março de 1911 – 25 de fevereiro de 1983

John Cheever: 27 de maio de 1912 – 18 de junho de 1982

John Berryman: 25 de outubro de 1914 – 7 de janeiro de 1972

Raymond Carver: 25 de maio de 1938 – 2 de agosto de 1988

OS DOZE PASSOS DOS ALCOÓLICOS ANÔNIMOS

1. Admitimos que éramos impotentes perante o álcool – que tínhamos perdido o domínio sobre nossas vidas.
2. Viemos a acreditar que um Poder Superior a nós mesmos poderia devolver-nos à sanidade.
3. Decidimos entregar nossa vontade e nossa vida aos cuidados de Deus, na forma em que O concebíamos.
4. Fizemos minucioso e destemido inventário moral de nós mesmos.
5. Admitimos perante Deus, perante nós mesmos e perante outro ser humano a natureza exata de nossas falhas.
6. Prontificamo-nos inteiramente a deixar que Deus removesse todos esses defeitos de caráter.
7. Humildemente rogamos a Ele que nos livrasse de nossas imperfeições.
8. Fizemos uma relação de todas as pessoas a quem tínhamos prejudicado e nos dispusemos a reparar os danos a elas causados.
9. Fizemos reparações diretas dos danos causados a tais pessoas, sempre que possível, salvo quando fazê-las significasse prejudicá-las ou a outrem.
10. Continuamos a fazer o inventário pessoal e, quando estávamos errados, nós o admitíamos prontamente.
11. Procuramos, através da prece e da meditação, melhorar nosso contato consciente com Deus, na forma em que O concebíamos, rogando apenas o conhecimento de Sua vontade em relação a nós e forças para realizar essa vontade.
12. Tendo experimentado um despertar espiritual, graças a estes Passos, procuramos transmitir esta mensagem aos alcoólicos e praticar estes princípios em todas as nossas atividades.

NOTAS

Escrever um livro desse tipo é depender inevitavelmente do que gerações de pesquisadores investigaram. Cada um dos seis autores que examinei em *Viagem ao redor da garrafa* foi tema de pelo menos uma biografia, muitas vezes de várias. Embora todas essas obras tenham ajudado a direcionar e modelar meu pensamento, sou particularmente grata a John Haffenden, Carol Sklenicka e Blake Bailey, biógrafos de John Berryman, Raymond Carver e John Cheever, respectivamente.

No caso de Fitzgerald, Hemingway e Williams, muito do que poderíamos tomar como material privado (cartas, diários e outros materiais efêmeros) foi publicado. No que diz respeito a Berryman, Carver e, em certa medida, também a Cheever, grande parte desse material ainda não foi (o diário e cartas de Cheever que vieram a público não passam da ponta de um iceberg enorme). Desse modo, sou grata a Haffenden, Sklenicka e Bailey não somente pelas biografias notáveis e criteriosas que escreveram, mas também por tornarem acessíveis certas cartas e trechos de diários vitais quando me seria impossível visitar arquivos americanos muito remotos.

EPÍGRAFES

7 "Os alcoólatras, quando bebem...": David P. Moore e James W. Jefferson (orgs.), *Handbook of Medical Psychiatry* (Elsevier, 2004), p. 85.

7 "*Easy, easy, Mr. Bones...*": John Berryman, "Dream Song 36", *The Dream Songs* (Faber, 1969), p. 40.

CAPÍTULO 1: ECHO SPRING

11 "Quando entrei na loja...": Raymond Carver, "The Art of Fiction No. 76, *Paris Review*.

13 "Era um daqueles domingos de verão...": John Cheever, "The Swimmer", *The Stories of John Cheever* (Cape, 1979), pp. 603-11.

17 "quatro dos seis americanos...": Lewis Hyde, *Alcohol and Poetry: John Berryman and the Booze Talking* (Dallas Institute, 1986), p. 1.
17 "o reduzido controle sobre a bebida...": Robert M. Morse, Daniel K. Flavin, "The Definition of Alcoholism", *The Journal of the American Medical Association*, vol. 268, n. 8, agosto de 1992, pp. 1012-14.
17 "a causa do alcoolismo é desconhecida...": Robert Berkow (org.), *The Merck Manual of Diagnosis and Therapy*, Décima sexta edição (Merck Research Laboratories, 1992), p. 1552.
18 "Entretanto, generalizações assim não devem obscurecer...": Robert S. Porter (org.), *The Merck Manual of Diagnosis and Therapy* (Wiley-Blackwell, 2011), online.
18 "A inspiração continha uma ameaça de morte...": Saul Bellow, introdução a *Recovery*, de Berryman (Faber, 1973), p. xii.
19 "Milhares foram os alcoólatras...": Jay McInerney, introdução a *The Letters of John Cheever*, org. Benjamin Cheever (Cape, 1989), p. xiii.
21 "Amo-os...": Raymond Carver, "Where Water Comes Together With Other Water", *All of Us: The Collected Poems* (Harvill Press, 2003), p. 64.
23 "Essas histórias às vezes dão a impressão...": John Cheever, prefácio a *The Stories of John Cheever*, p. vii.

CAPÍTULO 2: O TRUQUE DO CAIXÃO

24 "o dramaturgo americano mais importante...": *New York Times*, 26 de fevereiro de 1983.
26 "Nenhum crescimento, nenhuma mudança...": Walter Kerr, *New York Times*, 27 de março de 1980.
26 "Galante...": Elia Kazan, in Donald Spoto, *The Kindness of Strangers: The Life of Tennessee Williams* (The Bodley Head, 1985), p. 358.
27 "O'Neill teve problemas terríveis...": Tennessee Williams, "The Art of Theater No. 5", *Paris Review*.
28 "Choveu ontem à noite...": Tennessee Williams, *Memoirs* (Penguin, 2007), p. 127.
29 "Acabamos de jantar...": Tennessee Williams, *The Selected Letters of Tennessee Williams, Volume 1, 1920-1945* (New Directions, 2000), pp. 11-16.
30 "a um passo de enlouquecer...": Tennessee Williams, *Memoirs*, p. 20.

31 "A vida em nossa casa era terrível, terrível mesmo...": Dakin Williams, in Donald Spoto, *The Kindness of Strangers*, p. 18.
31 "era um homem amedrontador": Tennessee Williams, "The Art of Theater No. 5", *Paris Review*.
31 "Naqueles dias, eu era um dançarino excelente...": Tennessee Williams, *Memoirs*, pp. 20-22.
33 "A casa é pomposa...": *The Letters of John Cheever*, p. 311.
35 "O clique... Esse clique que ouço...": Tennessee Williams, *Cat on a Hot Tin Roof and Other Plays* (Penguin, 1976), p. 66.
35 "No próximo compromisso...": John Cheever, in Blake Bailey, *Cheever: A Life* (Picador, 2009), p. 51.
35 "você tem a sensação de que um novo tipo...": Tennessee Williams, *Memoirs*, p. 142.
36 "Padrão mal-adaptativo...": Associação Americana de Psiquiatria, *Diagnostic and Statistical Manual of Mental Disorders*, 4ª ed. (*DSM-IV-TR*) (American Psychiatric Publishing, 2000), p. 197.
37 "O que causa impressão desconcertante e inevitável...": *American Journal of Psychiatry* 92, 1935, pp. 89-108.
37 "Está comprovado...": Mary Ann Enoch, "The Role of Early Life Stress as a Predictor for Alcohol and Drug Dependence", *Psychopharmacology*, vol. 214, 2011, p. 17-31.
43 "Juntos, nós podemos fazer aquilo que nenhum de nós...": AA World Services.
47 "Nova York é assustadora...": Tennessee Williams, *Letters, Volume I*, p. 22.
48 "um suspense constante...": Tennessee Williams, ibid., p. 270.
48 "Eu ainda era muito tímido...": Tennessee Williams, *Memoirs*, p. 52.
48 "Dei início...": Tennessee Williams, *Letters, Volume I*, p. 265.
50 "Eu sabia que aquilo se tinha mudado em uísque...": ibid., p. 255.
51 "Fui muito além...": ibid., p. 313.
52 "Antes do sucesso de *O zoológico*...": Tennessee Williams, "The Art of Theater No. 5", *Paris Review*.
52 "Frankie e eu ficávamos olhando um para o outro...": Tennessee Williams, *Memoirs*, pp. 155-6.
54 "Adivinhe quanto deu a conta?": John Cheever, in Leslie Aldridge, "Having a Drink with Cheever", *New York Magazine*, 28 de abril de 1969.

55 "Não, meu Deus...": Mary Cheever, entrevistada por Blake Bailey, *Cheever: A Life*, p. 162.

55 "Mais decadente, creio...": John Cheever, *The Journals* (Cape, 1990), pp. 12-13.

57 "Ofereceram-me dois tipos de drinque...": John Cheever, in Malcolm Cowley, "The Novelist's Life as Drama", *Sewanee Review*, vol. 91, n. 1, 1983.

58 "A escuridão invadiria o ar suave...": "The Day the Pig Fell into the Well", *The Stories of John Cheever*, pp. 224-34.

58 "O mar...": John Cheever, "Goodbye, My Brother", ibid., p. 9.

58 "Havia uma centena de nuvens ao oeste...": "The Summer Farmer", ibid., p. 85.

60 "Ficavam sentadas com os filhos...": "The Pot of Gold", ibid., p. 107.

60 "O aluguel não foi pago...": John Cheever, *Journals*, p. 14.

61 "É um refrigério para meu respeito próprio...": ibid., p. 21.

61 "Bem cedo na vida, decidi insinuar-me...": ibid., p. 16.

61 "todo homem belo...": ibid., p. 219.

62 "Eu me vi dirigindo...": John Cheever, in Blake Bailey, *Cheever: A Life*, p. 113.

63 "Mary...": ibid., p. 122.

65 "trazendo na boca generosa...": John Cheever, "The Country Husband", *Stories*, p. 346.

CAPÍTULO 3: PESCANDO NO ESCURO

66 "De todos os lugares deste mundo velho e engraçado...": Tennessee Williams, *Notebooks*, org. Margaret Bradham Thornton (Yale University Press, 2006), p. 131.

68 "os problemas com o sono...": Kirk Bower, "Alcohol's Effects on Sleep in Alcoholics", *Alcohol Research and Health*, vol. 25, n. 2, 2001, pp. 110-25.

68 "Zelda pintando, eu bebendo": F. Scott Fitzgerald, *F. Scott Fitzgerald's Ledger: A Facsimile* (NCR/Microcard Editions, 1972), p. 179.

70 "Fizemos uma grande viagem juntos...": Ernest Hemingway, *Selected Letters*, org. Carlos Baker (Granada, 1981), pp. 162-3.

70 "desdém, superioridades...": F. Scott Fitzgerald, *A Life in Letters* (Touchstone, 1995), p. 142-3.

70 "Nossa vida foi toda ela para o inferno...": Ernest Hemingway, *Selected Letters*, p. 217.
71 "Eu mesmo não queria dormir...": Ernest Hemingway, "Now I Lay Me", *The Complete Short Stories* (Scribner, 1987), pp. 276-80.
74 "O INCÊNDIO...": *F. Scott Fitzgerald's Ledger*, p. 187.
75 "Fim da verdadeira autoconfiança...": ibid., Apêndice I.
76 "Ando bebendo demais...": F. Scott Fitzgerald, *The Letters of F. Scott Fitzgerald* (The Bodley Head, 1963), p. 254.
76 "Dei um basta...": F. Scott Fitzgerald, in Tony Buttita, *After the Good Gay Times* (Viking, 1974), p. 4.
81 "feder a álcool e fazer o possível...": Ernest Hemingway, *Selected Letters*, p. 425.
81 "Ficar sem dormir também é uma maldição dos infernos...": ibid., pp. 428-9.
82 "Quando li, alguns anos atrás...": F. Scott Fitzgerald, "Sleeping and Waking", *On Booze* (New Directions, 2011 [1934]), pp. 55-62.
83 "continham uma grande dose de humor malicioso...": Tennessee Williams, "The Art of Theater No. 5", *Paris Review*.
83 "a negação é ubíqua no alcoolismo...": David P. Moore e James W. Jefferson (orgs.), *Handbook of Medical Psychiatric*, p. 85.
84 "Em vez de nos informarem de bom grado...": Sigmund Freud, in Janet Malcolm, *Psychoanalysis: The Impossible Profession* (Vintage, 1982), p. 20.
84 "ao chegar à mesa e tirar as calças...": H. L. Mencken, *The Diary of H. L. Mencken* (Vintage, 1991), p. 63.
87 "de oficiais de cavalaria...": Andrew Turnbull, *Scott Fitzgerald* (The Bodley Head, 1963), p. 231.
87 "A bebida aumenta o sentir...": ibid., p. 233.
88 "Beber é uma fuga...": ibid., p. 238.
88 "E há também o álcool, que usamos como Matador de Gigantes...": Ernest Hemingway, *Selected Letters*, p. 690.
90 "Eu bebo desde os 15 anos...": ibid., p. 420.
91 "licores de destilação natural...": Ernest Hemingway, *A Moveable Feast* (Cape, 1964), p. 133.
93 "vinho branco leve e agradável...": ibid., p. 151.
93 "Era difícil reconhecê-lo como um beberrão...": ibid., p. 145.

93 "Tudo o que bebia parecia estimulá-lo...": ibid., p. 151.
94 "beber qualquer quantidade de uísque...": Ernest Hemingway, *Selected Letters*, p. 169.
94 "Há indícios de predisposição genética ou bioquímica...": Robert S. Porter (org.), *The Merck Manual of Diagnosis and Therapy*.
95 "Posso beber até deixar Yevtushenke...": John Cheever, John Cheever Collection of Papers, 1942-1982, Henry W. and Albert A. Berg Collection of English and American Literature, Biblioteca Pública de Nova York (doravante, Coleção Berg).
95 "duas pequenas caixas retangulares e revestidas de tecido...": Mary Hemingway, "The Making of the Book: A Chronicle and a Memoir", *New York Times*, 1º de maio de 1964.
95 "cheia de roupas amontoadas...": A. E. Hotchner, "Don't Touch a Moveable Feast", *New York Times*, 19 de julho de 2009.
96 "Não é antinatural...": Ernest Hemingway, in Jacqueline Tavernier-Courbin, "The Mystery of the Ritz-Hotel Papers", *College Literature*, vol. 7, n. 3, outono de 1980, pp. 289-303.
97 "No que diz respeito ao corpo...": Ernest Hemingway, *Selected Letters*, p. 877.
98 "O padrão mal-adaptativo do consumo de bebidas...": Robert S. Porter (org.), *Merck Manual of Diagnosis and Therapy*.
99 "então, quando estava prestes a comê-lo...": Gregory Hemingway, *Papa: A Personal Memoir* (Houghton Mifflin, 1976), pp. 62-3.
100 "Quando um dependente para de beber...": A.D.A.M, "Alcoholism and Alcohol Abuse", *New York Times*, 13 de janeiro de 2011.
103 "Se posso dizer que tenho um lar...": Tennessee Williams, in Donald Spoto, *The Kindness of Strangers*, p. 121.
103 "Nova Orleans não é como as outras cidades": Tennessee Williams, *A Streetcar Named Desire and Other Plays*, p. 121.

CAPÍTULO 4: UMA CASA EM CHAMAS

104 "Esses sinos da catedral...": Tennessee Williams, *A Streetcar Named Desire and Other Plays*, p. 219.
105 "Você sabe que Nova Orleans está...": Tennessee Williams, *Memoirs*, p. 109.

105 "resquícios de uma família decadente do sul...": Tennessee Williams, *Letters, Volume 1*, p. 557.
106 "azul singularmente delicado...": Tennessee Williams, *A Streetcar Named Desire and Other Plays*, p. 115.
107 "Abra essa sua boquinha linda...": ibid., p. 120.
107 "*A música está em sua cabeça...*": ibid., p. 200.
107 "Bem, uma bebidinha nunca...": ibid., p. 202.
107 "Ora, acho que é um *licor*...": ibid., p. 202-3.
111 "Holocausto na Alemanha...": Tennessee Williams, *Notebooks*, p. 195.
112 "Então recorro a meus diários...": ibid., p. 457.
112 "28 mil acres...": Tennessee Williams, *Cat on a Hot Tin Roof and Other Plays*, p. 73.
112 "espalhou-se por todo o corpo...": ibid., p. 97.
112 "se apaixonou por Echo Spring...": ibid., p. 40.
113 "*Aquilo sobre o que estão discutindo...*": ibid., p. 75.
114 "encanto daquele frio ar...": ibid., p. 19.
114 "Recebi de Gadg uma carta de cinco páginas...": Tennessee Williams, *Notebooks*, p. 663.
114 "Eu 'aceito' grande parte...": Tennessee Williams, *The Selected Letters of Tennessee Williams, Volume 2* (New Directions, 2004), pp. 555-8.
115 "É sem dúvida uma pena...": Tennessee Williams, *Cat on a Hot Tin Roof and Other Plays*, p. 7.
118 "Passei os olhos pelo roteiro da peça nova...": Tennessee Williams, *Notebooks*, p. 595.
119 "Quando voltou a sair...": Tennessee Williams, "Three Players of a Summer Game", *Collected Stories*, p. 307.
120 "a peça que me deixou...": Tennessee Williams, *Letters, Volume 2*, p. 525.
120 "O sol brilha sobre o estreito...": Tennessee Williams, *Notebooks*, p. 599.
121 "O inferno inteiro se abateu sobre mim...": ibid., pp. 611-13.
121 "agressivo gerânio que destruiu...": Tennessee Williams, "Three Players of a Summer Game", *Collected Stories*, p. 307.
122 "desencadeada sobretudo pela bebida...": Tennessee Williams, *Notebooks*, p. 631.
122 "Eis o dilema...": ibid., p. 647.

123 "Temo que um dia algum desses pânicos acabe me matando...": ibid., p. 657.
124 "uma neurose *dupla*...": ibid., pp. 657-61.
125 "O homem que bebe...": Tennessee Williams, "Three Players of a Summer Game", *Collected Stories*, p. 310.
126 "impressionante coexistência do bem e do mal...": Tennessee Williams, *Letters, Volume 2*, p. 552.
127 *"Um daqueles monstrinhos sem pescoço..."*: Tennessee Williams, *Cat on a Hot Tin Roof*, p. 17.
127 *"Eu queria que você ficasse feio..."*: ibid., p. 25.
127 *"Você parece tão calmo, tão calmo..."*: ibid., p. 26.
129 "o assunto se espalhava pela casa...": Evelyn Waugh, *Brideshead Revisited* (Penguin, 1964), p. 158.
129 "Andei bebendo uísque por aqui...": ibid., p. 127.

CAPÍTULO 5: OS PAPÉIS MALDITOS

134 "Menos viajamos que...": John Cheever, "The Bloody Papers", Coleção Berg.
134 "Não estou neste mundo...": John Cheever, *Journals*, p. 357.
135 "De ressaca e com uma febre baixa...": John Cheever, in Blake Bailey, *Cheever: A Life*, p. 462.
135 "cada vez mais claro...": Susan Cheever, *Home Before Dark* (Houghton Mifflin, 1984), p. 161.
135 "De manhã fico profundamente deprimido...": John Cheever, *Journals*, p. 103.
136 "Não consigo me lembrar de minha torpeza...": ibid., p. 218.
137 "os psiquiatras denominariam...": John Cheever, in Blake Bailey, *Cheever: A Life*, p. 620.
138 "Porventura as estações...": John Cheever, *Journals*, p. 187.
138 "Quando ele descobre que está escuro e frio...": John Cheever, "The Art of Fiction No. 62", *Paris Review*.
138 "Minha memória está cheia de buracos...": John Cheever, *Journals*, p. 186.
138 "Na igreja, ajoelhado...": ibid., p. 188.
139 "estava tão envolvido...": ibid., p. 215.

139 "Quando lhe disse que gostava de nadar...": John Cheever, *Letters*, p. 261.
140 "Quando penso em meus pais...": John Cheever, "The Bloody Papers", Coleção Berg.
143 "Eu sou, e ele era...": John Cheever, *Journals*, p. 212.
143 "se considerava...": John Cheever sobre F. Scott Fitzgerald, *Brief Lives: A Biographical Companion to the Arts* (Allen Lane, 1972), pp. 275-6.
144 "Irlandeses direto da fome da batata de 1850...": F. Scott Fitzgerald, in Arthur Mizener, *The Far Side of Paradise* (Houghton Mifflin, 1951), p. 2.
145 "Neurótica, quase insana...": ibid., p. 202.
145 "Ele se lembra daquele dia...": *F. Scott Fitzgerald's Ledger*, p. 162.
145 "Ele voltou para casa naquela noite...": Andrew Turnbull, *Scott Fitzgerald*, p. 22.
146 "ele guardou suas amostras de arroz...": ibid., p. 24.
146 "Trata-se de tudo aquilo que já esqueci...": F. Scott Fitzgerald, "Author's House", *Afternoon of an Author*, org. Arthur Mizener (The Bodley Head, 1958), pp. 232-9.
148 "A força revigorante e curativa...": John Cheever, Coleção Berg.
148 "para dar adequação e forma...": John Cheever, in Blake Bailey, *Cheever: A Life*, p. 44.
148 "O escritor cultiva, estende...": John Cheever, *Journals*, p. 213.
149 "Devo convencer-me...": ibid., p. 255.
150 "o que fez você ficar viciado...": John Cheever, *Falconer* (Cape, 1977), p. 726.
151 "Apenas nos apressemos e cheguemos a Havana...": Ernest Hemingway, *Selected Letters*, p. 275.
151 Sou grata a Michael Reynolds pela reconstrução dos vários movimentos da família de Hemingway ao longo desse período, em *Hemingway: The American Homecoming* (Blackwell, 1992).
151 "É como um sonho...": Carta não publicada de Clarence Hemingway a Ernest Hemingway, 11 de abril de 1928, The Ernest Hemingway Collection, John F. Kennedy Presidential Library.
151 "Ah, Ernest, como você pôde...": Clarence Hemingway a Ernest Hemingway, in Michael Reynolds, *Hemingway*, p. 137.
152 "Papai enxugou uma lágrima...": Marcelline Hemingway, *At the Hemingways: A Family Memoir* (Putnam, 1963), p. 227.

152 "a compleição grande...": Ernest Hemingway, "Fathers and Sons", *The Complete Short Stories*, p. 370.
153 "Estou muito contente por você ter gostado da história do médico...": Ernest Hemingway, *Selected Letters*, p. 153.
153 "A maior parte do livro parece verdade porque...": ibid., p. 327.
153 "Querido, não acho...": Ernest Hemingway, "The Doctor and the Doctor's Wife", *The Complete Short Stories*, pp. 75-6.
155 "muitas coisas em que ninguém deve mexer...": Ernest Hemingway, "Now I Lay Me", ibid., p. 278.
157 "Não é terrível aquela velha de River Forest...": Ernest Hemingway, *Selected Letters*, p. 591.
158 "Eu não consigo achar um meio...": Carta não publicada de Clarence Hemingway a Ernest Hemingway, 23 de outubro de 1928, The Ernest Hemingway Collection, John F. Kennedy Presidential Library.
159 "Você foi bom...": Ernest Hemingway, *Selected Letters*, p. 291.
160 "Muitas terras sem valor nenhum...": ibid., p. 292.
160 "Lágrimas que Henry derramou...": John Berryman, "Dream Song 235", *The Dream Songs*, p. 254.
161 "O homem mais brilhante...": Philip Levine, "Mine Own John Berryman", in Richard J. Kelly e Alan K. Lathrop (orgs.), *Recovering Berryman: Essays on a Poet* (University of Michigan Press, 1993), pp. 40-41.
162 "tudo veio abaixo como neve...": Martha Berryman, *We Dream of Honour: John Berryman's Letters to his Mother*, org. Richard Kelly (W. W. Norton, 1988), p. 378.
163 "Aquele ímpeto louco...": John Berryman, "Dream Song 311", ibid., p. 333.
164 "A fome lhe era constitucional...": John Berryman, "Dream Song 311", ibid., p. 333.
165 "Talvez a maioria dos romances...": Edmund White, "In Love with Duras", *The New York Review of Books*, 26 de junho de 2008.
166 "Então, depois de seu pai ter atirado contra si mesmo...": Ernest Hemingway, *For Whom the Bell Tolls* (Penguin, 1966 [1941]), pp. 318-19.

CAPÍTULO 6: RUMO AO SUL

171 "Ainda fico de cama a maior parte do tempo...": Ernest Hemingway, *Selected Letters*, p. 337.

171 "Essa vai ser mesmo...": ibid., p. 340.

173 "Em 11 de janeiro...": Michael Reynolds, *Hemingway: The 1930s* (W. W. Norton, 1997), p. 162.

174 "Diga lá no Black...": Ernest Hemingway, "Snows of Kilimanjaro", *The Complete Short Stories*, pp. 40-56.

174 "Se eu conseguisse fazer desse...": Ernest Hemingway, *Death in the Afternoon* (Penguin, 1966 [1932]), p. 255.

174 "Enfiei ali tudo o que há de verdadeiro...": Ernest Hemingway, "The Art of Fiction No. 21", *Paris Review*.

176 "Percebi que durante muito tempo...": F. Scott Fitzgerald, "The Crack-up", *The Crack-up, with Other Pieces and Stories* (Penguin, 1965), p. 48.

176 "Scott se foi na primeira semana...": Ernest Hemingway, *Selected Letters*, p. 440.

177 "Por favor, deixe-me em paz...": F. Scott Fitzgerald, *The Letters of F. Scott Fitzgerald*, p. 311.

178 "Nunca havia experimentado a velha melancolia antes...": Ernest Hemingway, *Selected Letters*, p. 436.

178 "Queria que ele parasse...": ibid., p. 444.

179 "Ele atirou contra si mesmo...": Ernest Hemingway, *For Whom the Bell Tolls*, p. 66.

179 "o outro...": ibid., pp. 321-2.

180 "matador de gigantes...": ibid., p. 441.

180 "É *isso* o que mata o verme...": ibid., p. 198.

180 "beberrão fede...": ibid., p. 201.

180 "carrossel letal...": ibid., p. 218.

181 "O filho da puta...": John Berryman, in John Haffenden, *The Life of John Berryman* (Routledge & Kegan Paul, 1982), p. 297.

181 "Ele deixou registrada uma visão imensa...": John Cheever, *Journals*, p. 268.

181 "lugar mais fantástico...": Tennessee Williams, *Letters, Volume 1*, p. 304.

182 "muito embora pudesse ser decadente...": Elaine Dundy, "Our Men in Havana", *Guardian*, 9 de junho de 2001.

182 "Ele porventura é comandante...": George Plimpton, *Shadow Box: An Amateur in the Ring* (Andre Deutsch, 1978), pp. 142-3.

182 "Ele era o extremo oposto...": Tennessee Williams, *Memoirs*, p. 67.
183 "afastava furtivamente...": Andrew Turnbull, "Perkins's Three Generals", *New York Times*, 16 de julho de 1967.
184 *"Ele se aproxima de Scott..."*: Tennessee Williams, *Clothes for a Summer Hotel: A Ghost Play* (New Directions, 1983), pp. 64-8.
185 "Meu palpite, porém...": Ernest Hemingway, *For Whom the Bell Tolls*, p. 161.
186 "Não haveria problema em fazer isso agora...": ibid., 443.
186 "Escolhi Key West...": Tennessee Williams, *Memoirs*, pp. 63-4.
186 "A pesca de esponjas e a pesca em alto-mar...": Tennessee Williams, *Letters, Volume 1*, p. 304.
187 "como senhoras correndo de pés descalços...": Tennessee Williams, *Five O'Clock Angel: Letters of Tennessee Williams to Maria St. Just* (Andre Deutsch, 1991), p. 75.
187 "Ah, como anseio...": Tennessee Williams, *Notebooks*, p. 619.
188 "Estou indo (...) descansar...": Tennessee Williams, *Tennessee Williams: Letters to Donald Windham* (Penguin, 1980), p. 294.
188 "Era claramente bom...": Christopher Isherwood, in Donald Spoto, *The Kindness of Strangers*, p. 153.
188 "Eu amo F....": Tennessee Williams, *Notebooks*, p. 501.
188 "casa de pirados coberta de veludo...": Tennessee Williams, *Five O'Clock Angel*, p. 148.
189 "bebendo um pouco mais que minha cota...": Tennessee Williams, *Notebooks*, p. 707.
189 "tendo sucesso em destruir...": Tennessee Williams, *Five O'Clock Angel*, p. 150.
189 "Sinto falta do cavalo & do cão...": Tennessee Williams, *Notebooks*, p. 719.
190 "Provavelmente não há um único episódio...": Donald Windham, in *Tennessee Williams: Letters to Donald Windham*, p. x.
190 "como um gato-da-selva...": Tennessee Williams, *Memoirs*, pp. 185-6.
191 "O Cavalo fez....": Tennessee Williams, *Five O'Clock Angel*, p. 175.
191 "Frank, quero ter minha bondade de volta...": Tennessee Williams, *Memoirs*, p. 188.
191 "o esqueleto de um pardal...": ibid., p. 193.

192 "Enquanto Frank esteve bem...": ibid., p. 194.
192 "Depois do meu trabalho...": Tennessee Williams, in *Tennessee Williams: Letters to Donald Windham*, p. 315.
193 "colocado num saco branco limpo...": ibid., p. 117.
194 "Um dia hei de comer uma uva não lavada...": Tennessee Williams, *A Streetcar Named Desire and Other Plays*, p. 220.
195 "Eu lhe mostrei...": Tennessee Williams, *The Night of the Iguana*, in *Cat on a Hot Tin Roof and Other Plays*, p. 309.
195 "Nada do que é humano me enoja...": ibid., p. 318.
196 "ser jogado no mar...": ibid., p. 259.
196 "Desejo um rito ortodoxo grego...": Tennessee Williams, *Notebooks*, p. 753.
198 "A bebida e a natação...": Tennessee Williams, in Donald Spoto, *The Kindness of Strangers*, p. 246.
199 "Quando as dificuldades se tornaram insuperáveis...": F. Scott Fitzgerald, "The Swimmers", *Saturday Evening Post*, 19 de outubro de 1929.
199 "Ser abraçado...": John Cheever, "The Swimmer", *The Stories of John Cheever*, p. 604.
200 "que *numa* noite...": John Berryman, "Henry's Understanding", *Collected Poems 1937-1971* (Farrar, Straus & Giroux, 1987), p. 256.
201 "Toda escrita boa...": F. Scott Fitzgerald, *Letters to His Daughter* (Scribner, 1963), p. 165.
203 "Dakin (...) simplesmente me jogou no Barnes Hospital...": Tennessee Williams, "The Art of Theater No. 5", *Paris Review*.
203 "O resto não foi apagado...": Tennessee Williams, *Notebooks*, p. 733.
204 "Porventura morri por minhas próprias mãos...": ibid., p. 739.
205 "merda de cachorro por toda parte...": Truman Capote, *Answered Prayers* (Hamish Hamilton, 1986), pp. 59-64.
206 "Você tem sido mais corajoso que todos...": Marlon Brando a Tennessee Williams, republicado em *Letters of Note* (www.lettersofnote.com), 26 de março de 2010.
207 "E por que não?": Tennessee Williams, *Notebooks*, p. 739.
207 "Estruturalmente, um desperdício...": Walter Kerr, *New York Times*, 27 de março de 1980.

207 O ensaio "Williams, Quintero and the Aftermath of a Failure", de Michiko Kakutani (*New York Times*, 22 de junho de 1980), foi inestimável na reconstrução dos últimos dias de *Roupas para um hotel de verão*.

CAPÍTULO 7: AS CONFISSÕES DO SR. BONES

Todas as citações de John Berryman que não foram indicadas neste capítulo advêm de *The Life of John Berryman*, livro magnificamente detalhado de John Haffenden (Routledge & Kegan Paul, 1982). Esse mesmo material, por sua vez, deriva dos Documentos de John Berryman, localizados na Universidade de Minnesota.

212 "magro e irritantemente intenso...": Dorothy Rockwell, entrevistada por John Haffenden, *The Life of John Berryman*, p. 65.
212 "afetado": Lionel Trilling, entrevistado por Haffenden, ibid., p. 73.
212 "monasticismo involuntário...": John Berryman, "Monkhood", *Collected Poems 1937-1971*, p. 195.
212 "estou certo de que se trata...": Mark Van Doren, in Haffenden, *The Life of John Berryman*, p. 110.
214 "ora histérico, ora deprimido...": Eileen Simpson, *Poets in their Youth* (Faber, 1982), p. 157.
214 "Nossos dois mundos nos largaram...": John Berryman, "Homage to Mistress Bradstreet", *Collected Poems 1937-1971*, p. 133.
215 "Toda noite, ele adentrava a sala...": Philip Levine, "Mine Own John Berryman", in Richard J. Kelly e Alan K. Lathrop (orgs.), *Recovering Berryman*, p. 38.
218 "perdendo altitude": John Berryman, *The Dream Songs*, p. 61.
218 "fora de tudo...": ibid., p. 371.
219 "De início, o cérebro dói...": Robert Lowell, "The Poetry of John Berryman", *New York Review of Books*, 28 de maio de 1964.
219 "horripilante e mordaz...": Adrienne Rich, "Mr. Bones, He Lives", *The Nation*, vol. 198, 22ª ed., 25 de maio de 1964.
219 "Ultimamente, tenho entrado & saído...": John Berryman a William Meredith, 16 de setembro de 1965, William Meredith Collection of Papers, 1941-1973, Coleção Berg.

219 "Berryman é o único poeta...": John Montague, in Haffenden, *The Life of John Berryman*, p. 340.

220 "quase morto...": Isabella Gardner, in ibid., p. 346.

220 "Era *todo arrependimento*...": John Berryman, "Dream Song 310", *The Dream Songs*, p. 332.

221 "Pcte. admite que é alcoólatra...": Notas de Hazelden, in Haffenden, *The Life of John Berryman*, p. 340.

221 "Estou tendo o melhor inverno...": John Berryman a William Meredith, 1º de fevereiro de 1970, Coleção Berg.

223 "Acabei de sair de 6 sms no hospital...": John Berryman a William Meredith, 18 de junho de 1970, ibid.

224 "duas vezes convidado...": John Berryman, *Recovery*, p. 7.

224 "Esta é a última bebida que você tomará...": ibid., p. 3.

226 "*leão* velho e doente...": ibid., p. 127.

226 "Isso era duro, muito duro...": ibid., p. 167.

226 "Talvez seja mais fácil ser um monstro...": ibid., p. 188.

226 "Os alcoólatras são inflexíveis...": ibid., p. 138.

227 "Esse é meu Meio-Oeste...": F. Scott Fitzgerald, *The Great Gatsby* (Penguin, 1966 [1926]), p. 183.

229 "De manhã, porém...": Saul Bellow, introdução a John Berryman, *Recovery*, p. xii-xiv.

229 "quase crucificado...": John Berryman, "The Art of Poetry No. 16", *Paris Review*.

229 "Deixe-me ser claro quanto a isso...": John Berryman, "The Facts & Issues", *Collected Poems 1937-1971*, p. 263.

230 "É claro que estou determinado...": John Berryman a Eileen Simpson, *Poets in their Youth*, p. 250.

232 "ele não demonstrava nenhuma cordialidade para conosco...": Ralph Ross, in Paul Mariani, *Dream Song: The Life of John Berryman* (University of Massachusetts Press, 1996), p. 495.

237 "1. Eu *ouvi* o Papai...": John Berryman a Jill Berryman, *We Dream of Honour: John Berryman's Letters to his Mother*, pp. 376-7.

238 "pai melancólico": "Dream Song 70", John Berryman, *The Dream Songs*, p. 77.

238 "esse terrível banqueiro": "Dream Song 384", ibid., p.406.
238 "Novo problema...": John Berryman, *Recovery*, p. 192.
239 "atípicos...": ibid., pp. 139-40.
239 "Sentir falta de alguém...": Sigmund Freud, in John Bowlby, *Separation: Anxiety and Anger* (Basic Books, 1973), p. 27.
240 "Em nosso estudo detalhado...": Vincent Felitti, "The Origins of Addiction: Evidence from the Adverse Childhood Experience Study", *Program*, 2004, pp. 547-59.
242 "Debaixo da mesa, não...": John Berryman, "Dream Song 96", *The Dream Songs*, p. 113.
243 "E só faltam 18 dias...": John Berryman, *We Dream of Honour: John Berryman's Letters to his Mother*, p. 19.
244 "Estavam sozinhos...": ibid., p. 4.
246 "grande amiga...": John Berryman, *Recovery*, p. 238.
247 "Quando tentava se relacionar...": Betty Peddie, entrevistada por Haffenden, *The Life of John Berryman*, p. 374.
247 "meu pai estourou tudo...": John Berryman, "Eleven Addresses to the Lord", *Collected Poems 1937-1971*, p. 219.
247 "Estava completamente preparado...": John Berryman, *Recovery*, p. 242.

CAPÍTULO 8: METADE DELE

250 "Só que ele foi um poeta brilhante...": John Cheever, in Blake Bailey, *Cheever: A Life*, p. 513.
250 "Sim, mas ele era também uma fraude...": Carole Kitman, entrevistada por Blake Bailey, in ibid., p. 513.
251 "Saí da prisão nove quilos mais magro...": John Cheever, *Letters*, p. 317.
251 "De porre, cogito": John Cheever, *Journals*, p. 285.
252 "Quão estranho era ser carregado...": John Cheever, *Falconer*, p. 822.
253 "ele percebeu que tinha perdido o medo de cair": ibid., p. 827.
253 "Fico pensando...": John Cheever, *Journals*, p. 300.
254 "uma purificação, um período de sofrimento...": Joan Didion, "Falconer", *New York Times*, 6 de março de 1977.
254 "Preparo para mim um gim com vermute...": John Cheever, Coleção Berg.
254 "Não sou melhor que ninguém...": John Cheever, *Journals*, p. 321.

254 "me chafurdar, lambuzar, saciar...": John Cheever, in Blake Bailey, *Cheever: A Life*, p. 472.

255 "minha compulsão ansiosa e ávida...": John Cheever a Ray Mutter, in ibid., p. 403.

255 "Receber a confirmação...": John Cheever, Coleção Berg.

259 "Estava bêbado...": Raymond Carver, "My Father's Life", *Fires: Essays, Poems, Stories* (Vintage, 1983), pp. 14-18.

260 "preservar as chances...": Maryann Burk Carver, *What It Used To Be Like: A Portrait of My Marriage to Raymond Carver* (St. Martin's Griffin, 2006), p. 65.

262 "sugando *brandy* de uma garrafa...": Maryann Burk Carver, *What It Used To Be Like*, pp. 286-7.

263 "Em 1977, ele era um homem alto...": Richard Ford, "Good Raymond", *New Yorker*, 5 de outubro de 1998.

264 As três cartas enviadas por Raymond Carver a Gordon Lish foram publicadas como "Letters to an Editor", *New Yorker*, 24 de dezembro de 2007.

266 "Tenho hoje 45 anos...": Raymond Carver, "Where the Water Comes Together with Other Water", *All of Us*, p. 63.

273 "Tenho uma memória péssima...": Raymond Carver, "Fires", *Fires: Essays, Poems, Stories*, pp. 29-39.

275 "Acho que meus problemas reforçam minha bebedeira...": John Cheever, *Journals*, p. 297.

275 "e então... algo mais: o álcool...": Raymond Carver, "Alcohol", *All of Us*, p. 10.

276 "Continue a acreditar em mim...": Raymond Carver, "Wenas Ridge", ibid., p. 75.

279 "Para de me cutucar, seu idiota...": Raymond Carver, "Nobody Said Anything", *The Stories of Raymond Carver* (Picador, 1985), pp. 42-54.

284 "Não, eu nunca me senti como um deus...": John Cheever, "The Art of Fiction No. 62", *Paris Review*.

284 "aflitiva solidão...": John Cheever, *Journals*, p. 77.

285 "Peguei seis amêijoas no rio...": Ernest Hemingway, *Selected Letters*, p. xiii.

BIBLIOGRAFIA

Aldridge, Leslie, "Having a Drink with Cheever", *New York Magazine*, 28 de abril de 1969.

Anderson, Daniel J., *Perspectives on Treatment* (Hazelden Foundation, 1981).

Associação Americana de Psiquiatria, *Diagnostic and Statistical Manual of Mental Disorders*, 4ª ed. (*DSM-IV-TR*) (Amer Psychiatric Pub, 2000).

Atlas, James, "Speaking Ill of the Dead", *New York Times Magazine*, 6 de novembro de 1988.

Bailey, Blake, *Cheever: A Life* (Picador, 2009).

Baker, Carlos, *Ernest Hemingway: A Life Story* (Collins, 1969).

Barton, Anne, "John Berryman's Flying Horse", *New York Review of Books*, 23 de setembro de 1999.

Bellow, Saul, "On John Cheever", *New York Review of Books*, 17 de fevereiro de 1983.

Benson, Jackson J., *Hemingway: The Writer's Art of Self-Defense* (University of Minnesota Press, 1969).

Berkow, Robert (org.), *The Merck Manual of Diagnosis and Therapy*, 16ª ed. (Merck Research Laboratories, 1992).

Berkson, Bill, *Sudden Address: Selected Lectures 1981-2006* (Cuneiform Press, 2007).

_____ e Le Sueur, Joe (orgs.), *Homage to Frank O'Hara* (Big Sky, 1988).

Berryman, John, *Berryman's Shakespeare: Essays, Letters and Other Writings by John Berryman*, org. John Haffenden (Tauris Parke Paperbacks, 2001).

_____, *Collected Poems 1937-1971* (Farrar, Straus & Giroux, 1987).

_____, *The Dream Songs* (Faber, 1969).

_____, *The Freedom of the Poet* (Farrar, Straus & Giroux, 1976).

_____, *Recovery* (Faber, 1973).

_____, *We Dream of Honour: John Berryman's Letters to his Mother*, org. Richard Kelly (W. W. Norton, 1988).

Blackmur, R. P., *Selected Essays of R. P. Blackmour*, org. Denis Donoghue (The Ecco Press, 1985).

Bloom, Harold (org.), *Bloom's BioCritiques: Tennessee Williams* (Chelsea House Publishers, 2003).

_____, *Modern Critical Views: John Berryman* (Chelsea House Publishers, 1989).

Bollas, Christopher, *The Shadow of the Object: Psychoanalysis of the Unknown Known* (Free Association Books, 1987).

Bowlby, John, *Separation: Anxiety and Anger* (Basic Books, 1973).

Brenner, Gerry, "Are We Going to Hemingway's Feast?", *American Literature*, vol. 5, n. 4, pp. 528-44, dezembro de 1982.

Brower, Kirk J., "Alcohol's Effects on Sleep in Alcoholics", *Alcohol Research and Health*, vol. 25, n. 2, pp. 110-25, 2001.

Bruccoli, Matthew, *Some Sort of Epic Grandeur* (Harcourt Brace Jovanovich, 1981).

_____ e Duggan, Margaret (orgs.), *Correspondence of F. Scott Fitzgerald* (Random House, 1980).

Burgess, Anthony, *Ernest Hemingway* (Thames & Hudson, 1986).

Buttitta, Tony, *After the Good Gay Times* (Viking, 1974).

Calabi, Silvio e Helsley, Steve, *Hemingway's Guns: The Sporting Arms of Ernest Hemingway* (Shooting Sportsman Books, 2011).

Canterbury, E. Ray e Birch, Thomas D., *F. Scott Fitzgerald: Under the Influence* (Paragon House, 2006).

Capote, Truman, *Answered Prayers* (Hamish Hamilton, 1986).

_____, *Too Brief a Treat: The Letters of Truman Capote*, org. Gerald Clarke (Random House, 2004).

Carver, Maryann Burk, *What It Used to Be Like: A Portrait of My Marriage to Raymond Carver* (St. Martin's Griffin, 2006).

Carver, Raymond, *All of Us: The Collected Poems* (Harvill Press, 2003).

_____, *Beginners* (Vintage, 2010).

_____, *Carver Country: The World of Raymond Carver* (Macmillan, 1990).

_____, *Elephant and Other Stories* (Vintage, 2003).

_____, *Fires: Essays, Poems, Stories* (Vintage, 1989 [1983]).

_____, *No Heroics, Please: Uncollected Writings*, org. William L. Stull (Harvill Press, 1991).

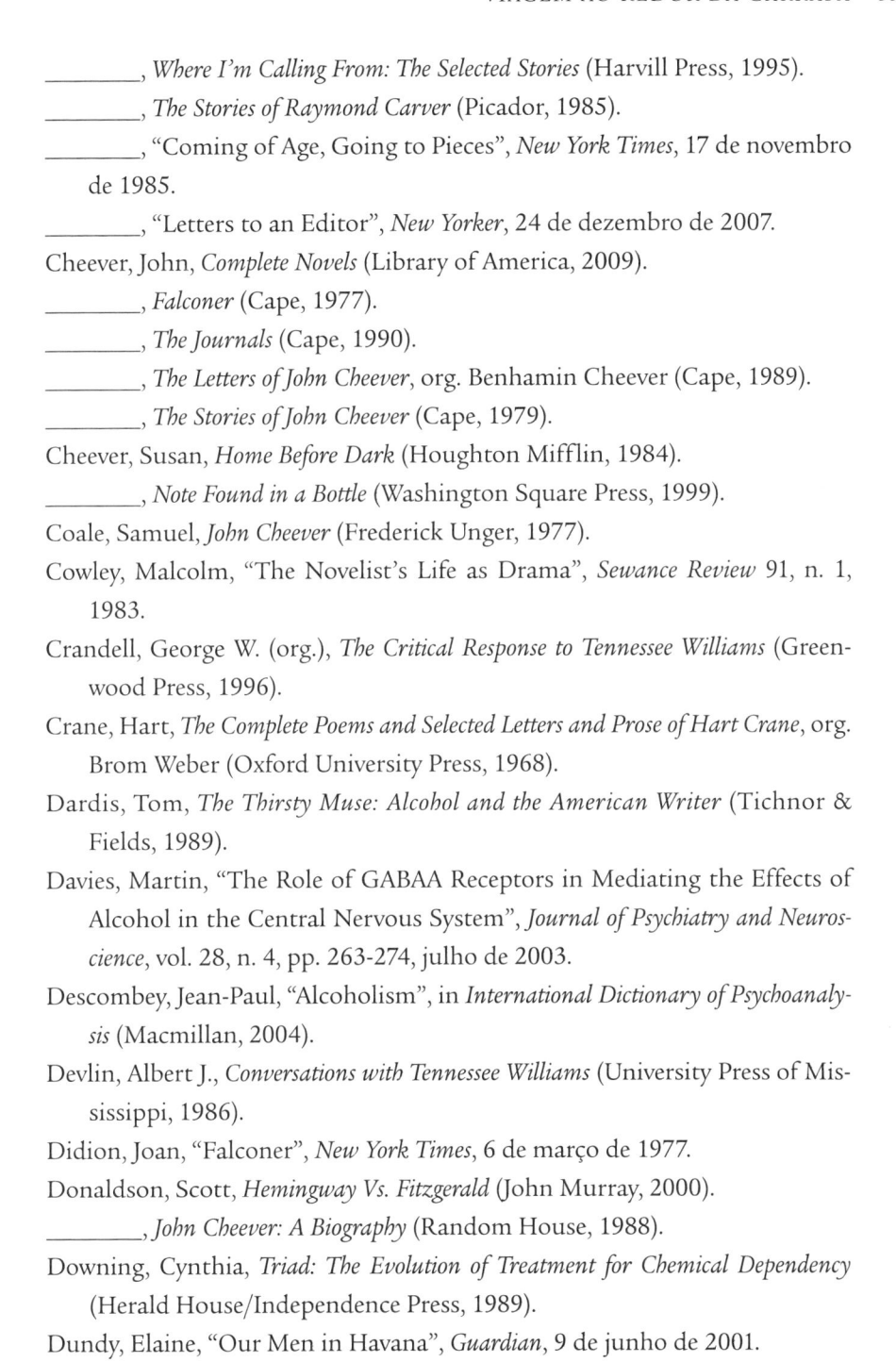

_____, *Where I'm Calling From: The Selected Stories* (Harvill Press, 1995).
_____, *The Stories of Raymond Carver* (Picador, 1985).
_____, "Coming of Age, Going to Pieces", *New York Times*, 17 de novembro de 1985.
_____, "Letters to an Editor", *New Yorker*, 24 de dezembro de 2007.
Cheever, John, *Complete Novels* (Library of America, 2009).
_____, *Falconer* (Cape, 1977).
_____, *The Journals* (Cape, 1990).
_____, *The Letters of John Cheever*, org. Benhamin Cheever (Cape, 1989).
_____, *The Stories of John Cheever* (Cape, 1979).
Cheever, Susan, *Home Before Dark* (Houghton Mifflin, 1984).
_____, *Note Found in a Bottle* (Washington Square Press, 1999).
Coale, Samuel, *John Cheever* (Frederick Unger, 1977).
Cowley, Malcolm, "The Novelist's Life as Drama", *Sewance Review* 91, n. 1, 1983.
Crandell, George W. (org.), *The Critical Response to Tennessee Williams* (Greenwood Press, 1996).
Crane, Hart, *The Complete Poems and Selected Letters and Prose of Hart Crane*, org. Brom Weber (Oxford University Press, 1968).
Dardis, Tom, *The Thirsty Muse: Alcohol and the American Writer* (Tichnor & Fields, 1989).
Davies, Martin, "The Role of GABAA Receptors in Mediating the Effects of Alcohol in the Central Nervous System", *Journal of Psychiatry and Neuroscience*, vol. 28, n. 4, pp. 263-274, julho de 2003.
Descombey, Jean-Paul, "Alcoholism", in *International Dictionary of Psychoanalysis* (Macmillan, 2004).
Devlin, Albert J., *Conversations with Tennessee Williams* (University Press of Mississippi, 1986).
Didion, Joan, "Falconer", *New York Times*, 6 de março de 1977.
Donaldson, Scott, *Hemingway Vs. Fitzgerald* (John Murray, 2000).
_____, *John Cheever: A Biography* (Random House, 1988).
Downing, Cynthia, *Triad: The Evolution of Treatment for Chemical Dependency* (Herald House/Independence Press, 1989).
Dundy, Elaine, "Our Men in Havana", *Guardian*, 9 de junho de 2001.

Elledge, Jim (org.), *Frank O'Hara: To Be True to a City* (University of Michigan Press, 1990).

Enoch, Mary-Anne, "The Role of Early Life Stress as a Predictor for Alcohol and Drug Dependence", *Psychopharmacology*, vol. 214, pp. 17-31, 2011.

_____ com Hodkinson, Colin A.; Quiaoping Yuan; Shen, Pei-Hong; Goldman, David; e Roy, Alec, "The Influence of *GABRA2*, Childhood Trauma, and Their Interaction on Alcohol, Heroin and Cocaine Dependence", *Biological Psychiatry*, vol. 67, pp. 20-27, 2010.

Felitti, Vincent J., "The Origins of Addiction: Evidence from the Adverse Childhood Experience Study", *Program*, pp. 5467-59, 2004.

Fitzgerald, F. Scott, *Afternoon of an Author*, org. Arthur Mizener (The Bodley Head, 1958).

_____, *The Beautiful and the Damned* (Penguin, 1966 [1922]).

_____, *The Crack-Up, with Other Pieces and Stories* (Penguin, 1965).

_____, *The Diamond as Big as a the Ritz and Other Stories* (Penguin, 1962).

_____, *The Great Gatsby* (Penguin, 1966 [1926]).

_____, *The Last Tycoon* (Penguin, 1968 [1941]).

_____, *F. Scott Fitzgerald's Ledger: A Facsimile* (NCR/Microcard Editions, 1972).

_____, *The Letters of F. Scott Fitzgerald*, org. Andrew Turnbull (The Bodley Head, 1963).

_____, *Letters to His Daughter*, org. Andrew Turnbull (Scribner, 1963).

_____, *A Life in Letters*, org. Matthew J. Bruccoli (Touchstone, 1995).

_____, *The Lost Decade and Other Stories* (Penguin, 1968).

_____, *The Notebooks of F. Scott Fitzgerald*, org. Matthew J. Bruccoli (Harcourt Brace Jovanovich, 1978).

_____, *On Booze* (New Directions, 2011 [1931-1945]).

_____, *The Pat Hobby Stories* (Penguin, 1962).

_____, *Tender is the Night* (Penguin, 1966 [1939]).

Ford, Richard, "Good Raymond", *New Yorker*, 5 de outubro de 1998.

Forseth, Roger, "Alcohol and the Writer: Some Biographical and Critical Issues", *Contemporary Drug Problems*, vol. 361, 1986.

_____, "Ambivalent Sensibilities: Alcohol in History and Literature", *American Quarterly*, vol. 12, n. 1, março de 1990.

Garcia-Valdecasas-Campelo, Elena et al., "Brain Atrophy in Alcoholics: Relationship with Alcohol Intake; Liver Disease; Nutritional Status, and Inflammation", *Alcohol and Alcoholism*, vol. 42, n. 6, pp. 553-8, 2007.

Gilmore, Thomas B., *Equivocal Spirits: Alcoholism and Drinking in Twentieth-Century Literature* (University of North Carolina Press, 1987).

Gooch, Brad, *City Poet: The Life and Times of Frank O'Hara* (Alfred A. Knopf, 1993).

Grant, M., "Drinking and Creativity: A Review of the Alcoholism Literature", *Alcohol and Alcoholism*, vol. 16, n. 2, pp. 88-93, 1981.

Haffenden, John, *The Life of John Berryman* (Routledge & Kegan Paul, 1982).

Hamill, Peter, *A Drinking Life: A Memoir* (Little, Brown, 1994).

Hanneman, Audre, *Ernest Hemingway: A Comprehensive Bibliography* (Princeton University Press, 1967).

Harvey, Giles, "The Two Raymond Carvers", *New York Review of Books*, 27 de maio de 2010.

Hemingway, Ernest, *Across the River and into the Trees* (Penguin, 1950).

_____, *The Complete Short Stories* (Scribner, 1987).

_____, *Death in the Afternoon* (Penguin, 1966 [1932]).

_____, *A Farewell to Arms* (Penguin, 1964 [1929]).

_____, *For Whom the Bell Tolls* (Penguin, 1966 [1941]).

_____, *A Moveable Feast* (Cape, 1964).

_____, *Men Without Women* (Arrow, 2004).

_____, *Selected Letters*, org. Carlos Baker (Granada, 1981).

_____, *The Snows of Kilimanjaro* (Penguin, 1967).

_____, *To Have and Have Not* (Penguin, 1969 [1937]).

_____, *Torrents of Spring* (Arrow, 2006 [1926]).

Hemingway, Gregory H., *Papa: A Personal Memoir* (Houghton Mifflin, 1976).

Hemingway, Leicester, *My Brother, Ernest Hemingway* (Weidenfeld & Nicolson, 1962).

Hemingway Sandford, Marcelline, *At the Hemingways: A Family Memoir* (Putnam, 1963).

Hemingway, Mary, *How It Was* (Weidenfeld & Nicolson, 1977).

_____, "The Making of the Book: A Chronicle and a Memoir", *New York Times*, 1º de maio de 1964.

Henderson, Mary C., *Mielziner: Master of Modern Stage Design* (Back Stage Books, 2001).

Hoffman, Peter (segundo relatos a Anita Shreve e Fred Waitzkin), "The Last Days of Tennessee Williams", *New York Magazine*, 25 de julho de 1983.

Hotchner, A. E., *Papa Hemingway: A Personal Memoir* (Weidenfeld & Nicolson, 1955).

_____, "Don't Touch A Moveable Feast", *New York Times*, 19 de julho de 2009.

Hyde, L., *Alcohol and Poetry: John Berryman and the Booze Talking* (Dallas Institute, 1986).

Jackson, Esther Merle, *The Broken World of Tennessee Williams* (University of Winsconsin Press, 1965).

Jeste, Neelum D.; Palmer, Barton W.; e Jeste, Dilip V., "Historical Case Conference: Tennessee Williams", *American Journal of Geriatric Psychiatry*, vol. 12, pp. 370-75, 2004.

Jia, F.; Pignataro, L.; Harrison, N. L., "GABAA Receptors in the Thalamus: Alpha4 Subunit Expression and Alcohol Sensitivity", *Alcohol*, vol. 41, n. 3, pp. 177-85, maio de 2007.

Kakutani, Michiko, "Williams, Quintero and the Aftermath of a Failure", *New York Times*, 22 de junho de 1980.

Kazin, Alfred, "The Giant Killer: Drink and the American Writer", *Commentary*, vol. 61, pp. 44-50, março de 1976.

_____, "Hemingway as His Own Fable", *Atlantic*, vol. 213, n. 6, pp. 54-7, junho de 1954.

Kerr, Walter, "Clothes for a Summer Hotel", *New York Times*, 27 de março de 1980.

Kert, Bernice, *The Hemingway Women* (W. W. Norton, 1983).

Kopelman, Michael D.; Thomson, Allan D.; Guerriniand, Irene; e Marshall, Jane, "The Korsakoff Syndrome: Clinical Aspects, Psychology and Treatment", *Alcohol & Alcoholism*, vol. 44, n. 2, pp. 148-54, 2009.

Kronenberg, Louis (org.), *Brief Lives: A Biographical Guide to the Arts* (Allen Lane, 1972).

Kuehl, John e Bryer, Jackson R. (orgs.), *Dear Scott/Dear Max: The Fitzgerald-Perkins Correspondence* (Cassell, 1971).

Lania, Leo, *Hemingway: A Pictorial Biography* (Thames & Hudson, 1961).

Leavitt, Richard F., *The World of Tennessee Williams* (W. H. Allen, 1978).
Leonard, Elmore, "Quitting", in *The Courage to Change*, org. Dennis Wholey (Houghton Mifflin, 1986).
LeSueur, Joe, *Digression on Some Poems by Frank O'Hara* (Farrar, Straus & Giroux, 2003).
Leverich, Lyle, *Tom: The Unknown Tennessee Williams* (Crown, 1995).
Levine, Philip, "Mine Own John Berryman", in Richard J. Kelly e Alan K. Lathrop (orgs.), *Recovering Berryman: Essays on a Poet* (University of Michigan Press, 1993).
Lilienfeld, Jane, *Reading Alcoholisms: Theorizing Character and Narrative in Selected Novels of Thomas Hardy, James Joyce, and Virginia Woolf* (Macmillan, 1999).
_____ e Oxford, Jeffrey (orgs.), *The Language of Addiction* (Macmillan, 1999).
London, Jack, *John Barleycorn* (Mills & Boon, 1914).
Lowell, Robert, *Life Studies* (Faber, 1959).
_____, "For John Berryman", *New York Review of Books*, 6 de abril de 1972.
_____, "The Poetry of John Berryman", *New York Review of Books*, 28 de maio de 1964.
Ludwig, Arnold M., *Understanding the Alcoholic's Mind* (Oxford University Press, 1988).
Lukas, J. Anthony, "One Too Many for the Muse", *New York Times Book Review*, 1º de dezembro de 1985.
Lynn, Kenneth J., *Hemingway* (Simon & Schuster, 1987).
Malcolm, Janet, *Psychoanalysis: The Impossible Profession* (Vintage, 1982).
_____, *Reading Chekhov: A Critical Journey* (Granta, 2003).
Mariani, Paul, *Dream Song: The Life of John Berryman* (University of Massachusetts Press, 1996).
Martz, William J., *University of Minnesota Pamphlets on American Writers No. 85: John Berryman* (University of Minnesota Press, 1969).
Max, D. T., "The Carver Chronicles", *New York Times*, 9 de agosto de 1998.
Mazzocco, Robert, "Harlequin in Hell", *New York Review of Books*, 29 de julho de 1967.
Mellow, James R., *Invented Lives: F. Scott and Zelda Fitzgerald* (Souvenir Press, 1985).
Meyers, Jeffrey, *Disease and the Novel: 1880-1960* (St. Martins Press, 1985).

_____, *Scott Fitzgerald: A Biography* (Macmillan, 1994).
_____, *Hemingway: The Critical Heritage* (Routledge & Kegan Paul, 1982).
Milford, Nancy, *Zelda* (Harper & Row, 1970).
Mizener, Arthur, *The Far Side of Paradise* (Houghton Mifflin, 1951).
_____, *Scott Fitzgerald* (Thames & Hudson, 1999 [1972]).
Mollon, Phil, *Shame and Jealousy: The Hidden Turmoils* (Karnac, 2002).
Moore, David P. e Jefferson, James W. (orgs.), *Handbook of Medical Psychiatry* (Elsevier, 2004).
Morse, Robert M. e Flavin, Daniel K., "The Definition of Alcoholism", *Journal of the American Medical Association*, vol. 268, n. 8, agosto de 1992.
Moss, Howard, "Good Poems, Sad Lives", *New York Review of Books*, 15 de julho de 1982.
Nabokov, Vladimir, *Lectures on Russian Literature* (Weidenfeld, 1982).
National Institute on Alcohol Abuse and Alcoholism, "Alcohol and Sleep", *Alcohol Alert*, n. 41, 1998.
_____, "The Genetics of Alcoholism", *Alcohol Alert*, n. 60, julho de 2003.
_____, "Neuroscience: Pathways to Alcohol Dependence", *Alcohol Alert*, n. 77, abril de 2009.
O'Hara, Frank, *The Collected Poems of Frank O'Hara*, org. Donald Allen (University of California Press, 1995).
_____, *Early Writings* (Grey Fox Press, 1977).
_____, *Lunch Poems* (City Light Books, 1964).
_____, *Standing Still and Walking in New York* (Grey Fox Press, 1975).
Oates, Joyce Carol, "Adventures in Abandonment", *New York Times Book Review*, 28 de agosto de 1988.
Organização Mundial de Saúde, *Lexicon of Drug and Alcohol Terms* (WHO, 1994).
_____, *Neuroscience of Psychoactive Substance Use and Dependence* (WHO, 2004).
Plimpton, George, *Shadow Box: An Amateur in the Ring* (Andre Deutsch, 1978).
Porter, Robert S. (org.), *The Merck Manual of Diagnosis and Therapy* (Merck Research Laboratories, 2006).
Prizogy, Ruth, *Illustrated Lives: F. Scott Fitzgerald* (Penguin, 2001).
Purdon, James, "Skin and Bones: Dissecting John Berryman's *Dream Songs*" (ensaio não publicado).

Rasky, Harry, *Tennessee Williams: A Portrait in Laughter and Lamentation* (Dodd, Mead & Company, 1986).
Reynolds, Michael, *The Young Hemingway* (Blackwell, 1987).
_____, *Hemingway: The Paris Years* (Blackwell, 1989).
_____, *Hemingway: The American Homecoming* (Blackwell, 1992).
_____, *Hemingway: The Thirties* (W. W. Norton, 1997).
_____, *Hemingway: The Final Years* (W. W. Norton, 1999).
Rich, Adrienne, "Mr. Bones, He Lives", *The Nation*, vol. 198, 22ª ed., 25 de maio de 1964.
Roberts, Amanda J. e Koob, George F., "The Neurobiology of Alcohol", *Alcohol Health and Research World*, vol. 21, n. 2, pp. 101-6, 1997.
Roudane, Matthew C. (org.), *The Cambridge Companion to Tennessee Williams* (Cambridge University Press, 1997).
Schiff, Jonathan, *Ashes to Ashes: Mourning and Social Difference in F. Scott Fitzgerald's Fiction* (Susquehanna University Press, 2001).
Simpson, Eileen, *Poets in Their Youth* (Faber, 1982).
Sklenicka, Carol, *Raymond Carver: A Writer's Life* (Scribner, 2009).
Smith, Paul, "The Bloody Typewriter and the Burning Snakes", *Hemingway: Essays of Reassessment*, org. Frank Scafella (Oxford University Press, 1991).
Spoto, Donald, *The Kindness of Strangers: The Life of Tennessee Williams* (The Bodley Head, 1985).
Stephen, David N. e Duka, Theodora, "Cognitive and Emotional Consequences of Binge Drinking: Role of Amygdala and Pre-frontal Cortex", *Philosophical Transactions of the Royal Society*, vol. 363, n. 1507, outubro de 2008.
Stern, Milton R., *The Golden Moment: The Novels of F. Scott Fitzgerald* (University of Illinois Press, 1971).
Stull, William L., "Raymond Carver", in *Dictionary of Literary Biography*, vol. 130 (Gale, 1993).
Tavernier-Courbin, Jacqueline, "The Mystery of the Ritz-Hotel Papers", *College Literature*, vol. 7, n. 3, pp. 289-303, outono de 1980.
Taylor, Kendall, *Sometimes Madness is Wisdom: Zelda and Scott Fitzgerald, A Marriage* (Robson Books, 2002).
Thistlewaite, Harriet, "The Replacement Child as Writer", *Sibling Relationships*, org. Prophecy Coles (Karnac Books, 2006).
Turnbull, Andrew, *Scott Fitzgerald* (The Bodley Head, 1963).

_____, "Perkins's Three Generals", *New York Times*, 16 de julho de 1967.

Walcott, Derek, "On Robert Lowell", *New York Review of Books*, 1º de março de 1984.

Waugh, Evelyn, *Brideshead Revisited* (Penguin, 1964 [1945]).

Weatherill, Rob (org.), *The Death Drive: New Life of a Dead Subject* (Karnac Books, 1999).

White, Aaron M., "What Happened?" Alcohol, Memory, Blackouts and the Brain", *Alcoholic Research and Health*, vol. 27, n. 2, 2003.

Williams, Edwina Dakin, *Remember Me to Tom* (Cassell, 1964).

Williams, Tennessee, *Cat on a Hot Tin Roof and Other Plays* (Penguin, 1976).

_____, *Collected Stories* (Secker & Warburg, 1986).

_____, *Clothes for a Summer Hotel: A Ghost Play* (New Directions, 1983).

_____, *Five O'Clock Angel: Letters of Tennessee Williams to Maria St. Just* (Andre Deutsch, 1991).

_____, *Memoirs* (Penguin, 2007).

_____, *Notebooks*, org. Margaret Bradham Thornton (Yale University Press, 2006).

_____, *Plays 1957-1980* (The Library of America, 2000).

_____, *The Selected Letters of Tennessee Williams, Volume 1, 1920-1945* (New Directions, 2000).

_____, *The Selected Letters of Tennessee Williams, Volume 2, 1945-1957* (New Directions, 2004).

_____, *A Streetcar Named Desire and Other Plays* (Penguin, 1962).

_____, *Where I Live: Selected Essays*, org. Christine R. Day e Bob Wood (New Directions, 1978).

Wilson, Andrew, *Beautiful Shadow: A Life of Patricia Highsmith* (Bloomsbury, 2004).

Windham, Donald, *Tennessee Williams: Letters to Donald Windham* (Penguin, 1980).

Wood, Gaby, "Raymond Carver: The Kindest Cut", *Observer*, 27 de setembro de 2009.

Wood, Michael, "No Success Like Failure", *New York Review of Books*, 7 de maio de 1987.

Young, Thomas Daniel (org.), *Conversations with Malcolm Cowley* (University Press of Mississippi, 1986).

AGRADECIMENTOS

Meus agradecimentos seguem, em primeiro lugar, àqueles que tornaram este livro possível. Nick Davies, da Canongate, alguém que compreendeu tudo o que eu queria a partir de um único parágrafo e que vem sendo um editor e aliado meticuloso e inspirado. Jessica Woollard e a equipe da Marsh Agency, por seu trabalho vigoroso e seu apoio. Esse projeto recebeu recursos públicos da National Lottery, concedidos mediante o Arts Council England, e da Authors' Foundation; juntos, ambos financiaram a *Viagem ao redor da garrafa*. MacDowell Colony, por me oferecer o melhor lugar concebível para trabalhar. David F. Puttnam, sua esposa, Rose, e Sigmund Strochlitz, pelas bolsas destinadas às viagens. A maravilhosa Claire Conrad e PJ Mark, bem como a todos da Janklow & Nesbit.

Passei grande parte dos últimos dois anos em bibliotecas. Gostaria de agradecer a Anne Garner e à equipe da Coleção Berg, na Biblioteca Pública de Nova York, pelas mágicas investigativas e por me proporcionarem um belo lugar para trabalhar na cidade. Também sou muito grata a Melissa Waterworth-Batt e a todos os integrantes do Thomas J. Dodd Research Center, da Universidade de Connecticut. Agradeço também a Stephen Plotkin, da John F. Kennedy Presidential Library; à equipe da Butler Library, da Universidade de Columbia; à Fales Library, da NYU; à Sussex University Library; à Brighton Library; e à British Library. Andi Gustavson, do Harry Ransom Center, também me ajudou em certas investigações eletrônicas.

No que diz respeito às entrevistas e ao auxílio logístico, sou grata às seguintes pessoas: ao dr. Petros Levounis, diretor do Addiction Institute; a Kathy Kalaijin, responsável pelas informações públicas do Alcoólicos Anônimos do sudeste de Nova York; ao professor Dai Stephens, da Universidade de Sussex, que não apenas aumentou minha compreensão da neurobiologia do alcoolismo, mas também foi muito além de seu dever de ler e comentar um rascunho inicial; a Blake Bailey, que me alertou sobre o paradeiro dos papéis malditos de Cheever; a Ellen Johnson, do Tennessee Williams Literary Festival; e a Ellen Borakove, do departamento médico-legal da cidade de Nova York.

Agradeço a meu trio de anjos na Canongate: Norah Perkins, diretora editorial; Annie Lee, editora; e Anna Frame, publicitária por excelência. Sou grata também à nova guarda: Jenny Lord, Vicki Rutherford e Jaz Lacey-Campbell.

Devo agradecer, de modo particular, a três leitores antigos: Helen Macdonald, que, com seus conselhos sábios e seu apoio excepcional, tornou-se indispensável à existência deste livro; James Purdon, ouvinte e editor magnífico que, além de tudo isso, foi quem me apresentou a John Berryman; e Elizabeth Day, querida e brilhante de todas as formas possíveis. Também sou muito grata a meu pai (editor diabolicamente talentoso) por ter lido o manuscrito durante sua pré-publicação.

Então há os amigos e colegas que debateram comigo, que me encorajaram, me ajudaram e abrigaram. No Reino Unido: Jean Edelstein (que deu um jeitinho de me arrumar o quarto no Elysée), Lili Stevens, Clare Davies, Robert Macfarlane, Tony Gammidge, Anna Féwster, Jordan Savage, Sarah Wood, John Gallagher, Kristen Treen, Stuart Croll, Robin McKie, Bob Dickinson e Tom de Grunwald. Nos EUA: John Pittman (que me deu uma cama, foi atrás de todos os tipos de materiais efêmeros de Hemingway, me deixou atirar entre os períodos de escrita e me disse o que *podre* significa para um lenhador), Liz Tinsley (provedora de cartões de biblioteca), Dan Levenson e seu colchão inflável, Matt Wolf, David Adjmi, Liz Adams, Alex Halberstadt, Joseph Keckler, Francesca Segal (cuja planilha eletrônica me manteve sã), Alastair Reid e Michael Reid Hunter. Sou grata ainda aos meus editores: Jonathan Derbyshire, do *New Statesman*, e William Skidelsky, do *Observer*. Os erros e infelicidades, como não poderia deixar de ser, são todos meus.

Por fim, sou profundamente grata à minha família: Peter Laing, Kitty Laing e Denise Laing, aos quais esta história também pertence.

Este livro foi impresso na Intergraf Ind. Gráfica Eireli.
Rua André Rosa Coppini, 90 – São Bernardo do Campo – SP
para a Editora Rocco Ltda.